文化视角转换与国际商务英语翻译研究

李素芬 著

北京工业大学出版社

图书在版编目（CIP）数据

文化视角转换与国际商务英语翻译研究 / 李素芬著.
— 北京：北京工业大学出版社，2019.11
ISBN 978-7-5639-7234-0

Ⅰ．①文… Ⅱ．①李… Ⅲ．①国际商务－英语－翻译－研究 Ⅳ．①F740

中国版本图书馆CIP数据核字（2019）第283794号

文化视角转换与国际商务英语翻译研究

著 者：	李素芬
责任编辑：	李倩倩
封面设计：	点墨轩阁
出版发行：	北京工业大学出版社
	（北京市朝阳区平乐园100号 邮编：100124）
	010-67391722（传真） bgdcbs@sina.com
经销单位：	全国各地新华书店
承印单位：	定州启航印刷有限公司
开 本：	710毫米×1000毫米 1/16
印 张：	16.5
字 数：	330千字
版 次：	2019年11月第1版
印 次：	2020年6月第2次印刷
标准书号：	ISBN 978-7-5639-7234-0
定 价：	65.00元

版权所有　翻印必究

（如发现印装质量问题，请寄本社发行部调换 010-67391106）

前　言

当今社会，不同国家和民族在文化、教育、经济等各个领域的交流合作越来越密切，世界正处于一种文化加速融合的时代，不同国家之间的利益关系越来越密切。在全球化趋势的影响下，中国加入世贸组织之后与国外的商务交流越来越频繁。商务活动是各国之间沟通和交流的渠道，也是增进各国友谊、推动各国经济发展的桥梁和纽带。国际商务英语在国际贸易中扮演着越来越重要的角色，并逐渐成为一门热门的独立学科。因语言不通，不同国家、不同文化之间的交流存在着一定的障碍，大量的商务信息需要通过翻译才能实现传递。这些信息包括海外投资、商务会议、合同签订、招商引资、对外劳务、贸易洽谈、国际运输、涉外保险、国际金融等。同时，在实际应用中，对国际商务英语翻译的要求也更加严格，在统一性和准确性以及逻辑方面的要求进一步提高。因此，在进行国际商务英语翻译时就需要进行文化视角转换，其实也就是一种跨文化交际，涉及地域环境、历史背景、生活习惯、思维方式、宗教信仰等方面的因素。

国际商务英语是带有自身特点的专门用途英语，与普通英语有很多不同之处。对国际商务英语的研究有利于交际者在沟通时灵活、正确地使用语言工具，从而为国际间商务活动打下坚实的基础。在经济全球化的大背景下，很多领域和学科都逐渐和文化相结合进行研究。国际商务英语作为国际间交际的主要语言形式，与文化相结合提高了国际商务英语交际活动的有效性。国际商务英语人才不仅需要扎实的英语语言能力，还需要具备文化视角转换能力，这样才能满足飞速发展的社会对英语人才的需要。鉴于此，笔者精心撰写了《文化视角转换与国际商务英语翻译研究》一书，以期能够为文化视角转换下国际商务英语翻译带来一定的指导。

本书共包含八个章节的内容。第一章主要对文化、语言以及翻译三者进行了理论方面的叙述。第二章总结了文化视角转换的根源，包括自然环境及地域的差异、历史背景和社会的差异、生活习惯及习俗的差异、文化背景的差异、宗教信仰的差异以及思维方式的差异等。第三章和第四章对国际商务英语的基础认知及其翻译标准进行了论述。第五章研究了基于文化视角转换下的国际商务英语翻译。第六章到第八章通过商务活动的不同表现形式，举例研究各种商务英语文体的翻译，提高了本书的实用性。

  此外，本书在撰写过程得到了国内外许多专家学者的支持和帮助，同时还参考了部分资料，在此向各位专家学者以及相关作者致以谢意。

目 录

第一章 文化、语言及翻译概述 ······ 1
第一节 文化概述 ······ 1
第二节 文化与语言的关系 ······ 11
第三节 翻译中的文化视角转换 ······ 22
第四节 国内英语翻译中文化视角转换理论的研究现状 ······ 26

第二章 文化视角转换的根源 ······ 29
第一节 自然环境及地域的差异 ······ 29
第二节 历史背景和社会发展的差异 ······ 36
第三节 生活习惯及习俗的差异 ······ 38
第四节 文化背景的差异 ······ 47
第五节 宗教信仰的差异 ······ 49
第六节 思维方式的差异 ······ 53

第三章 国际商务英语基础认知 ······ 59
第一节 国际商务英语的概念 ······ 59
第二节 国际商务英语的归属问题 ······ 69
第三节 国际商务英语的语言特征 ······ 83
第四节 国际商务英语翻译 ······ 97

第四章 国际商务英语翻译标准 ································ 111
第一节 翻译标准概述 ································ 111
第二节 国内的翻译标准 ································ 122
第三节 国外的翻译标准 ································ 132
第四节 国内外翻译标准的对比 ································ 136
第五节 国际商务英语翻译标准 ································ 138

第五章 基于文化视角转换下的国际商务英语翻译 ································ 149
第一节 英汉商务语言对比 ································ 149
第二节 文化差异对商务英语翻译的影响 ································ 157
第三节 商务英语翻译中的文化视角转换策略 ································ 163

第六章 商务信函翻译 ································ 169
第一节 商务信函的要素与格式 ································ 169
第二节 商务信函常见表达方式的翻译技巧 ································ 177
第三节 商务信函翻译实例 ································ 184

第七章 商业广告翻译 ································ 199
第一节 商业广告的功能及语言特点 ································ 199
第二节 商业广告翻译的原则和基本方法 ································ 213
第三节 广告翻译实例 ································ 223

第八章 产品说明书翻译 ································ 231
第一节 产品说明书的语言特征和结构特征 ································ 231
第二节 产品说明书的类别与翻译 ································ 243
第三节 产品说明书翻译实例 ································ 248

参考文献 ································ 253

第一章 文化、语言及翻译概述

第一节 文化概述

一、文化的定义

近些年来,"文化"一词使用的频率很高,使用的范围很广,因此它的内涵和外延都变得十分丰富,界定它的意义也就变得比较困难。

现阶段为学者们广泛接受的文化的定义是著名的人类学家和语言学家古迪纳夫所提出的观点,他认为"文化是由人们为了使自己的活动方式被社会其他成员所接受,所必须知晓和相信的一切组成的。作为人们不得不学习的一种有别于生物遗传的东西,文化必须由学习的终端产品——知识(就这一术语最宽泛的意义来说)组成。概括地讲,文化即是人们所思、所言(言语和非言语)、所为、所觉的总和"。可以说,不同的民族创造了自己特有的文化,也被自己的文化所塑造。

而《现代汉语词典》(第二版)对于文化是这样解释的:

①人类的社会历史发展过程中所创造的精神财富和物质财富的总和,特指精神财富,如文学、艺术、教育、科学等。

②考古学用语,指同一个历史时期的不依分布地点为转移的遗迹、遗物的综合体。同样的工具、用具、制造技术等,是同一种文化的特征,如仰韶文化、龙山文化等。

③指运用文字的能力及一般知识。

在这里,定义②③和与我们讨论的关系不大,可以略去不谈。我们来看定义①,它主张把文化看作人类所创造的物质财富和精神财富的总和。这又可分为三个层次。"第一个层次是物质文化,它是经过人的主观意志加工改造过的。

第二个层次主要包括政治及经济制度、法律、文艺作品、人际关系、习惯行为等。第三个层次是心理层次，或称观念文化，包括人的价值观念、思维方式、审美情趣、道德情操、宗教感情和民族心理等。"由此可以看出，文化涉及社会的一切方面，大至宇宙观、时空观、人生价值观，小至衣食住行、婚丧嫁娶。"一切社会的生活方式、行为方式、思维方式、言语方式、等级观念、道德规范，都属于文化范畴。"关于文化的这第三个层次的表述与古迪纳夫的观点是极为相近的。

关于文化的定义，各位学者、专家的观点并不完全一致，可谓是见仁见智。据统计，现存的关于文化的定义已经有200多种，这里先就其中较有代表性的定义进行分析。

（一）国内学者对文化的定义

"文化"这个词在国内古已有之，但它的含义与现代的理解不一样，指与"武力"相对的文德教化。如汉代刘向《说苑·指武》中说："圣人之治天下也，先文德而后武力。凡武之兴，为不服也；文化不改，然后加诛。夫下愚不移，纯德之所不能化，而后武力加焉。"指出文化有文治教化的意义，表达的是一种治理社会的方法和主张。

金惠康指出，文化是生产方式、生活方式、价值观念以及社会准则等构成的复合体。

张岱年和程宜山这样来定义"文化"：文化是人类在处理人与世界的关系中所采取的精神活动、实践活动的方式及其所创造出来的物质和精神成果的总和，是活动方式与活动成果的辩证统一。

对以上学者的众多定义进行分析，可以将它们分为以下两大类。

第一，广义的文化是人类创造活动的一切，即物质生产活动和精神生产活动所创造的一切成果。从这个角度上说文化实质上是人类改造自然和社会而逐步实现自身价值观念的过程，代表的是人类独有的不同于动物的生活方式。

第二，狭义的文化是指精神创造活动及其结果。美国的《哥伦比亚百科全书》指出，文化是在社会中习得的一整套价值观、信念和行为规则，它们规定了一定社团中可接受的行为范围。

我国的《辞海》指出，广义的文化是指人类社会历史实践过程中所创造的物质财富以及精神财富的总和；狭义的文化是指社会的意识形态以及与之相适应的制度以及组织机构。

（二）国外学者对文化的定义

在西方，"文化"一词最初来源是拉丁文 cultura，是动词 colere 的名词形式，其意义是"耕种、居住、保护和崇拜"。在英语中，"文化"曾经被用来指"犁"，不过它指的是犁的过程，而并非一种工具。而且这个过程最开始是指耕地，后来引申为培养人的技能、品质。后来，这个词汇通过进一步转义，由活动转喻为物体，从过程转喻为产品、资源、模式。到了18世纪，"文化"这一概念在西方思想中获得了第一次重要转义，表示"整个社会里知识发展的普遍状态""心灵的普遍状态和习惯"和"各种艺术的普遍状态"。

学术界普遍认为，英国人类学家爱德华·泰勒是影响文化定义的第一个重要人物。他的定义可以算作文化定义的起源，是一种经典性的定义。19世纪70年代，他出版了《原始文化》一书。他在该书中指出，从广泛的民族学意义来讲，文化是一个复合整体，包括了知识、信仰、艺术、道德、法律、习俗以及作为一个社会成员的人所习得的其他一切能力和习惯。这一定义不仅描述了文化的重要内容，而且将文化视为一个多层面的整体，对后来深入和全面地研究文化具有十分重要的影响。

美国社会学家伊恩·罗伯逊强调，从社会学的角度出发，文化包括大家享有的物质的和非物质的全部人类社会产品。其中，物质文化包括一切由人类创造出来的并赋予它意义的人工制品或物体，如衣服、轮子、工厂、学校、书籍、宇宙飞船等；非物质文化则由比较抽象的创造物组成，如家庭模式、思想、语言、风俗、信仰、技能、政治态度等。

萨莫瓦尔等人一直从事交际研究，他们认为文化是若干个世纪内在个人与集团的努力之下，传承下来的知识、经验、价值观、世界观、信念、态度、意义、宗教、角色分工、空间的运用、物质财富等的总体。文化不仅隐藏在处于特定社会的人们的日常行为中，还隐藏在作为交际形态的行为方式中，还隐藏在所使用的语言当中。这个定义中的"时间观念""空间的运用"以及"行为方式"等都是交际中的重要内容。

莫兰针对"文化"这一概念，提出了文化产品、文化实践、文化观念、文化个体、文化社群五个要素。其中，文化产品是文化的物理层面，是由文化社群以及文化个体创造或采纳的文化实体；文化实践指文化社群中文化个体之间的交际行为，包括语言交际和非语言交际以及与社群和产品使用有关的所有行为；文化观念反映人们的认识、信念、价值和态度，左右人们的文化交际行为和文化产品的创造；文化个体指所有文化实践行为者且这些文化实践行为是在特定的文化社群中发生的；文化社群包括社会环境和群体，从广义的民族文化、语言、宗教到具体的社会团体、家庭等。基于这五个文化要素，莫兰认为文化是人类群体不断演变的生活方式，包含一套共有的生活实践体系，这一体系基于一套共有的世界观念，关乎一系列共有的文化产品，并置于特定的社会情境之中。

二、文化的分类

对于文化的分类，学术界存在多种观点："两分说"认为文化包括物质生产文化与精神观念文化；"三分说"认为文化分为物质文化、制度文化和精神文化；"四分说"则把文化分成物质、制度、风俗习惯以及思想与观念。李建军认为，文化几乎可以囊括世间的一切物质层面和精神层面。在这里，笔者综合各家观点，从不同的角度对文化进行分类。

（一）高层文化、深层文化和民间文化

按照层次的高低，可将文化分为高层文化、深层文化和民间文化。

高层文化又称"精英文化"，是指相对来说较为高雅的文化内涵，如哲学、历史、文学、教育、艺术、音乐与宗教等。国内学者邹广文认为，精英文化是知识分子阶层中的人文科技知识分子创造、传播和分享的文化。西方社会评论家列维斯认为，精英文化以受教育程度或文化素质较高的少数知识分子或文化人为受众，旨在表达他们的审美趣味、价值判断和社会责任。

深层文化又称为"背景文化"，它指那些隐而不露，但起指导作用和决定作用的文化内涵，如价值取向、世界观、态度情感、思维模式、心理结构等，反映人们的价值、道德、文化观、心理结构和思维方式。

而民间文化又称"通俗文化"，它是由社会底层民众集体创造的自发和自娱的通俗文化，指那些与人们生活密切相关的文化内涵，如生活方式（衣食住行）、风俗习惯、行为模式与社交准则等。它立足于民众生产、生活的具体背景，是一种以通俗活泼的形式，自发创造出来的用以娱乐民众自我的文化形态。

（二）物质文化、制度文化和精神文化

按照表现形式，可将文化分为物质文化、制度文化和精神文化，这也是当今比较流行的"文化三分法"。

物质文化是人类在社会实践中的物质生产活动以及产品的总和。物质文化是文化的基础部分，它以满足人类最基本的衣食住行等生存需要为目标，为人

类适应和改造环境提供物质装备。物质文化直接对自然界进行利用与改造，并最终以物质实体反映出来。

制度文化是指人类在社会实践中建立的各种社会规章制度、法规、组织形式等。人类之所以高于动物，其根本原因在于人类在创造物质财富的同时，创造了一个服务于自己，同时又约束自己的社会环境，创造出一系列用以调节内部关系，从而更有效地应对客观世界的组织手段。

精神文化是指文化的意识形态部分，它是人类认识主客观关系并进行自我完善的知识手段，包括哲学、道德、文学、艺术、伦理、习俗、价值观、宗教信仰等。精神文化是由人类在长期的社会实践活动和意识活动中孕育出来的，因此也称为"观念文化"，它是文化的精神内核。精神文化的优越性在于它具有人类文化基因的继承性，还有在实践当中可以不断丰富完善的待完成性。这也是人类精神文化不断推进物质文化的内在动力。由于精神文化是物质文明的观念意识体现，在不同的领域，其具体精神文化有不同的表现和含义。

（三）知识文化与交际文化

从文化的内涵特点出发，可将其分为知识文化和交际文化。

所谓知识文化，是指在跨文化交际中不直接产生严重影响的文化知识，主要以物质表现形式呈现，如艺术品、文物古迹、实物存在等。而交际文化主要是指在跨文化交际中有直接影响的文化信息。

交际文化主要以非物质为表现形式。在交际文化中，生活方式、社会习俗等属于外显交际文化，易于察觉和把握；而诸如世界观、价值观、思维方式、民族个性特征等则属于内隐交际文化，它们往往不易觉察和把握，但却更为重要。

显然，在知识文化和交际文化中，交际文化是需要学者密切研究和关注的重点。而在交际文化中，对内隐交际文化的研究又显得更为重要。因为只有深入研究不易察觉的、较为隐含的内隐交际文化，了解和把握交际对方的价值取向、心理结构、情感特征等，才能满足深层次交往的需要，如政治外交、商务往来、学术交流等。

（四）主文化与亚文化

按照价值体系的差异与社会势力的强弱，可以将文化分为主文化与亚文化。主文化与亚文化反映的是同一个政治共同体内的文化价值差异与社会分化状况。

主文化是在社会上占主导地位的，并被认为应该为人们所普遍接受的文化。

主文化在共同体内被认为具有最充分的合理性和合法性。具体来说，主文化包括三个子概念：侧重权力支配关系的主导文化，强调占据文化整体的主要部分的主体文化，以及表示一个时期产生主要影响、代表时代主要趋势的主流文化。其中，主导文化是在权力捍卫下的文化；主体文化是由长期的社会过程造就的；而主流文化是当前社会的思想潮流。

亚文化又称为"副文化"，它仅为社会上一部分成员所接受，为某一社会群体所特有。可见，亚文化所包含的价值观与行为方式有别于主文化，在文化权力关系中处于从属地位，在文化整体中占据次要位置。亚文化又分为休闲亚文化、校园亚文化、宗教亚文化等。一般来说，亚文化不与主文化相抵触或对抗。但是，当一种亚文化在性质上发展到与主文化对立的时候，它就成了一种反文化。正如主文化不一定是积极先进的一样，反文化也不一定是消极落后的。有时主文化与反文化之间只是一种不同审美情趣的对立。在一定条件下，主文化与反文化还可以相互转化。

（五）高语境文化与低语境文化

按照文化对语境依赖程度的不同，可以将文化分为高语境文化和低语境文化。语言是人类交流最主要的工具，而人们的交流总是在特定的语境中进行的。关于语言与语境的关系，美国学者、人类学家爱德华·霍尔认为，人类的每一次交流总是包含两个方面：一是文本（text），二是语境（context）。二者之间的关系如图 1-1 所示。

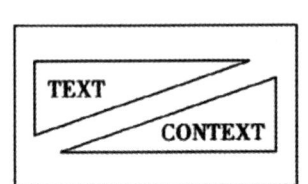

图 1-1 文本与语境关系示意图

据此，在不同的文化中，人们通过语境进行交际的方式及程度就存在着差异，而这种差异制约着交际的顺利进行。也正是根据这种差异，霍尔将文化分为高语境文化和低语境文化。高语境的交际或信息意味着大多数信息存在于自然环境中或者交际者的头脑里，只有极少数是以符号代码的形式进行传递的。而低语境的交际则正好相反，大量的信息借助符号代码来传递。

进一步说，高语境文化是指对语境的依赖程度较高、主要借助非语言符号进行交际的文化；低语境文化是指对语境的依赖程度较低、主要借助语言符号进行交际的文化。霍尔认为，中国、日本、韩国等国家属于高语境文化，他们在生活体验、信息网络等方面几乎是同质的；而美国、瑞士、德国等国家则属于低语境文化，他们之间的异质性较大。

低语境文化与高语境文化的成员在交际时易发生冲突。相对于高语境文化来说，语言信息在低语境文化内显得更为重要。处于低语境文化的成员在进行交际时，要求或期待对方的语言表达要尽可能清晰、明确，否则他们就会因信息模棱两可而产生困惑。而高语境文化的成员往往认为事实胜于雄辩，有时一切可尽在不言中。如果低语境文化的人有困惑之处，他们就会再三询问，这时高语境文化的人常常会感到不耐烦甚至恼怒，从而产生误解。

高语境文化与低语境文化之间还涉及信息转换的过程。具体来说，高语境文化中的文本信息可以轻松地转换成低语境文化的文本信息，但高语境文化中大部分语境信息很难转换成低语境文化中的语境信息，而是需要借助低语境文化的文本信息来弥补。这种转换过程如图1-2所示。

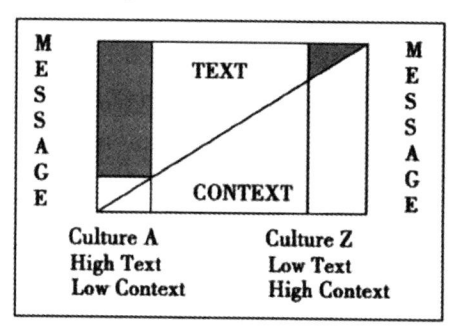

图1-2 语境转换过程示意图

在上图中，左侧的柱状图是文化A表示的一个信息（MESSAGE），其主要依靠文本（TEXT）来传达，因此文化A属于低语境文化。右侧柱状图是文化Z表示的相同信息，尽管是表达相同信息，但文化Z主要依靠的是语境信息，因而文化Z属于高语境文化。依照上图，文化A中的文本信息只有一部分需要转化成文化Z的文本信息，其余的文本信息和原有的语境信息都转化成了文化Z的语境信息。由于信息的总量没有变化，所以身处A、Z两种文化的人可以通过翻译进行有效的交流。

（六）评比性文化与非评比性文化

根据不同民族文化的比较，还可将文化分为评比性文化与非评比性文化。

评比性文化是指有明显优劣、高下之分的文化。因此，它是比较容易鉴别价值的文化，人们对它的态度也较为明显。例如，和平文化是一种优性文化，而暴力文化则是一种劣性文化；文化中的先进科技等为优性文化，而吸毒等则为劣性文化等。

非评比性文化也就是中性文化,它是指没有明显的优劣或高下之分的文化。非评比性文化一般与人们的行为方式、风俗习惯、审美情趣等相联系,如行为方式、玩笑方式、禁忌等。例如,中国人习惯用筷子,西方人习惯用刀叉,有人说使用筷子有利于人脑发展,也有人说使用刀叉简单。这些观点并无对错,也无优劣、高下之分。承认并尊重非评比性文化,意味着承认各民族之间的平等,尊重各民族之间的文化差异。

三、文化的特点

文化在形成过程中表现出了一些自身的特点,主要包括以下几个方面。

(一)民族性

文化的共同性决定了文化必定是一群人共同创造和拥有的。尽管文化的共同性决定了某些文化能够为全人类所有,不过文化首先是民族的,其次才是人类的。每个民族都有能够体现本民族特色的文化。例如,蒙古族善骑马射箭、新疆维吾尔族能歌善舞;中国文化崇尚集体主义,西方文化追求个人自由等。这些差异无不体现了文化的民族特性。

(二)共同性

文化的形成不是一个人努力的结果,而是一群人在改造自然、社会时逐渐形成的。因此,文化具有共同性。物质文化以物质实体反映人对自然界进行的利用和改造,因而具有非常明显的人类共同性。不仅物质文化具有人类共同性,在不同社会环境中形成的制度文化、行为文化、心态文化,彼此之间也具有可借鉴性。例如,新的经营模式、先进的科学技术、经典的文化名著以及社会公德等已经成为全人类共有的文化。

(三)变化性

唯物辩证法认为,一切事物都是不断发展变化的,文化同样如此。随着历史的变迁、人类文明的发展,文化也不断地发生着变化。例如,从"楚王爱细腰,宫中多饿死",到丰腴受宠的唐代,人们评判美女的标准就发生了变化。再如,新中国成立初期,很多家庭的梦想是拥有一辆自行车。但是随着社会的进步,汽车、地铁、飞机等交通工具的出现,自行车已不再是人们追求的梦想了,越来越多的人有了自己的汽车,这也反映了文化的变化性。

需要指出的是,尽管文化一直处于变化当中,但不同层面的文化变化发展的速度是不同的。例如，有学者曾对美国的价值观进行过一次调查研究，结果表明，美国 20 世纪 90 年代的大多数文化价值观与 200 多年前相比并没有发生多大变化。正如莉奈尔·戴维斯曾指出的那样，行为举止、社会习俗等方面的文化的变化速度较快，而人们的世界观、价值观等方面的变化则较慢。

（四）时代性

不同的时代有着不同的文化，这是因为任何文化都是在历史发展演变的过程中产生的。原始人驯养动物、种植植物、创造文字，引导远古人类进入古代文化的发展时期，创造了原始文化；蒸汽机的发明、产业革命的完成，促使人类进入近代文化历史阶段，催生了资本主义文化。文化的依次演进实际上是一个"扬弃"的过程。也就是说，文化的不断发展，实际上是对既有文化进行批判、继承和改造的过程。在某些历史时期看来是先进的文化，在后来的历史时期就失去了先进性，成为落伍、落后的文化，并且被更为先进的文化所取代。

（五）符号性

文化不是自然存在的，它是通过符号被人们了解并传播的。每一种文化都是一种象征符号的系统，也是人在创造和使用这些符号过程中的思维和行为方式。人是一种"符号的动物"。符号化的思维和符号化的行为是人类生活中最富代表性的特征，人类创造文化的过程就是不断发明和运用符号的过程。人类创造了文化世界，其实质是为自己创造了一个"符号的帝国"。在文化创造过程中，人类不断把对世界的认识、对事物和现象的意义及价值的理解转化为一定的具体可感的形式或行为方式，从而使这些特定的形式或行为方式产生一定的象征意义，构成文化符号，成为人们生活中必须遵循的习俗或法则。在这些法则的制约下，人们从事生产生活活动，受到文化的制约，但在制约下实现自己的人生价值。例如，我们在婚礼、宴请、葬礼以及各种庆典中见到的一切，包括环境、服饰、道具、程序等，也都具有符号性。

在不断形成文化的过程中，人类对具体符号的使用也不尽相同。在用符号表达抽象或者具体概念时，符号可以是任意的，并且在具体的文化背景下，符号的意义差别很大。这种差异性在语言上表现得十分明显。多样性是语言的显著特征，不同的语音、形态等语言要素体现了符号的任意性特征。例如，汉语的"猫"，在英语中是 cat，德语中是 katze，法语中是 chat，西班牙语中是 gato，日语中是"ねこ"，俄语中则是 koska。

除此以外，数字符号同样可以表现文化的特征。例如，在中国文化中，13只是一个普通数字，但在西方文化里，人们却对 13 敬而远之。这是因为，耶稣是被第十三个信徒出卖的,这就是文化不同的符号性特征。

(六)传承性

无论是交际文化还是知识文化,无论是精神形态的文化还是物质形态的文化,它们都是某一民族思想和智慧的结晶,是人们经验的总结,对后人都具有很大的文化价值和指导意义。这就表明,文化是先人对后辈的馈赠,希望后辈能够继续传承下去。而且,文化也具有可以传承下去的途径。文化并不是看不见、摸不着的,文化有其自身存在的载体,即使是抽象的思想也可以通过其语言载体记录和传承。

文化是由群体间共享的信息集合组成的,文化的产生并不是通过人类的遗传基因,而是通过后天的习得和学习输入。文化是人类在社会发展过程中为了满足自身需要所创造出来的价值观念,它为群体共享并通过群体或组织传播、继承。文化存在和延续下去的前提是文化要素及相关信息是可以传承和传授的。也就是说文化可以传承的原因是文化具有可传承的内在需要或价值。

文化的传播可以通过父母、家人、朋友等的耳濡目染,也可以通过正规的学习教育。在正常的生活交流中,人们无意识或者有意识地通过日常生活中的经验、阅读、观察等形式来促使自己价值观的形成。世界各国都有自己独特的文化遗产、社会习俗、民族传统,这些文化内容代代相传,保留至今。在现代的中国,我们仍然能看到古代帝王的皇宫,及其内部结构、摆设、壁画等,这些不仅仅保留下了物质文化,同时也是中华民族璀璨的精神财富。再如,孔子的儒家思想薪火相传,到现在还为人们津津乐道,甚至中国以外的其他国家也都在兴建孔子学院,这些例子都可以体现文化的传承性。

四、文化的表现形式与作用

(一)文化的表现形式

一种文化系统的内部往往呈现出不同的姿态。克鲁克和克拉克洪将文化分为外显文化和内隐文化。他们认为,只有真正理解了内隐文化才能理解文化的本质。

文化是一个大范畴,广义的文化包括人类改造过的自然或自然物和政治、经济、艺术、哲学、宗教、民俗、心理等社会生活的各个方面。它可以分为实物、风俗习惯和制度、思想和心理意识等多种层次。根据文化可以被广义地定义为某一特殊社会生活方式的整体,可以有罗马文化、阿拉伯文化、华夏文化等。

（二）文化的作用

1. 文化的整合作用

文化的整合作用是指它对于协调群体成员的行动所发挥的作用，就像蚂蚁过江。社会群体中不同的成员都是独特的行动者，他们基于自己的需要、根据对情景的判断和理解采取行动。文化是他们之间沟通的中介，如果他们能够共享文化，那么他们就能够有效地沟通，消除隔阂、促成合作。

2. 文化的导向作用

文化的导向作用是指文化可以为人们的行动提供方向和可供选择的方式。通过共享文化，行动者可以知道自己的何种行为在对方看来是适宜的、是可以引起积极回应的，并倾向于选择有效的行动，这就是文化对行为的导向作用。

3. 文化对社会秩序的维持作用

文化是人们以往共同生活经验的积累，是人们通过比较和选择认为是合理并被普遍接受的东西。某种文化的形成和确立，就意味着某种价值观和行为规范的被认可和被遵从，这也意味着某种秩序的形成。而且只要这种文化在起作用，那么由这种文化所确立的社会秩序就会被维持下去，这就是文化维持社会秩序的作用。

4. 文化的传续作用

从世代的角度看，如果文化能向新的世代流传，即下一代也认同、共享上一代的文化，那么，文化就有了传续作用。

第二节　文化与语言的关系

众所周知，语言是人类社会所拥有的一种包罗万象而又十分微妙的现象。不同的民族所使用的语言也不尽相同。当民族在人类历史上作为一种在语言、居住地域、经济生活、心理状态上稳定的共同体出现时，语言就被深深地打上了民族的烙印。"语言有一个环境。使用语言讲话的人们属于某一种族或许多种族，也就是说，属于一个由于身体特征不同而与其他集团分开的集团。再者，语言不能脱离文化而存在，不能脱离社会继承下来的各种做法和信念，这些做法和信念的总体决定了我们生活的民族性。"

作为外语学习者，我们都知道在学习某种语言的过程中并不只是单纯的掌握其发音、词汇以及语法，更为重要的是学习本族语言使用者使用语言的思维方式，了解他们的风俗、信仰、行为习惯等一系列的文化表征。这是因为我们清楚地意识到不存在没有语言的文化，也不存在没有文化的语言。语言既是文化的载体，又是文化的写照。

语言作为文化的载体和流传媒介，是文化的外在表现形式，一种具体的民族文化中必然蕴含着形态万千的抽象语言系统，在文化的发展进步过程中，与之相对应的语言又会得到不同发展。语言和文化是相互依存、互相影响、共同发展的。

一、语言对文化的作用

从本质上来说，语言是文化的产物，是文化独特而重要的部分，因此语言实际上承担着文化的功能，具体体现在以下两个方面。

（一）语言反映文化

语言是一种记录和表达的符号，它可以表达人们的态度、思想、信念、认识等。可见，语言可以反映文化，具体涉及民族心理、风俗习惯以及生存环境等层面。

1. 语言反映民族心理

语言是文化的载体，因此也是民族文化的载体，它可以反映民族心理。这个民族心理主要包含伦理道德、价值观等。在中国的伦理道德中，比较重视亲属关系，尤其是对关系的称谓特别注重。例如，汉语中的"嫂子"，是指兄长的妻子，而且将长嫂比作母亲，表达对"嫂子"的尊重。但是，英语用sister-in-law来对其进行翻译，实际上这是不对等的，因为英语中的sister-in-law兼有"嫂子"和"弟媳"两个意思，这足以看出英语国家是从法律角度上看待亲属关系的民族心理。

2. 语言反映风俗习惯

风俗习惯是特定群体在社会文化内共同创造和遵守的行为规范，简单来说就是一种社会文化现象。这些风俗习惯主要体现在礼仪、生活方式、婚姻传统、习惯、信仰、迷信等方面。例如，英国人很注重场合，什么场合穿什么衣服，用什么样的礼节，英国人对这方面就非常看重，而中国人就很随便。在表达上，中国人很看重自己的面子问题，并且非常在意自己在别人心中的形象，选择的语言也是非常谨慎的；而美国人对这些都不太看重，他们总是习惯直率地表达自己的观点和看法。

3. 语言反映生存环境

文化的形成会受到生存环境的影响,这是不争的事实。不同的生存环境造就了不同的地域文化,反映在语言上就有不同的表达形式,并且这些表达往往是非常固定的。从宏观上来说,这些生存环境主要包含物质环境、地理环境、自然环境等,如海洋、船舶、动植物、气候、天气以及物产资源,并由此形成了一些习语。如表 1-1 所示。

表 1-1 有关生存环境的习语

习语	字面意义	比喻意义
any port in a storm	船舶遇到风暴时,一个港口的存在就可以避开风险	遇到危机时任何可以解脱的办法
in the same boat	在同样的船上	处境相同,同舟共济
polish the apple	擦亮苹果	拍马屁,逢迎
full of beans	充满了豆子	精力充沛,精神饱满
tell it to marine	告诉海军陆战队	准备战斗
poor fish	可怜的鱼	可怜虫
chip off the old block	大块里面出来的小块	酷似双亲

(二)语言影响文化

对语言影响文化的论述不得不提到形成于 20 世纪 50 年代的"萨丕尔-沃尔夫假说",这一假说自提出之日起就颇受争议,这一理论主要包含两方面的解释。

1. 语言决定论

语言决定论也叫"强势理解",是指语言决定着人的态度、思维方式以及信念等。如果语言不同,那么思维方式也就完全不同。

2. 语言相对论

语言相对论也叫"弱势理解",是指语言反映着人的态度、思维方式以及信念等。这和决定论相比就弱化了很多,语言不再是决定的作用,而是影响的作用。因此,如果语言不同,那么它的思维方式也会存在着某些差异。

这一假说引发了很大争议,支持者和反对者都提出了相关的证据,关于这一假说的正确性至今并没有一个权威的说法。但实际情况是,随着人们对语言学研究的不断深入,现今已经没有多少人可以完全接受"语言决定思维方式"这一论调,但是"语言影响思维方式"这一论调还是受很多国内外学者追捧的。总而言之,人们既不能完全接受这一假说,又不能全盘否定其正确性,人们可以探讨的是这一假说在某种程度上的准确性。

二、文化对语言的影响

语言是表达观念的符号系统，其社会功能广博巨大、难以估量。大千世界纷繁多彩的传统文化与生活方式、迥然有别的民族心理与宗教信仰乃至各种特定的思维模式，均依赖于语言而得以形成、积累、发展和传承、而文化对语言形式也不断产生深远影响，在变革动荡的历史时期，传统的价值观念受到新思潮的猛烈冲击和无情挑战，语言形式的相应变化则更为显著。

外语工作者大多有这样的体会，母语与目的语之间既存在某些共同的属性又存在极大的差异，本民族文化与其他文化的关系亦然；语言障碍和文化鸿沟皆因不了解这些共性和差异所致。如果对所学语言国家的文化特征缺乏足够的认识，即使外语学得再好也难以正确运用。因为在那种情况下，人们往往忽略外语词语的特殊语义暗示，因而造成交谈中的误解。反之，一旦熟谙这些共性和差异，便能在不同的语境中得心应手地开展交际活动，进入一个语言的自由王国。

三、文化与语言两者间的关系

（一）文化包括语言，语言是一种特殊的文化现象

对于文化，大多学者认为，其主要包含两方面：物质文化和精神文化。具体的以实例去展示文化现象对与我们的理解会大有好处，例如，印度女人穿纱丽，尼泊尔喜欢手抓饭，日本人喜食生鱼片，中国人见面喜欢握手，毛利人见面碰鼻子，韩国人习惯盘腿席地，这都是各个民族物质文化的表现。而精神文化就是在社会发展中，人们的意识形态集中起来的价值观念、思想道德、法律条例、审美意趣，而语言就是在人类产生之后，随着文化的产生而形成的一种精神文化，它属于文化的一部分，但是语言又具有其他文化所没有的特殊性。

（二）语言是文化的载体

语言作为文化的一部分，它不仅是一种文化现象，更是文化的载体。"语言是人类特有的一种符号系统，当它作用于文化的时候，它是文化信息的载体和容器"。每一个民族因文化的不同而持有不同的语言系统，就像最简单的中国人说中文、美国人说英语、韩国人说韩文，一个民族的语言蕴含着一个民族特有的传统文化、思维方式、社会心理、民族风情、价值取向、社会观念等。

（三）语言是文化的传播方式

语言是人类思维和文化交流的一种最主要的方式，人类的思维和文化交流实际上也是文化形成和传播的表现，人类因有思维而在不断的社会实践中逐步创造了文化，又在不断的语言交流中互相传播各自民族的文化。伟大的语言学家索绪尔在《普通语言学教程》中明确指出："语言是一种表达思想的符号系统，而且是最重要的符号系统。"因为语言是文化的载体，人类在不断地社会实践中形成不同的文化，继而文化又催生出与它相对应的语言。因为语言是人类思维和交流的工具，人类的各种创造物常常需要借助语言的词汇或言语来加以记载巩固。正是因为有各种书籍和历代学者的研究汇总，我们才能分析出在殷墟出土的甲骨上面我们现在已经不再使用的甲骨文的含义，试想如果没有语言以书面形式的记载，我们现代人是很难破解出甲骨上艰涩难懂的文字含义的，甚至我们可能都无法了解那些是文字，或许还会只把它们当成一种古人的涂鸦绘画而已。语言在文化传播中起着非常重要的作用，例如，现代生活的人们，不必也不可能有过祭祀的活动，但是人们往往可以通过详细记录祭祀行为的文献、口头传述、甚至电视电影中的情节去了解祭祀行为的产生、发展、变化过程。

（四）语言的形成和文化的发展相互制约

虽然说语言是文化的一部分，又是文化的反映和传播工具，但并不是说语言就不如文化重要，也不是从属于文化。鉴于语言的特殊性，可以说语言和文化就像是一对孪生兄弟，共同形成，共同成长，它们之间是相互依赖、相互影响、不可分割的。

语言和文化的共生性主要体现在语言和文化所具有的时代特征里，随着时代的变迁、文化的进步，与之相对应的新词语也留下了深刻的时代烙印。比如在我国 20 世纪中期中国人干了很多惊天动地的大事，而随着这些物质文化的产生，随之而来人们也创造出了许多相对应的语言。而到了今天进入 21 世纪，随着改革开放的进行，我们国家对外交流日益频繁，社会更加进步，人们的思想也日益活跃，随之就产生了很多符合现代社会气息的新词，我们最常见的就是网络词语，年轻人在网络聊天中，常常会发明一些新鲜的词语，比如，"886"就是说再见，"酱紫"就是这样子，"灌水"就是在论坛上乱发无聊的帖子。据统计，近二十年我国社会平均每年要产生 800 个新生词语，比如最近的"土豪、神马、雨女无瓜、马上有钱"等。这些词语经过优胜劣汰逐渐保留，而那些使用频率较低的词语也就随着时间的推移慢慢地被人遗忘，比如"手机"代替了"大哥大"，"的士"代替了"公共汽车"，"美女"渐成为以前对"女士""小姐"

的总称。这些时代新词反映了在人们不断的社会实践中逐渐形成的社会文化和语言的相互作用，是在共生中相互影响和制约的。

四、语言学习与文化认同

文化认同理论是美国著名的精神分析家埃里克松的重要理论贡献，提出于20世纪50年代初期，后被其本人及其他学者广泛运用于社会、历史、政治、文化等领域的研究，而且成果丰硕。

（一）身份与理论的认同

身份认同是指自己与某一群体的关系认定。随着不同文化背景人员的交流日益频繁，外语逐渐成为人际交往中一门重要的技能，也成为各级各类高校学生的一门必修课。

对外语教学过程中语言学习者身份认同问题的研究成为教育研究者关注的焦点。对影响语言学习者身份认同的四个方面的分析，能为外语学习者提供语言学习指导，也为外语语言教师提供教法指导。

20世纪50年代，身份认同在西方国家以心理学范畴的姿态面世并成为各个领域尤其是语言学领域学术研究的热点之一。处在这样一个多元时代，对语言学习者身份的界定及对语言学习者身份认同的研究成为语言传授者必然面对的课题之一，而对影响语言学习者身份认同相关要素的研究，无疑将对语言教学活动产生不小的影响力。

1. 关于语言学习者身份认同的分析研究

所谓身份认同是指个人对特定社会文化的认同，是对主体自身的一种认知和描述，认同的范畴涉及很多方面，比如文化认同、国家认同。不管是我们熟知的"蚁族""北漂族"这种小范围的身份圈，还是"中华民族""大英帝国"等国家文化划分出的大规模民族团体，都体现出一种对自身身份的认同和认知。我们每个人和每个有相似背景的群体，都无时无刻不在寻找自己的身份认同。

大量研究数据表明身份认同可以促进个人与某一特定社会文化的融通。不同的身份认同感和身份认同度标识其在不同文化团体内的身份确认度。而个体身份确认度数值的大小反射其在不同区域的身份认同意识的强弱及行为执行可能性的大小。

兰伯特等人研究发现语言学习者会由于一门新语言的学习而产生身份认定上的"附加性"或者"削减性"的变化；诺顿曾从建构主义角度出发，分析语言学习者多元、动态的身份认同；高一虹则分析得出语言学习者自我认同与语言之间是随环境情境的改变而产生变化的。不同语言研究专家的研究得出了相同的结论，即语言学习者在习得一门外语的同时，也在接受该语言所承载的此种理念和文化的熏陶，逐渐开始学习用新的眼光来观察认识这个世界，从一个新的角度来衡量关于自我的一切，并在调整对自我和对世界认识的基础上尝试自我改变。而不同的语言与文化学习之间产生的积极互动能促进语言学习者人格的整合发展。

2. 影响外语专业身份认同的相关因素

外语专业语言学习者的身份认同过程易受其专业特点、语言学领域讨论话题及所属地国家教育方针政策的影响，对其身份认同形成的相关因素可以从如下三个方面逐一分析探讨。

（1）语言选择

语言作为群体表达思想及传递信息所使用的符号而具有社会价值。语言学习者对语言的选择折射出其对所持语言的文化认同度。而此种文化认同的确认度与对所持语言的认知成正比关系，即产生相应的附加性变化。

语言选择体现特定时代背景下语言持有者对语言的认同。对于外语专业语言学习者，认识语言发展着实有效的学习途径就是研究学习全英版英美文学史。英美文学作为历史文献记录着英语语言的发展轨迹，学生在涉猎或研读的过程中领悟不同国界各时代的民族特色，在习得所学语言的变化由来及其语用特点基础上构造自己的语言身份，并在阶梯式习得与提升中完善语言学习者个体的身份认同。语言选择能力即语言应用能力。

外语语言学习者通过如下三个方面习得和使用目标语直至内化实现对其身份认同的强化。一是通过口语和听力序列化训练强化语言习得功能以形成自身的语言身份认同。学生从目标语言运用的情景中感知和体味目标语言为其身份认同语言，在持续使用目标语言过程中强化语言身份认同意识。二是语言学习者对身份的认同可在提升阅读和写作技能上促成。作为语言学习基本技能之较高层次的阅读和写作，学生在阅读英文文章或进行英文写作时融入了英语语境，实现语言学习所提倡的用英语想、用英语写这一语言运用的较高层次要求，在形成读写技能的过程中体验语言身份认同。三是在提高语言教学技法过程中提升语言身份认同度。教学技法娴熟且教学语言严谨的教师在课堂教学中为语言学习者创设出良好的语言身份认同语境，有助于学生形成语言学习者身份认同的意识。

目标语言的选择与认同有赖于语言融入式环境。外语语言学习者由于在本土接受外语语言信息,受教育环境与目标语存在语境上的不一致,此种不协同性使外语语言学习者的身份认同会不断从笃定到纠结再至重塑。

现代的语言教学,从双语幼儿园开始就分外注重发挥语言环境的育人功能。语言学习环境的创设的确是解决身份认同问题较易奏效的方法。外语语言学习者通过创设目标语文化环境增进本族语和目标语言的自然融通,在所置身的环境氛围中打量其语言学习者的身份,有意识地探索所选择语言的发展脉络,直至内化语言身份意识为自我要求。

(2)多语现象

多语现象从广义角度讲是指一个国家或社会使用多种语言,从狭义角度来看是指一个人能够使用多种语言的现象。由于政治、经济、文化交叉与融合以及不同民族宗教信仰等方面的影响,导致社会多语现象的原因是错综复杂的。现阶段多元的认知与文化并举,语言学习者不仅需要精通本族语言,还需要有使用国际通用语言的能力。不仅如此,多语社会对语言学习者提出更大强度及更高难度的语言转码能力,在频繁转码的过程中塑造语言学习者个人身份认同。

在多语社会背景下,尽管英语作为国际通用语言是强势语言,作为培养外语人才的高校外语专业就多语现象不断提出了外语改革要求。对于外语专业学生来说,多语身份认同促使学生从不同角度看待所选专业,在琳琅满目的语言世界里找到适合自己的语言身份角色,尽早准确定位。对于外语专业学生来说,多语社会可以为学生提供多样选择及感受最佳身份认同。学生可以在英语语言之外,选择其他能辅助自己发展的语言或者是最有就业前景的语言为自己的另一语言身份,在后期的学习中积蓄潜在优势。

社会多语现象的另一个解释是双层语言环境,即高语言语境和低语言语境。语言使用上受社会约定俗成的严格限制,为社会所约束。外语专业学生在习得语言的过程中可通过关注语言学领域前沿知识,明白不同语境对语言的要求,规范语言应用行为,完善个体的语言身份。

(3)文化认同

文化作为各民族历史进程中沉淀下来储存在民族记忆里的东西而具有独特性和不可复制性。同一文化群体的成员对同一种文化所持的认同感为同一文化认同,文化认同在交际中可以减少语言陌生感,而语言作为一种文化象征,在文化认同中的作用不容小觑。

各民族文化之间的差异是影响语言学习者身份认同的一个主要因素,对目标语言文化的认同需要实现目标语言文化认知从迁移到平衡再到认同这样一个过程。

3. 外语学习动机

高一虹老师通过大量研究，认为语言学习者的学习动机应该坚持社会发展与个人发展目标并存。文秋芳老师的研究则指出：教育者要帮助外语语言学习者确定学习目标与学习计划。外语是各级各类高校学生的一门必修课程，也是许多高校选拔人才的必考科目。而现实情况是英语人才培养产出的指标未能完全满足社会需求量值。由于有外语人才大量需求的标杆指向，语言学习者应景而为自会选择就业前景光明的专业。外语语言学习者对专业优势的解读产生的结果是对自身选定专业产生良好的身份认同，外语语言教育者可因势利导，促使语言学习者产生强烈的学习动机和恒久的身份认同。

学生需要教学团队对其语言学习者发展方向层面的引导。当前学生表现出学习动机不强，不积极参与课外学习活动，基础不错的同学却没有选择继续深造。此种情况的出现是学生没有行之有效或与自身吻合的学习目标及计划所致。教师应该为学生职业生涯规划提供指导，帮助学生树立目标意识与阶段性规划意识，开展的各项活动须是围绕学生专业成长及为学生提供社会认知。这样的成长设计由于为学生提供了着实有效的成长平台而受到学生的青睐。

语言学习者会随教学改革而对自身所选语言的认识出现身份地再认同过程。外语语言教师应该在顺应教育部教学改革的同时更多关注学生认知态度的变化，在引领学生实现对语言学习者身份认同的同时，合理引导学生的教学技能发展方向，让与学生密切相关的基础段英语改革过程，变成学生自然而然接纳并已为之做好充分准备的学习过程，促成身份认同过程的稳妥推进。

外语语言学习者在了解并接纳外国语言文化的基础上，产生对自身角色心理的身份认同。教师可根据专业特点在语言选择、多语现象、文化认同及外语学习动机等方面对语言学习者进行语言传授及引导，形成外语专业语言学习者身份认同的合力，推动语言学习行为有效地进行。

（二）文化认同的理论来源

文化认同理论是美国著名精神分析家埃里克松的重要理论贡献，提出于20世纪50年代初期，后被其本人及其他学者广泛运用于社会、历史、政治、文化等领域的研究，而且产生了丰硕的成果。"认同"，被描述成心灵的归属感，这种归属感暗示该群体的价值、背景、看法。该群体的一些特征如文化、阶级、性别、种族、背景、语言、宗教等会随着时间和空间的改变而改变。"认同"是人们对自我身份的"确认"，即回答和解决"我是谁"这一问题。

文化和认同都是在不同的时空下顺应民族、族群的需要被建构和塑造出来的。文化理论家雷蒙·威廉斯认为，人们的社会地位和认同是由其所处环境决定的，文化具有传递认同信息的功能。当一种文化遇到另一种文化时，首先遇到的就是"认同"问题，"认同"需要一个建构的过程。在现代社会，文化与认同常结合起来形成特定的文化认同，作为个人或群体界定自我、区分他者、加强彼此同一感、拥有共同文化内涵的群体标志。

"文化认同"是人们在一个区域共同体中长期共同生活所形成的对本区域核心基本价值的认同，是凝聚这个民族、国家及区域共同体的精神纽带，是民族、国家及区域共同体生命延续的精神基础。因而，文化认同是民族认同、国家认同的重要基础，并且是最深层的基础。一种有生命力的文化，绝不应该是分散的，而是能够向社会提供某种文化认同的对象的；同时它又是丰富的，内部有张力，包含着不同的、相互质疑的部分，因此也就能吸收来自外部的其他文化的营养，不断发展自己。

"文化认同"是人们在一个区域共同体中长期共同生活所形成的对本区域核心基本价值的认同，是凝聚这个民族、国家及区域共同体的精神纽带，是民族、国家及区域共同体生命延续的精神基础。一种有生命力的文化，是能够向社会提供某种文化认同的对象的，同时它又是丰富的，内部有张力，包含着不同的、相互质疑的部分，能够吸收来自外部的其他文化的营养，不断发展自己，为实现跨文化交际奠定基础。

（三）文化认同与跨文化交际

随着全球化时代的日益成熟，跨文化交际已经成为一种无处不在的现象。人类在发展过程中创造了文明，形成了文化。跨文化交际学具有多学科性，为了达到跨文化交际的成功，首先要了解对方的文化，了解在跨文化交际过程中文化认同的重要性。跨文化交际成功与否，取决于文化认同的程度。科里尔和托马斯认为，跨文化交际是指认同于不同文化的交际者之间的交往。并且，交际者之间的认同是跨文化交际的主要标识，如果认同于各自文化的交际者以各自文化代言人的角色进行交流，那么他们之间的交际即为跨文化交际。

需要指出的是，对该文化认同的强度与文化认同的内容影响跨文化交际。因此，在跨文化交际中，我们在考虑文化认同的内容时，不能忽略文化认同的强度。

文化认同的构建过程，就是一个民族、一个族群、一个社会中，个体跨文化交际过程中所发生的思想与实践的矛盾、冲突、相互和解甚至结合、相互认同的过程。文化的认同主要是内部选择，而非外力可以强加。当然，外部的影响必然会起到客观上影响的作用。对个体文化认同而言，就是其内心的选择，每个人的个体文化感受，以及相应的个体的跨文化交际活动。它们集中起来后就变成集体文化认同，就会影响一个国家的主流文化价值观。一旦上升到国家文化认同，它们就成为主流人群的集体文化认同。

世界上不存在任何一种可以塑造具有普遍性意义的人的文化。文化之间具有认同互补的特征，本质上不存在对立，因此存在跨文化交际的可能。

从理论上讲，文化认同比宗教认同、政治认同、社会认同及族群认同等具有更深远的意义。或者说，与其他的认同相比，它更具"认同"的特征。丢失文化认同，跨文化交际无从谈起。认同是一种内在意向性反应，如果一个人置身于某个文化情境中，不与异文化接触，必然是一种融入的状态，可能谈不上有认同的内在需要或冲动的表现，因为他已与认同对象同一。也可以说，认同发生在跨文化交际的不同场合中，是个体面对另一种异于自身存在的东西时，所产生的一种保持自我同一性的自然反应。就此而言，文化认同虽然是"有意识"地按文化的逻辑保持与"他"的同构的联系，但文化认同更多是自身内化的，甚至是无意识的。

文化认同也是一种对于自我的认同。其一，文化的精神内涵对人的存在的生命意义进行建构，其理论内涵对人的存在做出价值论证，这都是政治认同、社会认同等所没有的外延，即它们更多对应于人的存在的外在表现，无法支撑个体对内在自身存在价值的确认。其二，文化是有根源的，它先于具体的个体，通过民族文化特性的遗传，以无意识的形式先天就给个体的精神文化结构塑造了某种"原型"。个体在跨文化交际后，生活于这种原型所对应的社会文化情境之中，很自然地表现出一种社会文化上的相容连续性。即使这种连续性出现断裂，个体也可以通过无意识的支配，和已化为习惯表现的行为举止一部分的符号而对之加以认同。其三，文化认同与族群认同、血缘认同等是相互重叠的关系。一个具有历史连续性的文化共同体同时也是一个地缘、血缘共同体，它们将人的各种认同融合其中，避免了这些不同的认同之间因跨文化交际过程中出现的相异特性而发生的矛盾甚至冲突。"文化"的这种特性实际上使它嵌入了人的存在内核，对某种文化的否定，在心理上实际上已等同于对某个体和某共同体的存在价值的否定。

作为个体人的存在，意味着一种与自身、与他人、与社会、与自然的分裂。而认同是克服这种存在性分裂的一种"本能反应"，否则人的存在将成为一种不可承受的内在与外在负担。就此而言，认同与跨文化交际历史同时发展。

文化认同关键不仅在于这是不是个体或集体所做的"理性选择",更重要的在于吸收、内化这种社会文化内容时是否失去主体性。如果失去主体性,那么这种社会文化并没有真正实现对个体"自我"的强化,也就是并不承认他是一个独立的、具有独特的内在理性能力和外在存在价值的个体,而只不过是表现为一种社会表象的奴役方式。同时,判断一种被个体和集体所"认同"的社会文化是否构成人的自我还有一个很重要的标准,就是它是否符合人性,是否代表人性的真正需求。在这里,个体是以"真"还是以"假"来承担维护其内在心理生存实践的功能,将对他的外在存在状态产生重要的影响。

同时,文化认同并不仅仅表现在跨文化交际过程中异质文化之间在碰撞冲突中的接受与趋同,也可能体现为不同文化在文化精神、文化内涵等层面上的某种偶合与类同。因此,跨文化交际是认同于不同文化群体的人之间的交际,文化认同产生于跨文化对话和社会交往中,跨文化交际者越强烈地认同于其所属的文化,其在特定语境中表露的特定文化认同越显重要。文化认同的强度越深,相互之间的跨文化交际就越能得到维持和发展。

跨文化交际是指不同的文化群体以及不同的文化成员相互交换信息、相互沟通、共同建构意义与身份的过程。文化在跨文化交际中占有重要的地位。文化是一个社会群体独特的生活方式和独特的价值体系。各社会群体内部虽然存在某些差异,但却遵循大体相同的文化模式。每个文化自成体系,与其他文化既有共同点,又包含地区差异与个体差异,具有一定的不可通约性。当文化的差异和变异影响到人际交往的结果时,跨文化交际随之发生。

跨文化交际学具有多学科性,为了达到跨文化交际的成功,首先要了解对方的文化,了解在跨文化交际过程中文化认同的重要性;跨文化交际成功与否,取决于文化认同的程度。对该文化认同的强度与文化认同的内容影响跨文化交际。

第三节 翻译中的文化视角转换

一、文化视角转换的含义

语言是社会现象,也是文化现象,语言反映文化,又受文化的制约,语言与文化的密切关系注定了翻译与文化的关系。翻译不仅是语言层面的转换,更是两种文化和思维角度的转换。在翻译中不仅语言有异,而且文化背景、传统习惯、思维方式也会有所差异,因而导致各自语言中负载着特定的文化气息和时代烙印。美国著名的翻译学家奈达曾经指出读者是决定翻译语言的重要因素，所以英汉互译要以人为本，以读者为中心。翻译作品的语言要符合目的语读者的语言表达形式和思维方式。

语言的发展离不开文化的发展变化。世界上任何一种语言都是随着历史的发展变化受人们居住环境和生活习惯的影响形成了独有的不同于其他语言的表达方式。同时，使用不同语言的人也形成了对自己所属的那个语言体系独特表达方式的适应性。为使目的语符合目的语读者的民族语言的表达习惯，使其更容易被接受、被理解，就需要转换表达方式。这种语言转换就需要通过翻译的文化视角转换来实现。

那么，什么是文化视角转换呢？从深层次看，语义上的相似之处在不同语言中都有体现，但在语言的表现形式上却是变化多端，差异一目了然。这就要求翻译者在不涉及特殊文化背景的前提下，把源语信息用目标语来重组，转换表达的角度，使译文与读者的语言习惯趋于一致，更容易使读者接受，这就叫"视角转换"。再如"重组源语信息的表现形式，从与源语不同甚至相反的角度来传达同样的信息"，这就是所谓的视角转换。这种翻译方法使得译文更符合目的语习惯，同时也能更好地传达原作信息。

在汉英、英汉翻译中，文化视角的转换体现在翻译中有下列情况：①正反转换。正反转换是最主要的视角转换类型之一。英语与汉语从不同的角度传达同样的信息。②形象转换。在成语和比喻修辞的翻译中，视角转换常体现在形象转换中。③虚实转换，由于英汉语言特点的差异所需使用的虚实转化。英文虚写的必须实译，或者英语实写的地方汉语虚译，从而降低语言差别给翻译带来的损失，使译文产生同样的效果。在翻译中注意文化差异的异域性及源语与目的语的视角转换被认为是一个合格的译者最重要的品质。

二、翻译中文化视角转换常用的策略

（一）形象转换

文化背景、社会风俗及生活习惯等对语言表达有一定的影响，即使是相同的形象，处于不同的环境背景下也会有不同的含义。因此，翻译者在翻译时应当整理资料，结合自身经验进行针对性分析，并在此基础上，准确表达出形象的具体含义、内容。简单地说，就是把原文风格与自身风格结合起来，在二者和谐统一的基础上再对原文形象做合理的保留和转换，以保证翻译质量。

（二）虚实转换

中国人与英美人的思维方式不同，语言表达方式上有很大的差异。对此，译者应当把握虚实转换，确保翻译内容的准确性。所谓虚实转换，是指不需要逐句翻译，主要追求意义的对等，从而避开文化背景差异、思维方式差异等因素的影响，让翻译者获得准确的翻译内容。如，"The matter was finally solved under the table."中的"under the table"一词翻译成"私下处理"，而不是原意的"在桌子下面"，这样的虚实转换能更准确地表达源语含义。

（三）词类转换

在进行英语翻译时，词类转换一般体现在形容词、名词、动词等词汇上。在英语中，由于每一句话只能有一个谓语动词，所以经常出现动词名词转换的现象。英语中的一些名词经常被翻译成汉语中的动词。如"No violation of the principle can be tolerated."中的"violation"被翻译成"违背"，词性从英语中的名词转换成了汉语中的动词。由于英汉两种语言的表达不同，所以英汉翻译时需要进行相互转换，以保证翻译质量。

三、翻译中文化视角转换常用的技巧

（一）将隐喻变为明喻

在翻译过程中，翻译者要以交际翻译理论为基础，把英语中的隐喻与明喻联系起来，找到两者之间的平衡点，把一些难以理解的隐喻用明喻的形式翻译出来，降低接受者的理解难度。同时，还要充分结合接受者的文化背景、需求，尽量减少文化差异带来的认知差异，使其在翻译文字中找到共鸣。如"I am like a son to him."翻译成"他视我如亲子"。

（二）适当运用意译

意译是一种比较难的翻译技巧，它要求翻译者熟悉、掌握接受者国家的文化，拥有良好的语言组织与表达能力，能够熟练应用各种修辞方法，准确表达出英语原文中的隐含意义。如"The weakest goes to the wall."翻译成汉语是"优胜劣汰"；"It rains cats and dogs."翻译成汉语是"倾盆大雨"。翻译时适当地应用意译技巧，将英语转换成耳熟能详的汉语，更容易被中国人所接受。

（三）明确翻译目的

为了保证翻译质量，翻译者在翻译时应当分析翻译动机及目的，再结合翻译需求选择适合的翻译策略。翻译动机不同，选择的翻译策略可能也不同。倘若翻译者没有明确的翻译动机，没有选择不同的翻译策略，可能就会造成翻译内容不同。如杨宪益版《红楼梦》译本中的"谋事在人，成事在天"翻译成"Man proposes, Heaven disposes."；而大卫·霍克斯版《红楼梦》译本将这句话翻译成"Man proposes, God disposes."。对比可知，杨宪益版的翻译内容遵循了中国传统文化，更忠于原著，很好地弘扬了中国文化。大卫·霍克斯版的翻译内容与目的语言的文化习惯更接近，便于英美人理解。总之，翻译者一定要明确翻译的目的和动机，选择适合的翻译策略，以实现翻译目的。

（四）分析文本类型

不同类型文本所呈现出来的文本语言特征也不同。在翻译时，为了使文本语言不出现偏差，翻译者要认真分析所翻译文本的具体类型，并以此为依据选择适合的翻译策略。如文学作品翻译可以选择异化翻译策略，以便更好地表现源语文化；广告、新闻翻译应当采用归化翻译策略，以更好地传递信息。只有结合文本类型选择适合的翻译策略，才能保持源语的文本特征，准确地表达出原文含义。

（五）深入体会文化内涵

国家、民族、文化、生活习惯、风土人情等是语言文化差异的主要影响因素。为了实现翻译跨文化视角转换，准确而恰当地完成翻译，翻译者应当通过阅读资料、观看影视作品等方式全面了解英美国家的民族、文化、价值观、社会生活等，增强对西方文化的认识，体会西方文化的内涵，以培养自身的文化敏感性。同时，通过积累文化知识提高翻译能力。例如，一些词汇褒贬义经常出错，如ambitious在英语中的本意是"雄心勃勃"，属于褒义词，但在汉语语境下则是"野心"之意，属于贬义词。倘若翻译者对此不了解，翻译就会出错。因此，翻译者进行英语翻译前一定要了解西方文化，全面认识语言的使用特征、方式等，了解英汉两种语言表达的差异性，并结合差异选择适当的翻译方法，确保翻译质量。

（六）考虑接受者的需求和接受能力

不同的接受者有着不同的需求和接受能力。目的语的内容及表达方式要能被接受者所接受、认可，适应他们的接受能力，满足他们的需求，这样的翻译才能被称之为成功的翻译。因此，翻译者进行翻译前应对接受者的需求、接受能力等进行科学预测，尽可能多地掌握接受者的实际情况，并以此为依据调整翻译，确保译文适应接受者的接受能力，顺利地被接受者了解、消化。事实上，翻译时考虑接受者的需求与接受能力能够使译者与接受者在语言文字上产生共鸣，让接受者认可译文，以准确传达语言信息。

第四节　国内英语翻译中文化视角转换理论的研究现状

当今翻译理论的研究出现了两个明显的趋向：一是从单纯的语言学研究转向跨学科的综合研究，它涉及从哲学、语义学、语用学、文学、信息论到社会学、人类学、符号学甚至大众传媒、计算机识别和机器翻译等跨学科领域。二是从重视语言的转换转向更重视文化的转换。

翻译不只是语际转换的过程，同时也是两种文化交流的社会现象。这一点在学术界应该说已经取得了共识。翻译理论家巴斯奈特和勒菲弗尔在20世纪末期提出了"翻译学应向文化倾斜"的呼吁，并在《构造不同的文化》一书中指出："翻译学就是要研究不同文化的相互作用（cultural interaction）。"陈宏薇在其著作《汉英翻译基础》中也指出："翻译是跨语言（cross-linguistic）、跨文化（cross-cultural）、跨社会（cross-social）的交际活动。翻译的过程不仅是语言转换过程，而且是反映不同社会特征的转换过程。"西方翻译家尤金·奈达指出："对于真正成功的翻译而言，熟悉两种文化甚至比掌握两种语言更重要，因为词语只有在其作用的文化背景中才有意义。"为此，我们在从事翻译工作和开展翻译研究时，特别要注重对跨文化、跨语言交际的研究，这样才能更好地避免单纯语言文字翻译所造成的失误。

近几年来，在我国翻译理论界从文化翻译视角探讨翻译的还相对较少，而在翻译实践中由于视角转换所引发的误译并不少见。我们对于视角转换的理论研究还不够深入，还处于初级阶段，所以还有很多问题需要我们去研究和探索，研究汉英翻译中的视角转换也就具有了必要性和必然性。

翻译中的视角转换作为一种翻译方法近年来广受关注。很早就有人提出翻译的实质就是语言的转换。金惠康在其出版的《跨文化交际翻译》一书中提到了视角转换的定义：从深层次看，语义上的相似之处在不同语言中都有体现，但在语言的表现形式上却是变化多端，差异一目了然。这就要求翻译者在不涉及特殊文化背景的前提下，把源语信息用目标语来重组，转换表达的角度，使译文目标语的习惯趋于一致，更容易使读者接受，这就叫"视角转换"。孙艺风先生在《视角阐释文化文学翻译与翻译理论》中曾多次提到视角转换的必要性和可行性。他在绪论中直截了当地说：转换视角可以改变心态与观念，相对单一的本土文化视角应借助它者的视角，从多个角度看待文化差异，本土文化若要保持真正的个性化，必须要呈现多元化。在翻译过程中，译者应该尽可能以多元的视角，综合考虑和处理翻译中遇到的各类问题。除此之外，国内有很多学者也发表过与视角转换这一翻译方法相关的研究文章，如乐金声在《中国翻译》上所发表的《论英汉翻译中的形象转换》一文也涉及视角转换的相关内容。

第二章　文化视角转换的根源

第一节　自然环境及地域的差异

一、自然环境及地域文化与语言翻译

随着改革开放的深入与发展，中国与其他国家的交流越来越多，程度也越来越深。但中西文化的差异对中西语言交流产生了一定的障碍。翻译成为解决这一困难的必不可少的方法之一。翻译是人类语言活动的重要组成部分，也是使用不同语言的民族或国家之间互相交流、互相沟通、互相学习和互相借鉴的不可或缺的手段。由于翻译涉及两种语言，不可避免地受到两种文化的影响，然而使用不同语言的民族之间必然存在文化差异。因此保证翻译成功的关键就是解决好翻译中的文化差异问题。

不同国家和民族的文化都有着鲜明的地域特征，各民族的文化既有共性也有个性——共性源自人类所共有的一个客观的大自然，而个性则源自各民族所处的小环境的不尽相同，即所处地域环境、物质文化环境、社会文化环境和宗教文化环境的不尽相同，从而产生了各民族的独具特色的语言。因此，语言与地域文化关系密不可分，地域文化的形成与发展离不开语言，语言也不能够离开地域文化而独立存在。语言是文化的载体，各种语言承载着各民族的文化风貌；而文化的影响又制约着语言的发展与形成。

二、地域差异

语言本身是表达思想的手段，而所表达的思想则又必然归属于某种专门知识。地域文化是其中一个重要因素。地域文化一般是指特定区域源远流长、独具特色、传承至今仍发挥作用的文化传统，是特定区域的生态、民俗、传统、

习惯等文明表现。它在一定的地域范围内与环境相融合，因而打上了地域的烙印，具有独特性和相对稳定性。同时，生活在不同自然环境中的人也会形成不同的文化，每种文化都因其地域、气候、环境的特点而具有不同的特征。地域文化会对词汇、句式及说话的方式和习惯产生重要的影响。不同的地域文化使得不同的民族对同一种事物也会有不同的认知和差异，用各地自然景观或物体来做比喻时，语言间就存在着明显的差异。英汉两个民族因所处的地理位置不同，政治环境与生活经历不同，必然存在各自独特的民族个性，使语言有浓厚的民族色彩。

例如，水浒传中有句话："小人有眼不识泰山，一时冒渎兄长，望请恕罪。"有译文为"Although I have eyes claimed but failed to see Mount Tai.""有眼不识泰山"这句话是借中国的名胜泰山来比喻那些显赫重要的人物。这一相对固定而独特的文化含义，带有丰富、意义深远的联想。这种译法作为中国读者很快就会理会，很容易达到思想的沟通，但是作为一个对中国文化知之甚少的外国人来说，则很难体会到这句话所表达的文化意义。若译为"I failed to know such a person with distinction like you."虽然考虑到了读者的可接受性，抓住了核心语义，但却失去了泰山这一特定文化意向所包含的内涵，所以，应译为"I failed to recognize your eminence."这样就做到了二者兼顾，克服了不可译的障碍。同样，英语中有许多习语鲜明地反映了一定的地域特色，例如，"The man who waters his grass after a good rains carrying coals to Newcastle."的译文为"这个男子下过雨还浇草，真是画蛇添足"。往盛产煤的 Newcastle 运煤，显然是多此一举。"carry coals to Newcastle"被译为画蛇添足后，尽管读者看到"carry coals to Newcastle"所联想到的比喻意义与中国读者读到画蛇添足所引发的文化意象会有所偏差，但是都把握住了中心意义，取得了较好的翻译效果。此外，还有许多因地域文化差异引起的语言表达中采用不同的喻体，为表示夸口说大话，汉语谈吹牛，而英语说 talk horse；汉语中还有大量的带"牛"的词语，如牛气、牛性、牛劲、牛角尖、执牛耳、牛郎织女、对牛弹琴、小试牛刀等。英语中也有大量的带"horse"（马）的习语，如 a willing horse（工作认真的人）、a dead horse（徒劳无益的事）、buy a white horse（浪费钱财）、hold one's horse（沉住气）、a good horse should be seldom spurred（好马无须多加鞭）等。中国文化起源于农业，牛在中国的农耕历史上具有重要地位。自古以来人们用牛耕地，牛与农民朝夕相处，牛被赋予了勤恳吃苦的精神，人们常把那些勤劳忠厚、任劳任怨的人，比喻为具有老黄牛精神。与中国不同，西方古代主要以马耕地，因此马在英美文化中则是吃苦耐劳的象征，西方古人与奔马感情甚笃。汉语中有"力大如牛"之说，如要把它译成英语，则译成"as strong as a horse"而不会译为"as strong as cattle"。例如，"Those were days when the sun never set on the British flag nor rose on an East End home."，不了解西方的地理知识大多数人会误译为"那些日子里，太阳从未在英国国旗上落下，也未在东方家庭升起"。实际上，从地理上来看，英国伦敦分为西区和东区，西区是富人居住的繁华地区；而东区，即 East End，则是穷人居住的地区。East End 具有特定的政治内涵。因此其正确译文为：那是日不落大英帝国的黄金时代，也是伦敦贫民区千家万户从不见天日的岁月。所以在翻译时，要注意各自民族的特点和其地域差异，运用替换原喻体的方法，才可以使译文恰如其分，形不似而神似。

再例如"东风"与"east wind"，在汉英两种文化里词语所指的意义相同，但内涵截然不同。在中国人的心目中，"东风"象征春天，有"东风报春"之说。在我国文学中"东风"让人联想到温暖、草长莺飞，但是"西风"则恰好相反，有一种刺人肌骨的味道。马致远的"古道西风瘦马"就是很好的佐证。而英国的"东风"则是从欧洲大陆北部吹来的，象征"寒冷""令人不愉快"，所以英国人讨厌"东风"。相反，英国地处西半球，报告春天消息的是西风，英国著名诗人雪莱的《西风颂》(Ode to the West Wind)就是对春的讴歌。这两种文化的差异源于中国和西方的地域差异。地域文化方面的差异，使得不同民族在对同一事物的认识上也存在着不同。人们的生活离不开土地。比喻"花钱浪费，大手大脚"，英语是"spend money like water"，而汉语是"挥金如土"。李白《江上咏》中有"功名富贵若长在，汉水亦应西北流"。此处翻译的关键就在于如何理解"西北流"。我国的地形特征是西高东低，李白用"西北流"喻指功名富贵如过眼烟云，不可能与江河永流。这一比喻是基于我国的地理特征，但因为英美国家处于不同的地理位置且地形特征相异，如采用直译法，很多西方人可能并不解其真正含义，这就要求翻译"西北流"时应做适当的变通，于是译成："But sooner could flow backward to is fountains; This stream, than wealth and honor can remain."。这样译文虽然用倒流的方式表达了原文中"西北流"所蕴含的"不可能"之意，但却不能体现原文的工整对仗及中国的地域特征。在一种语言文化里有些事物具有丰富的内涵和外延，能激起美好的联想，但是在另一种语言文化里却平淡无奇。

可见，英汉两个不同的民族，由于地理环境不同，他们观察事物、反映客观世界的角度和方式并不一致。所以翻译切忌照词典上的词义逐词逐句对译，不合习惯的词会使信息出差错或使读者觉得美中不足。

三、自然环境差异

自然环境对文化的影响力是不可小视的。不同的自然环境培植了不同的民族文化。中国文化诞生的自然环境与西方文化产生的自然环境是有很大差异的。中国文化的自然环境主要是河流，西方文化的自然环境主要是海洋。海洋无比广阔，是无法征服的，西方人只能顺其势，利用海洋，欣赏海洋。河流相对狭窄，是有可能征服的，集中社会力量，利用人力，征服河流，利用河流，就成了中国古人的愿望和使命。大自然决定着社会文化，生存的自然环境特性决定着社会文化特色。由于广阔的海洋成了西方文化的自然环境，就养育了西方人的自由个性、丰富想象力和大胆创造力的文化基因；由于奔腾的河流成了中国文化的自然环境，就培育了中国文化的社稷为上、循规蹈矩、顺势而为的文化基因。海洋变化无常、无法驯服，滋生了西方人自由奔放的个性文化；海洋的一望无际、变化多端，给予了西方人想象力丰富的思想文化；海洋的深不可测、无穷无尽，培植了西方人不断探索的创新文化。河流的可征服、可利用，滋生了中国人善于凝聚力量的社会文化；河流的顺势而流，培植了中国人善解人意、循规蹈矩的行为文化；河流的水到渠成、可堵可导，培育了中国人无为而治、灵活机动的哲学文化。

（一）地理位置

民族文化的形成、发展与该民族所处的地理位置密切相关，英国人生活在岛国，历史上的航海也曾一度领先世界，其渔业十分发达。因此，water、sea、fish、boat 等词在英语中的文化内涵就特别丰富。例如，by water 是乘船，hot water 指困境，in low water 是残缺，in smooth water 指日子好过，又如当水手叫作 go to sea 或 follow the sea，搭船叫作 take the sea 或 by sea, to go with the stream（随波逐流），still waters run deep（静水流深），"Hoist your sail when the wind is fair"（好风快扬帆），"A small leak will sink a great ship"（小洞不补要沉大船）。大海茫茫无际，使英国人把它同许多、大量联系在一起，如 a sea of red flags、seas of blood。但英语中有许多关于船和水的习语，在汉语中没有完全相同的对应习语，如 to rest on one's oars（暂时歇一歇）、to keep one's head above water（奋力图存）、to be all at sea（不知所措）等。

与西方不同，中国人更了解和熟悉的是陆地生活的农业耕地，自古以农立国，农业人口多，老百姓对土地有着特殊的感情，故不少谚语、习语跟农业有关。如人们常说农民是面朝黄土背朝天比喻其辛苦；称当地人为土生土长；称民间沿用的方法为土法；把小地区使用的方言称之为土语或土话；说某人土气是说他不时髦，而土崩瓦解比喻彻底崩溃等。

（二）地形、地貌

中国地形总体上西高东低，河水普遍是向东南方向流的，汉语中有些词语的联想意义正是基于这种自然条件，如一江春水向东流、请君试问东流水、大江东去、付诸东流等。但在欧洲，由于地形、地势的不同，河流大多向西北方向流入大海。

中国文明也是沿着北方黄河流域推拓到南方的长江流域，再推拓到南方的珠江流域的，中国文化受到这种流域文明的影响，所以在语言词汇中，人们常用"五湖四海"来形容全国或世界各地，类似的词语还有三湘四水、漂洋过海以及远渡重洋等。另外，中国是多山的国家，山对中国人生活的许多方面都具有十分重要的意义和意想，人们用"山遥路远"形容路途艰难遥远，用"山雨欲来风满楼"比喻重大事件发生前的紧张情势，另外还有山南海北、山崩土裂、江山易改本性难移等都以山作为形象与载体，使得讲汉语言的人非常容易联想它们的意义，然而山在这些词语中的含义在英语中却荡然无存。

（三）地理方位

中西地域文化的差异在方位词及其相应物上，也体现得相当突出，中国自古以来就有南面为王、北面为朝，南为尊、北为卑的传统，人们经常说，"从南到北""南来北往"，南的方位在说法上常常置前，英语文化却恰恰相反，英美人从英语地域文化来理解汉语的南北自然是 north and south 或 from north to south。南居为 a room with a northern exposure。中国历史上的南北朝译为英语时也是 the Northern and Southern Dynasties。另外西北、西南、东北、东南之类的方位词语，英语说法也和汉语说法相反，分别为 northwest、southwest、northeast 和 southeast。

（四）气候条件差异

各民族语言存在于不同的国度，而国度之间不同的生存、发展环境也造就了不同的语言表达方式。中西方地理位置的不同，直接造成了气候的差异，而气候的差异导致同一词汇的联想意义常常大相径庭。例如，汉语中有句成语为"单燕不报春"，译为英语则应该为"One swallow does not make a summer."。将汉语中的春译为英语中的夏，这就得从西欧的气候方面来解释，西欧居于温带海洋性气候，年平均气温 10 度左右，夏天 20 度。可见，西欧的夏季的温度相当于中国春天的温度。因此，燕子会在英国的夏季飞回来。

中国东濒太平洋，西部为亚洲腹地，故有西风凛冽与东风送暖之辞。在我国东风常指春风，因而有"东风夜放花千树"之名句。元杂剧西厢记里有一段话，"碧云天，黄叶地，西风紧，北雁南飞，晓来谁染霜林醉，尽是离人泪"。有人将它前一部分译为"Bitter is the west wind as the wild geese fly from the north to the south."。这样的译法体现了中国的地理特征，但西方的读者却有一些难以理解了。给英伦三岛送去春风的是西风，当西风吹起，英国正是春回大地、万物复苏的季节，在英国人的心目中，西风才是轻柔、和煦、富有生机的。

地域词汇的这种文化内涵源于一种文化价值取向，而一个民族的文化价值取向除了与其历史沉淀密切相关外，与其所处的地域也不无相关。东风和西风之所以在两种文化中产生的意象不同与其地域差异和由此而导致的自然气候之别有直接关系。

又如，中西方不同气候条件也直接造成了两国人民对夏季的不同情感。"赤日炎炎似火烧，野田禾苗半枯焦"是指中国炎热而令人烦闷的夏季的；而英国的夏季是可爱的，温和的。这方面的例子很多，如莎士比亚的十四行诗中的不少地方都提到了夏季，均充满赞美之词。

在表达气候自然现象的语言中，汉语中"节气"的概念在英语中是没有的。常用的《现代汉英词典》中把"雨水"译成"Rain Water"，把"惊蛰"译成"Waking of Insects"，把"清明"译成"Pure and Brightness"，这些名称如果不另加解释就没有什么意义。但有些"节气"的名称在英语中确实有相对应的词。例如：春分（Spring Equinox）、夏至（Summer Solstice）、秋分（Autumn Equinox）和冬至（Winter Solstice）。

（五）地名文化差异

1. 地名的翻译

地名是代表地理实体的一种符号，具有一定的形态和意义，地名的命名是有其原因的，或根据其自然地貌特征，或根据其社会人文特色。地名的翻译同样受到各方面的影响，与地理、地貌等息息相关。很多地方都是因为它们所具有的特色而命名，就像冰岛（Iceland），意即冰的陆地，此名源于该国八分之一的地方为冰山所覆盖。汉语中这类城市命名也不少，如包头（有鹿的地方）、齐齐哈尔（天然的牧场）。有些因地处江河湖海岸边和山川盆地而得名，像汉口因位于汉水汇入长江口而得名；珠海因地处珠江三角洲而得名；湖南的沅江市则地处沅江流域。在美国，密西西比州、密苏里州以及田纳西州分别因处于河流的岸边而命名。

地名具有一定典故、来由和含义的例子还有很多，Europe 的指称意义是欧洲大陆，而其词源意义来自希腊神话中美女欧罗巴的芳名。湖南、湖北、Virginia、Los Angeles，译成别的语言后含义就不能保留了。但是，美国的 Broadway 的音译"百老汇"历来是公认的出色的范例之一。这样翻译妙就妙在既合乎译音的规则，用的字又能引起与这条大街实际情况暗合的联想。曾有人将它译成宽街、大马路等，均因缺乏特色而为人们所不取。

2. 河流的翻译

东西方河流名称和城市名称的文化内涵深远而丰富，既有共性又存在着一定的个性。东西方大部分河流的名称都与河流本身的某种特征有关，河名可与水流特征、河水的颜色和味道、河流的大小、河底的特征，或者与神话和历史传说相关。像我国的黄河（Yellow River）就是因河水呈黄色而命名的，源于中国云南省，在越南汇入红河的黑水河（Black River）因水呈黑色而闻名，东西方因水呈红色而命名为红河（Red River）的河流就有两条。位于巴勒斯坦和约旦之间的死海（Dead Sea）是由于湖水盐度高，生物在湖中和周围地区难以生存而得名。这些河流名称翻译后很容易就能够明白它们的特征。

3. 旅游景点的翻译

由于旅游业特别是跨境旅游在中国起步较晚，很多景点地名的翻译并未约定俗成，所以在景点地名的翻译上存在着许多争议。对于是直译还是意译存在较大的差异，近来许多学者认为直译和意译其实并无绝对标准，旅游景点的翻译更应该考虑其地理文化特征。例如，玉门关若译成 Gate of Jade 很容易让外国读者产生有关玉的误导性联想，用 Yumen Pass 则了然无误。而紫来洞（道家名胜）译为 Purple Sourse Cave 含紫气东来之意，而不是 Zilai Cave。但是，如果一味地意译，把寒山寺（佛教圣地）译为 Cold Mountain Temple 则是不了解文化背景了，因为寒山本是唐代一位诗人退隐山中过着隐居生活，寒山寺因而得名，所以译为 Hanshan Temple 才体现出它的文化背景。位于甘肃鸣沙山的月牙泉，有译法为 Yueya Spring，或者 New Moon Shape Spring 都无法体现出该景点的特征，只有 Crescent Spring 才最得其义。同样的麦积山因外形酷似麦草堆而得名，翻译 Maiji Mountain 不是最佳的译文，应译成 Wheat Stack Mountain。像颐和园（The Summer Palace）、万寿山（Longevity Hill）、清漪园（Garden of Clear Ripples）、拙政园（Humble Politician's Garden），这些故宫景点的翻译则较好地体现出文化背景。

第二节　历史背景和社会发展的差异

一、历史背景和社会发展与语言翻译

交流就是不同文化的碰撞和交流，所以在翻译工作中，语言之间的转换就是双方文化的转换碰撞。在对一门语言进行学习的过程中，需要对产生语言的文化背景进行学习，对其有一个比较深入的了解，这样才能更好地了解语言，明白其使用的语境。因此，只有掌握不同国家的文化背景，才能使翻译更加出色，使翻译作品更加贴合原著，雅俗共赏。

历史渊源的不同形成了人们态度与行为上的差异，每一个民族的历史发展和社会进步对其语言的发展都会产生极大的影响。不同的国家有着不同的社会背景和历史进程。洪堡特曾说："语言从精神出发，再反作用于精神，这反映了语言与世界观交互影响的关系，其中思维方式、特征和风格对语言的影响则尤为直接和明显。"中国的社会背景和历史进程与西方国家截然不同。我们东方人强调综合性的思维方式，注重整体和谐，在句子结构上往往以动词为中心，以时间顺序为逻辑语序，横向铺叙，归纳总结，从而形成"流水型"句式结构。但是西方民族为分析型思维方式，西方人通常注重分析方法，惯于"由一到多"的思维方式，句子结构以主语和谓语为核心，善于运用各种短语和从句，由主到次，句式结构复杂，但形散而意合，形成"树杈形"的句式结构。而因此汉语和英语所承载的文化内涵也有着极大的不同。这种不同在翻译中尤其表现在对谚语和习语的英汉互译中。对源语准确的翻译必须要建立在对源语及目的语历史文化和社会背景的正确认识上。例如，中国人称岳父为"泰山"这一汉语词汇如果被直译为"Taishan"一定会使西方人大惑不解。但是如果译为"father-in-law"就可以避免这样的困惑，达到译文忠实于源语的效果。可见有时候为了使译文更容易被读者接受，对于源语特有的文化背景，翻译时往往要采用视角转换的方法。再例如，"这叫作负荆请罪。"译为"It's called Abject Apologies.""负荆请罪"的故事是汉语中的特有的典故，出自《史记》，有着特殊的历史文化背景。对主动向别人认错、道歉，对自己严厉责罚的人，就称其为"负荆请罪"，译文"It's called Abject Apologies."（可怜兮兮地向对方道歉）。而在西方语言文化中是不存在这样的典故的，由此可见不同的文化来源造成了译文和翻译风格的差异。因此我们在翻译过程中就要运用到文化视角转换的翻译方法，根据具体的情况和目的语的表达习惯，对于原文的翻译做

出适当的调整,力求使翻译更加达意和顺达。

二、历史背景与社会差异

英国虽然只是大西洋上一个面积不大的西欧岛国,但是在世界近代史上却有着举足轻重的地位。英国在历史上曾被诺曼王朝、都铎王朝、斯图亚特王朝和温莎王朝等十大王朝统治,经历过文艺复兴、伊丽莎白时期、雅各宾时期、光荣革命、苏格兰启蒙运动、乔治王时期、摄政时期、维多利亚时期等历史时期,以及罗马帝国入侵、百年战争、玫瑰战争等战争时期。凭借着工业革命带来的先进技术以及对外扩张政策,英国一跃成为有着"日不落帝国"称号的世界头号殖民帝国。英语中反映英国不同历史时期和事件的词汇和习语可谓俯首皆是、数不胜数,比如 Hadrian's Wall(哈德良长城)、Norman Conquest(诺曼征服)、Chivalry(骑士制度)、Magna Carta(大宪章)、the Hundred Years' War(百年战争)、the War of the Roses(玫瑰战争)、Glorious Revolution(光荣革命)、Enclosure Movement(圈地运动)等。

例如,"The politician rode high as an outsider, but he met his Waterloo when he actually had to make policy."应译为"作为在野党人士,这位政客可谓春风得意,但是当他实际要制定政策时却遭遇了惨败"。本句中的 meet one's Waterloo 是一个英语习语,源自世界史上著名战役之一的滑铁卢战役。滑铁卢是一个位于比利时中部的城镇,在布鲁塞尔以南。1815 年 6 月 18 日,威灵顿公爵指挥的英普等国联军与拿破仑率领的法国军队在此展开决战,并在整整一天的激烈战斗之后彻底击败法国军队。此后,在英语中 meet one's Waterloo 这一习语用来表示"遭到惨败"或"遭到毁灭性打击"。在本句中,可将 meet one's Waterloo 意译为"遭遇惨败"或直译为"遭遇滑铁卢"。本句中的 ride high 是一个英语短语,意为"得意扬扬,很成功",根据上下文可译为"春风得意"。

再如"The compensation to the invaded countries in World War Ⅱ is a Dunkirk for the foreign policy of Japanese government."会被误译为"对二战期间被侵略的国家进行赔偿是日本政府外交政策上的一次大溃退。"Dunkirk(敦刻尔克)是法国东北部靠近比利时边境的港口城市(法国的第三大港口)。它也是一个工业城市,主要行业包括钢铁、食品加工、炼油、造船和化工。敦刻尔克以第二次世界大战中 1940 年发生在这里的敦刻尔克战役和英法军队敦刻尔克大撤退(Withdrawal at Dunkirk)而闻名。由此,敦刻尔克亦成为"溃退"或"从窘迫境地败退"的代名词。然而,如果将 a Dunkirk for the foreign policy of Japanese government 译为"日本政府外交政策上的一次大溃退",似乎有文化误读之嫌,而且也不合乎逻辑,因为对二战期间被侵略的国家进行战争赔偿一直是国际社会呼吁日本去做而日本政府又不情愿去做的事情。通过查阅韦氏大辞典,我们发现 Dunkirk 一词在当代英语中还有另外一层意思,即 a crisis situation that requires a desperate last effort to forestall certain failure,所以可考虑将其理解为"日本政府摆脱外交政策危机(或困境)的唯一出路"。因此,正确翻译应为"对二战期间被侵略的国家进行战争赔偿是日本政府摆脱外交政策危机的唯一出路"。

第三节 生活习惯及习俗的差异

一、生活习惯和习俗差异与语言翻译

人们的生活习惯是由其所在的地域文化决定的。生活在不同地域的人有着不同的生活习惯。中国人和英国人分别生活在东半球和西半球,不同的地域文化决定了中国人与西方人生活习惯的迥异。不同的生活习惯随着历史的演变会对语言造成不同程度的影响。有很多汉语词汇和英语词汇的产生都与人们的劳动和生活息息相关。但是对于这些词汇如果我们按照字面意思进行直译,就无法翻译出其文化内涵。所以我们在翻译时要进行视角转化,在了解这些习语的文化内涵后,使用意译法来翻译出。因为汉民族在亚洲大陆生活,中国的大部分省份属于内陆省,人们的生活离不了土地,对土地有着与生俱来的亲切感,汉语中有许多与土相关的成语如土崩瓦解、堆积如山;而西方则有很多词汇与水有关。由此我们可以看出不同的生活习惯影响着我们对语言的翻译,为做好翻译工作译者有必要在源语翻译为目标语时进行视角转换。

习俗文化指的是贯穿于日常社会生活和交际活动中由民族的风俗习惯形成的文化。不同的民族在打招呼、称谓、道谢、恭维、致歉、告别、打电话等方面表现出不同的民族文化规约和习俗。英汉习俗的差异是多方面的,在特定文化背景下的不同民族会形成不同的社会风俗和生活习惯。由于中西方的人们不同的传统产生了不同的交流方式和内容。如中国有春节、中秋节、清明节等,而西方则有愚人节、圣诞节、复活节等,这些节日代表的是不同国家所蕴含的文化内涵。传统风俗上的不同必定影响着商务英语翻译,例如,"龙"自中国古代就被看作万物之神,但是西方却视"dragon"为怪兽,是不祥的象征。对不同的风俗进行准确把握是打开商务往来的基础,不能使翻译效果适得其反,

要将翻译建立在各自的文化风俗之上，使翻译更贴切。

二、生活习惯与习俗差异

汉语中形容人出身富贵常用的表达方式是含着金勺子或金钥匙出生的。但英语中相对应的表达方式却是"born with a silver spoon in one's mouth"。这种差异就是由不同的习俗所造成的，为使翻译符合英语表达习惯，我们在翻译时要了解相关的风俗习惯，采用视角转换的方法进行翻译。受不同习俗的影响，相同动物的形象在英语和汉语中却具有截然相反的含义。在汉语中，因为一直以来人们认为狗是一种低级的、卑微的动物，因此大部分与狗相关联的词语都是含有贬义的，如狼心狗肺、狗腿子、狐朋狗友、人模狗样等。而在西方国家人们普遍认为狗是人类最忠实的朋友，因而在英语中与狗相关的习语往往具有褒义。例如：He is a lucky dog. "他是一个幸运儿"，Love me, love my dog "爱屋及乌"，Every dog has his day "凡人皆有得意日"，a top dog "优胜者，左右全局的人"，dog doesn't eat dog "同类不相残"。再例如一些汉语的成语"黔驴技穷"可译为英语中的习惯说法"at one's wits end"，也可翻译为"The proverbial donkey in ancient Guizhou has exhausted its tricks, and it can do nothing more."这种翻译，既传播了汉文化、保存了原汁原味，也符合英语读者的阅读习惯，达到使文化交流贯穿于语言交流的目的。如："A loss may turn out to be a gain"，可译为"塞翁失马，焉知非福"。因此，为了使读者正确的理解源语，在翻译过程中利用视角转换来达到意义上的对等是很必要的。

（一）交际文化差异

1. 问候

在汉语中，我们见面打招呼时常用的几句客套话是"你吃了吗？""你去哪儿？""你要什么？"这样的语言在汉语文化里也许并没多深的含意，只不过是礼节性的打招呼的一种方式而已。但是西方人对这几句话却很敏感。"你吃了吗？"往往会使他们不知所措，他们会以为你想请（他/她）吃饭。"你去哪儿？""你要干什么？"则纯属自己的私事，除非是亲密的朋友。别人不能随便打听，而像这样的见面问候语，在西方语言中应根据具体的语境做相应的文化转换，比如英语中的惯用语"hello""hi""how are you"常作为人们的习惯问候语。因此为了达到其交际意义我们把"吃过没有"翻译成"hello"或"how are you"更为合适。

2. 赞美

英美人对别人的夸奖往往欣然接受，说声"Thank you"；而中国人却不像他们那样直率，习惯用"过奖了，过奖了""哪里，哪里"一类用语来表示自己的谦虚态度，这样价值标准的不同，就容易造成误解，以至于还会闹出笑话来。有这么一则笑话，一位女士会见外国朋友，要求翻译要严格按她的意思翻，不许走样。老外一见到她，立刻拍马屁道："You are very beautiful"翻译照翻，女士心花怒放，嘴上还要谦虚一下："哪里，哪里。"翻译不敢怠慢，把女士的话翻成英文："Where? Where?"老外一愣，还有这样的人，追问哪里漂亮的，干脆马屁拍到底："Everywhere，everywhere."翻译："你到处都很漂亮。"女士更高兴了，但总是要客气一下："不见得，不见得。"这样很容易闹出笑话。

3. 称呼

"comrade"是社会主义国家所特有的称呼，在英语国家称呼不知其名的陌生人常用 Sir 和 Madam。平时，我们常听到学生称呼他们的老师为"Teacher Wang"（王老师），其实这是不符合英美人习惯的。在英语中，"teacher"不能用于称呼。一般来说，英美人称呼中小学的男教师为"Mr Wang"，女教师为"Miss Wang"。我们中国人称呼别人时常把对方的行政职务加上，如王主任等，在英语中这些职务是不能与姓氏联用的。

4. 感谢与答谢

一般来说，我们中国人在家庭成员之间很少用"谢谢"。如果用了，听起来会很怪，或相互关系上有了距离。而在英语国家"Thank you."几乎用于一切场合，所有人之间，即使父母与子女，兄弟姐妹之间也不例外。送上一瓶饮料，准备一桌美食，对方都会说一声"Thank you."公共场合，不管别人帮你什么忙，你都要道一声"Thank you."，这是最起码的礼节。

当别人问是否要吃点或喝点什么时（Would you like something to eat or drink？），我们通常习惯于客气一番，回答"不用了""别麻烦了"等。按照英语国家的习惯，你若想要，就不必推辞，说声"Yes，please."；若不想要，只要说"No，thanks."就行了。这也充分体现了中国人含蓄和英语国家人坦荡直率的不同风格。

5. 隐私

中国人初次见面问及年龄、婚姻、收入表示关心，而英语国家的人却对此比较反感，认为这些都涉及个人隐私。如有这样的对话，A："How old are you, Miss Green?" B: "Ah, it's a secret!" 为什么 Miss Green 不肯说出自己的年龄呢？因为英语国家人都希望自己在对方眼中显得精力充沛、青春永驻，对自己实际年龄秘而不宣，女性更是如此。再如前文提及的中国人表示关心的"你去哪儿？"（Where are you going?）和"你在干什么？"（What are you doing?）在英语中就成为刺探别人隐私的审问监视别人的话语而不受欢迎。

6. 介绍

中国学生使用的英语教材上，"What's your name?"出现的频率相当高，但对于它在何种情况下使用却鲜有解释。实际上，英语国家的人在谈话时一般先介绍自己的名字，如"I am John Smith."对方自然会即刻说出自己的姓名。即使在填写表格、面谈等场合需要问及姓名时，一般也只说"Your name, please?"或"May I know your name?"如果使用"What's your name?"他们将有一种被审问的感觉。

（二）时间观念差异

由于英汉文化的差异，两个民族在时间观念上也存在着一定的差异。如英语中的"the latest news"译成中文就不能译为"最后消息"，而只宜译为"最新消息"。类似的例子如 the latest discovery of sth.（最新发现）、the latest development of sth.（最新进展）等。此外，back（后）指过去的时间，而用 forward（前）指未来的时间，因此"look back"是"回顾过去"，而"look forward to"则是"盼望未来"。中国人恰恰相反，如有句古诗"前不见古人，后不见来者"，诗中"前"指过去，"后"指未来。因此，在翻译时稍不注意就会造成误译。又如"可是我们已说到故事的后面去了""故事的后面"不能译成"behind the story"，英文不这么说，英语里表达相同意思的说法和视角与汉语是相反的，应译为"ahead of the story"（把后面的故事提前说了）。因此，这个句子可以译成"But we are getting ahead of the story."。译者如果缺乏对英汉民族在时间观念上的差异的深入了解，往往就会导致错误。

（三）颜色词引申义差异

颜色词除了表示物体颜色外，还具有丰富的文化内涵。黄色在中国古代是皇帝的专用色，是至高无上的，有尊严、崇高的意思。但在英语中 yellow 却与怯弱、妒忌、猜疑、卑鄙等引申义有关，如 yellow belly（胆小鬼）、be yellow with jealousy（嫉妒）、yellow streak（胆怯、怯弱）、a yellow dog（卑鄙小人）、be too yellow to stand and fight（太胆怯而不敢奋起迎战）、yellow looks（尖酸多疑的神情）、yellow journalism（低级趣味的文字或耸人听闻的报道）。受西方文化的影响，汉语中黄色也代表着衰败、堕落、下流，如"黄色书刊"（blue books）、"黄色电影"（blue films）、"黄色录像"（blue video）。而英语中表示此意的颜色词是 blue。

紫色在英语中象征王位、显位、王权、地位或荣誉、高贵。英语中有 be born in the purple（出身王室）、to marry into the purple（与皇室或贵族联姻）、purple heart（授予作战受伤军人的紫色勋章）、a purple airway（皇家专用飞机跑道）。purple 还用于表示强烈的情感，如 to be purple with anger（气得脸色发紫）、purple languages（辛辣的语言）。

红色在英汉两种语言中都表示喜庆与欢乐。在西方国家，人们把圣诞节和其他节假日称为 red-letter days（喜庆的日子）。red-letter days 与 to roll out the red carpet for someone（隆重欢迎某人）、paint the town red（狂欢痛饮）都说明红色象征着喜庆。在英语中红色还常指负债或亏损，因为当账上和损益表上的净收入是负数时，人们就会用红笔登记，于是便有了 red figure（赤字）、red ink（赤字）、in the red（亏损）、red balance（赤字差额）等说法。此外，红色还象征着危险、暴力和反动，如 red light（红灯）、red light district（红灯区）、red-handed（沾满鲜血的）、red-neck（反动的）。英语中 red 还可引申为残忍、灾难、气愤、潜在的危险、战争、死亡等，其引申义贬多褒少。red 也使人联想到暴力和流血。例如：have red hands（杀人犯）、red ruin（火灾）、a red battle（血战）、Red Cross（红十字）、Red Alert（空袭警报）。red 还可以表示警告，如 red light（红灯）、red card（红牌）。

英语中的 red 汉译时还有不与"红"对等的情况，比如：red herring（不相干的事）、see red（生气）、in the red（超支、负债）、red cent（铜币）、red meat（瘦肉）、red tape（官僚作风、官僚文章）。中国古代常用"红颜""红粉"指代面容娇好的女子，用"红闺""红楼"指富贵人家女儿的闺阁。而在英语中，颜色"red"没有与"女子"相关的引申义，翻译时不能直译而要意译。"红颜"可译为"a beautiful girl"或"a pretty face"，"红粉"可译为"a gaily dressed girl"，"红闺""红楼"可译成"a lady's room"或"a boudoir"。汉语中的"红糖"在英语中为"brown sugar"，红茶为"black tea"，"红榜"为"honor roll"，"红豆"为"love pea"，"红运"为"good luck"等，其中的"红"与"red"没有任何关系。

英语中 white 的引申义表示吉利、清白、善意、正直等。例如，a white day（吉日）、a white soul（纯洁的灵魂）、"This is very white of you!"（你真诚实！）、

white-handed（正直的）、a white witch（做善事的女巫）、white hope（被寄予厚望的人或事）、a white lie（善意的谎言）、a white man（忠实可靠的人）。white 还可用于形容心理情感的变化，如 white-hot（愤怒的）、white feather（懦弱）、white-faced（脸色苍白的）、white heat（事态、情感等高度紧张状态）。汉语中"白"引申为空白、徒然、没价值。如"白费事"（all in vain, a waste of time and energy）、"白搭"（no use, no good）、"白送"（give away free of charge, for nothing）、"白手起家"（to build up from nothing）、"白费力气"（to beat in the air）、"白痴"（idiot）。汉语中的"白"还是反动势力的象征，如"白旗""白色恐怖""白军"等。

黑色在英汉两种语言里一般都指坏人、坏事，如黑市（black market）、黑心肠（black heart）、黑名单（black list）。英语中 black 也可以表示暗淡的、暗无天日的、毫无希望的、不幸的，如 black future（前途暗淡）、black dog（抑郁不开心的人）、black Friday（不吉利的星期五）、be in someone's black books（失宠、受贬黜）。还可以表示阴郁的、忧闷的、令人无限悲哀的：black in the face（脸色铁青）、a black voice（极为低沉的嗓音）、be in a black mood（情绪低落）。也可以表示极可恶的、坏透的、顽固不化的、不可饶恕的：black sheep（害群之马）、black-hearted（邪恶的，阴险的）、blackleg（在赛马场行骗的人）、black humor（荒唐、病态的幽默）。另外，黑色在英语中还表示盈利，它和红色一样也是记账时所用墨水的颜色。如 black figure、in the black 都表示盈利、赚钱等。汉语中的"黑"常含有反动、邪恶等贬义色彩，如黑幕（inside story of a plot）、黑帮（reactionary）、黑手（evil backstage manipulator）、黑钱（ill-gotten money）、黑店（run by brigands）、黑心（evil mind）、黑话（argot, cant）、黑道（dark road）、黑货（smuggled goods）、黑会（clandestine meeting）、黑枪（illegally possessed firearms）、黑死病（the plague），以上的"黑"英译时均与 black 无关。

绿色在英语中的寓意十分丰富，褒贬都有，常用来表示没有经验、未成熟、幼稚可欺之意，如 green hands（新手）、be looking green（看上去很苍白）、green corn（嫩玉米）、greenhorn（新到某地的人，新来的移民）、green as grass（无生活经验）、green ass（没有经验的，乳臭未干的）。green 还是青春、希望和生命的象征，如 a green old age（老当益壮）、be in the green（血气方刚）、keep one's memory green（长记不忘）、green years（青春年华）、green trees（常青树，生命树）、a fresh and green memory（清新而栩栩如生的回忆）。

green 还令人联想到大自然和绿色植物。如 green house（温室）、green belt（绿带)、green fingers（园艺能手）、green staff（蔬菜类）、Green Peace（绿色和平组织）。绿色在汉语中象征着生命、青春、环保、和平、友善、恬静、清新、宁静、和谐。如绿油油（fresh green）、绿葱葱（green and luxuriant）、绿生生（fresh and green）、绿化（make green by planting）、绿色革命（the Green Revolution）、绿色食品（green food）、绿荫（green shade）、绿茵（a carpet of green grass）、绿茵茵（green verdant）、绿莹莹（glittering green）。

　　蓝色这一颜色词在英语中也有很多种意思，意义也很丰富。它在英语中常用来表示社会地位高、有权势或出身贵族或王族，如 blue blood（指代贵族血统的人）、blue ribbon（头奖，最高荣誉）；另外，blue 还有"可靠的、忠诚的"的意思，如 blue chip（蓝筹股，可靠的股票）、true blue（忠心不二的），这些都体现了 blue 的褒义用法。而 blue box（蓝盒，即为逃避交付电话费而暗设的一种违章长途通话电子装置）、blue moon（不是蓝色的月亮，而指很长的时间），这些都可以看作中性用法。blue 在贬义用法中通常表示"忧郁""不快"，如 in the blues（闷闷不乐）、blue Monday（抑郁的星期一）、feel blue（感到悲伤）、be blue about future（对未来悲观）、"Her mood is blue"（她情绪低落）、be down with blues（沮丧不振）、sing the blues（悲观，垂头丧气）。另外英语中 blue 可引申为不道德、下流和色情等。在比喻色情时，英语中不用 yellow，而用 blue movie（黄色电影）、blue jokes（下流玩笑）、blue software（黄色软件）、blue video（黄色录像）等。在经济词汇中 blue 可以表示不同的意思，如 blue books（蓝皮书）、blue sky market（露天市场）、blue collar workers（从事体力劳动的工人）等。英语中还有很多由 blue 构成的词语，汉译时全无"蓝色"之意。如 blue alert（空袭警报）、blue chip（热门股）、blue blood（出身高贵）、blue-eyed boy（宠儿）、once in a blue moon（千载难逢）、blue coat（警察）、blue stocking（才女）、blue-sky（空想的，不切实际的）、talk a blue streak（连珠炮似的说）、like a blue streak（非常快地，很有效地）、into the blue（无影无踪）、till all is blue（到极点，无限期地）。

（四）数字文化差异

　　在社会生活中，人们往往把一些本身不具有任何含义的东西赋予一定的含义。就数字而言，西方人认为 13、5 是不吉利的数字，它们代表"厄运"，把"周五"称作"black Friday"；而中国人喜欢 6，认为"六六大顺"，在安排出行、喜庆之时要选择带 6 的日期。在汉语中，数字"三、五、九、百"等在许多时候都不表示具体的数字，而表示"多数"，所以在英汉互译时一应要注意理解汉语中数字的意思。如三番五次（again and again/time and time again）；三天两头（almost everyday）；三令五申（to have repeatedly issued order and given warnings）；三思而后行（to look before you leap）；三下五除二（形容做事干脆利索）（to be obedient in everything）；万无一失（Nothing can possibly go wrong）；九死一生（to have many narrow escapes by the skin of one's teeth）。

（五）特有概念及习语差异

在英汉互译时，应更加注意在一种文化中所形成的特殊概念和习语，应保持原味，帮助读者理解。如"端午节那天，人们都要吃粽子"，粽子是中国传统食品，若直接翻译，对于不了解中国传统文化的西方人来说很难理解，应对该句加以解释，应译为：During the Dragon Boat Festival (which falls on the fifth day of the fifth month), it is a common practice to eat zongzi, which is a rice pudding wrapped up with weed leaves。对"黔驴技穷"（at one's wits' end）、"四面楚歌"（besieged on all sides or utterly isolated）这样的成语，重要的是先理解成语意思，再在英文中找到相应的词或词组。至于习语，也不要望文生义，如 sit at somebody's feet（拜某人为师）、have a big mouth（夸夸其谈）、a piece of cake（小菜一碟）、kiss of death（帮倒忙）。

（六）节日差异

中国和英语国家的文化差异还显著地表现在节日方面。除大家共同的节日，如新年等，双方还各有自己独特的节日，中国有 the Spring Festival、the Dragon Boat Festival、Mid-Autumn Day 等；英语国家有 Valentine's Day（情人节）、Easter（复活节）、April Fool's Day（愚人节）、Mother's Day（母亲节）、Thanksgiving Day（感恩节）和 Christmas Day（圣诞节）等。中西方节日的风俗习惯也很不相同；在节日里，对于别人送来的礼物，中国人和英语国家的人也表现出不同的态度。中国人往往要推辞一番，表现得无可奈何地接受，接受后一般也不当面打开。如果当面打开并喜形于色，可能招致"贪财"的嫌疑。而在英语文化中，人们对别人送的礼品，一般都要当面打开称赞一番，并且欣然道谢。

（七）动物比喻和联想意义差异

由于社会习俗、文化传统、劳动方式的不同，人们对动物的比喻及联想意义也有不小差异。

中国人十分喜爱猫，用"馋猫"来比喻人贪嘴，常有亲昵的成分。而在西方文化中,"猫"被用来比喻"包藏祸心的女人",如 old cat(脾气坏的老太婆)、"Cats hide their claws"(知人知面不知心)。

在中国,山羊被看作一种老实的动物,如"替罪羊";而英语里"goat"却含有"色鬼、好色之徒"的意思。汉语文化中,杜鹃是报喜鸟,令人感到愉快;可英语中的"cuckoo"却是指愚笨的人。

在翻译"He is a bear at languages."时,由于在汉语中,与熊有关的词汇蕴含着"窝囊、没本事"等意味,如"瞧他那个熊样儿""真熊"等,会误译为"他没有语言天赋";而实际上,在英语中,"bear"常指非常强大或有特殊才能的人,因此正确的译法应是"他是个语言天才"。

在中国,人们把猫头鹰看作厄运的象征;把它的叫声与灾难和死亡相联系。民间谚语有"夜猫子(猫头鹰)进宅,无事不来""夜猫子抖搂翅,大小有点事"的说法。在英美文化中,猫头鹰被看作智慧鸟,是"冷静""智慧"的象征;在儿童读物中,猫头鹰的形象是沉着、冷静、严肃和聪明的,习语 as wise as an owl 便充分说明了这一点。

peacock(孔雀)在汉语含有褒义,孔雀开屏在中国人看来是吉祥的象征;而在英语中则含有贬义,主要指骄傲自负、打扮入时、喜欢显示炫耀自己的人。英语中并不强调其美丽的一面,而强调它骄傲的一面。英语中还有 the young peacock(年轻狂妄的家伙)、as proud as a peacock 等用法。

中国文化中,蝙蝠被认为是"幸福""吉祥"和"健康"的象征。因为蝠与福同音,而红蝙蝠更是大吉大利的先兆,因为"蝙蝠"与"洪福"谐音。但是在英美文化中,蝙蝠却是一种丑陋邪恶的动物,人们总是把它与罪恶或黑暗势力联系在一起,特别是 vampire bat(吸血蝠),提起来就令人毛骨悚然。因此与蝙蝠有关的词语大多含有贬义,如 as blind as a bat(有眼无珠)、have bats in the belfry(异想天开)、crazy as a bat(精神失常)等。英美人对蝙蝠的联想意义很像我们对猫头鹰的联想意义,又怕它,又讨厌它。

在英美文化中,狮子被认为是百兽之王,其形象是勇敢、凶猛和威严的。英国国王 King Richard I 由于勇敢过人,因此被称作 the Lion Heart。英国人以狮子作为自己国家的象征,The British Lion 就是指英国。英语中有许多与 lion 有关的习语,如 play oneself in the lion's mouth(置身虎穴)、come in like a lion, go out like a lamb(虎头蛇尾)、like a key in a lion's hide(狐假虎威)、lion-hearted(勇敢的)、a lion in the way(拦路虎)等。然而在中国,由于人们对狮子不熟悉,相当于狮子地位的动物是老虎。汉语中的老虎多具有"勇猛""威武"的含义,如生龙活虎、虎视眈眈、龙争虎斗、虎虎有生气等。汉语中的"拦路虎",译成英语就是 a lion in the way;汉语的"虎口拔牙",译成英语则是 bear the lion;汉语说"虎穴",译成英语就成了 lion's mouth。

由于生产生活方式的不同、习俗的不同,动物对人们所起的作用不同,相同的动物在不同的语言环境中所表达的内容则不尽相同,英汉互译时一定要符合双方的语言习俗文化,不能只看单词的表面,而忽视了其内在的文化含义。

第四节　文化背景的差异

一、文化背景与语言翻译

美国翻译理论家奈达精辟地阐述了翻译理论:"翻译是两种文化的交流。对于真正成功的翻译而言,熟悉两种文化甚至比掌握两种语言更重要。因为词语只有在其作用的文化背景下才有意义"。英国学者爱德华·泰勒给"文化"下的定义是:"所谓文化或文明,即知识、信仰、艺术、道德、法律、习俗以及其他作为社会成员的人们能够获得的包括一切能力和习惯在内的复合性整体。"文化并不是抽象的,它是我们所感知的一切。人类以自己的情感、技能和智慧创造了自己的文化,更新了自己的文化。不同民族语言不同、文化各异,但人类的能力本质是相同的。因为人类所创造的文化在深层意义上反映了人类的共同能力。各民族的文化都有同一性,不同国家、不同民族活动的多样性和观念的多元化使其文化内容和形式出现多样性,这就是文化差异的渊源。翻译则是运用一种语言把另一种语言所表达的思维内容准确而完整地重新表达出来的语言活动,是两个语言社会之间的交际过程和交际工具。语言是社会现象,也是文化现象,语言反映文化,又受文化的制约,语言与文化的密切关系注定了翻译与文化的关系。语言和文化是息息相关的,有什么样的文化,就会有与之相对应的语言来反映它。另外文化是一个极为复杂的概念,因此在翻译这种跨文化活动中,对不同民族之间的文化差异的处理极为重要。再者汉语和英语是建立在不同文化基础上的两种语言,他们各自反映着自己特殊的民族文化和历史传统。反过来,有什么样的语言,就会反映出与之相对应的文化来。也就是学习一门语言就要学习它所依附的文化,因为语言是依附于文化而存在的。汉英两种语言带来了浓郁的民族色彩。从形式上看汉字是以方块为特征的表意文字,是形意结合体,具有形象性和可解性。而英语则是以字母为特征的表音文字,具有抽象性和不可解性。

英汉两种语言中还有大量由历史事件形成的习语,这些习语结构简单、意义深远，往往是不能单从字面意义去理解和翻译的。汉语中的习语主要来源于浩如烟海的中国经传典籍、寓言故事和神话传说，例如，"破釜沉舟"源自《史记·项羽本纪》，"守株待兔""叶公好龙"等源于寓言故事，"夸父逐日""嫦娥奔月"等出自神话传说。这充分体现了中华民族独特的古代文化，因此很难在英语中找到对等的习语。

英语典故习语多来自《圣经》和希腊罗马神话，如英语中 cross the Rubicon（孤注一掷）源于罗马历史故事，castle in the air（空中楼阁）源于神话传说，hang by a thread（千钧一发）则源于希腊故事。cat's paw 直译为猫爪子，源于《伊索寓言》，用来比喻"被人当作工具使用的人"或"受人愚弄的人"。

二、文化背景差异

在中国两千多年的封建社会历史的过程中，儒家思想一直占据统治地位，对中国社会产生了极其深远的影响。中国人向来以谦让作为处事经典，这便是儒家的"中庸之道"。这是儒家追求的理想境界，人生处世要以仁、义、礼、智、信的道德观念作为行为指南，待人接物、举止言谈要考虑温、良、恭、俭、让，以谦虚为荣，以虚心为本。因此中国文化体现出群体性的文化特征，即不允许把个人价值凌驾于群体之上。

而西方人平等意识较强、家庭结构简单，由父母及未成年子女组成核心家庭；西方文化中人们思想流派众多，个体意识强烈，主动性多，易激动不稳定。西方以个人为重，四海为家，而中国则以社稷为重、乡里为重、家庭为重，个人次之。如在姓名的排列上，西方人以自己的名字为先，父名次之，族姓最后；中国人则反之，即宗族在前，辈分次之，自名最后。其他地址顺序、时间顺序也都如此，西方人是具体或个体在前，整体在后，中国人则倒过来。

中国有些说法外国没有，如盖了帽了、老油条、炒冷饭、唱红脸、班门弄斧等。同样英语中也有一些独特说法，如 Achilles' heel 阿喀琉斯的脚后跟——唯一致命弱点；Penelope's web 佩内洛普的织物——永远完不成的工作；a Pandora's box 潘多拉的盒子——罪恶之源。

再如人会变老是自然规律，但在不同的文化背景下，人们对"老"这个词会有不同的心理反应。在中国"老"是智慧和经验的象征，如"老骥伏枥""老马识途"等。对年长者，我们称呼时也往往冠以"老"字，如"老寿星""老先生"等。这类称呼中的"老"字，其语用功能主要是体现对长者的尊重，"年老"之意被淡化。但在英美人中"老"意味着"没有价值的，无用的"，所以"old"

是忌用词，要用 elderly 或 senior 来代替。

"死"字几乎在所有语言中都是避讳语，英汉语中"死"的委婉语，各有特色，反映了不同民族的不同宗教信仰与文化。例如，中国佛教把"死"婉称为"入寂""圆寂"；道家却称之为"仙去""仙逝"等。老者死亡称为"寿终""谢世"；少年死亡称为"夭折"；中年死亡称为"早逝"等。由此可以看出，从死者的社会地位到年龄、性别，生者与死者的关系，生者对死者的态度等无一不体现在所使用的委婉词语中。英语中的 to go west、to be taken to paradise、to be asleep in the arms of God 等习语均出自圣经。基督教认为，在最后的审判时，人人都要把记载自己在世上所作所为的账本交给上帝加以审判。上述关于"死"的英语习语，充分体现了西方人的信仰观念。

再来看几个实例：cowboy 在汉语中常译为"牛仔"，所以很多人把"He runs a business as a cowboy"译为"他像牛仔一样管理企业"。其实"cowboy"在美国人心目中的真正形象是"独来独往、无拘无束、我行我素"。因此这句话应译为"他办企业态度不诚实，缺乏经验技术，工作也大大咧咧"。汉语中常说："说曹操，曹操到。"曹操是中国历史上的著名人物，但许多英语读者不知他为何人。不过英语中有类似的说法"Talk of the devil, and he's sure to appear."。只有了解文化的差异才能使翻译更加贴切传神，所以对于翻译首先要处理的问题是克服和解决文化差异。正确地理解文化内涵，分析源语与目的语所依存的文化背景对于翻译来说是至关重要的。力求达到源语文化与目的语文化的完全对等是不太可能的，但我们可以借助视角转换的方式达到意义上的对等。

第五节　宗教信仰的差异

英语中的 religion（宗教）一词，源于拉丁语 religare。其中，re- 表示强调，ligare 是 to bind（捆绑）的意思，因此 religare 指的是 bind tightly（紧紧地结合在一起）。该词源很好地解释了 religion 的意义：用某种教义、教规和道德观念把教徒们束缚在一起。

在汉语中，关于"宗教"一词的来源，说法不同。华鸣在《"宗教"一词如何定义》一文中认为，"宗教"一词是日语借用汉字"宗"和"教"二字而造的一个新词。宗教就是奉祀神祇、祖先之教。《景德传灯录》十三《圭峰宗密禅师答史山人十问》之九曰："（佛）灭度后，委付伽叶，辗转相承一人者，此变盖论当为宗教主，如士无二王，非得度者唯尔数也。"这种说法认为"宗教"

二字合并起来使用始于佛教术语。《辞海》给出的"宗教"的含义是："宗教，社会意识形态之一。相信并崇拜超自然的神灵。"

综上所述，"宗教"一词在英汉两种语言中有着不同的出处，但其基本的含义是相通的，即宗教是人对神灵的信仰。

宗教是人类思想文化的一个重要组成部分。宗教具有民族性的特征，宗教是由各民族的宗教信仰、意识等所形成的。不同宗教是不同文化的表现形式，反映出不同的文化特色。下面就对中西宗教的文化内涵差异进行分析。

一、宗教信仰与语言翻译

宗教信仰是信仰中的一种，指信奉某种特定宗教的人群对其所信仰的神圣对象（包括特定的教理教义等），由崇拜认同而产生的坚定不移的信念及全身心的皈依。这种思想信念和全身心的皈依表现和贯穿于特定的宗教仪式和宗教活动中，并用来指导和规范自己在世俗社会中的行为，属于一种特殊的社会意识形态和文化现象。

宗教文化是整个民族文化的重要组成部分，它指的是由民族的宗教意识、宗教信仰所形成的文化，表现为不同的民族在崇尚、禁忌等方面的文化差异。东西方人有着不同的宗教和信仰。西方人多信仰基督教，语言与宗教有着密不可分的关系。由于人们宗教信仰的差异，语言中多少会带有不同的宗教色彩。中国是一个宗教百花齐放的国家，不同的宗教有不同的文化传统，也会对语言产生不同的影响。汉语和英语中，大量的习语体现了与宗教信仰的关系。在中国古代，最流行的宗教是儒教、道教、佛教。在漫长的历史过程中，儒、佛、道三教互补，共同对汉文化产生着巨大的影响，渗透到汉文化的方方面面，并在汉语语言中留下了鲜明的印记。

宗教既是一种文化现象，也是人类精神生活中的一个重要部分，与语言密切关联并且对语言的发展起着举足轻重的作用。无论是英语、汉语，还是阿拉伯语等其他语言，宗教文化的影响潜移默化、无所不在。

二、宗教信仰差异

在汉语中有许多关于宗教的词语，例如，"玉帝""观音""菩萨""佛主"。再如，来自佛教的"借花献佛""菩萨心肠""佛要金装，人要衣装""五体投地""放下屠刀，立地成佛""和尚念经，有口无心""平时不烧香，临时抱佛脚""无事不登三宝殿"；反映道教思想的"乐极生悲""物极必反""阴阳互济"等；

以及体现儒学思想的"恭敬不如从命""严于律己，宽以待人"等。但是在西方许多国家，大部分人信基督教，因此人们视《圣经》为其为人处世的指导原则，许多英语习语来自《圣经》。例如，"sell one's birth right for a mess of pottage"（因小失大、见利忘义）。"God help those who help themselves"可以翻译成"自助者天助"。《圣经》是基督宗教的经典著作，它对西方语言的发展起到了不可估量的作用。而中国人深受佛教的影响，"天"是中华文化信仰的中心。两者所依附的宗教不同，在文化表现形式上就难免存在着"真空"地带，也就是我们称之为的文化空缺。在中国典故里"三个和尚"的故事家喻户晓，比如我们的谚语：一个和尚挑水吃，两个和尚抬水吃，三个和尚没水吃。那么如何神形并茂地把这个谚语译成英语就是一个难题，问题的根源在于以基督教为主的英语对"和尚"这个概念比较陌生。但是借助于英语现成的成语"One boy is a boy, two boys half a boy, three boys no boy."，这样西方人理解起来就通俗得多了。

对于宗教方面的差异，在英汉互译时应进行变通，或替代，或释义，或注解。例如，"临时抱佛脚"译为"Seek help at the last moment."，而"道高一尺，魔高一丈"译为"The more illumination, the more temptation."。再如，谚语"Merry in Lent, and you will live to repent."（四旬斋结婚，悔恨终生）这一说法源于四旬斋（Lent）这一宗教节日：节日期间，基督教徒素食苦行，把斋期当作赎罪的神圣日子，因此人们认为斋期会给人带来厄运。具有宗教色彩的cross一词在英语谚语中的用法很多。谚语"Every man must bear his own cross.（人人都得背自己的十字架）"。又如"The cross on his breast and the devil in his clothes.（十字挂胸前，鬼魅藏心间）"。英语谚语中，有不少是来源于《圣经》的。例如，谚语"Every heart has its own ache.（各人有各人的苦衷）"就是来源于《圣经》中的"Every heart knows his own bitterness."一句。再如，谚语"Forbidden fruit is sweet.（禁果分外甜）"，语出《圣经》关于夏娃（Eve）在伊甸园偷吃智慧果（即禁果），惹恼上帝耶和华的故事。

在西方文化中，许多历史典故来源于古希腊和古罗马神话及圣经故事。如"You are just a doubting Thomas. You won't believe what I tell you."这句话中的"doubting Thomas"源于圣经故事，"Thomas"是耶稣十二门徒之一，此人生性多疑，后来英语中使用它表示多疑之人。理解了其中的文化内涵，便可将其译为"你这个人真多疑，我说什么你都不信"。

在英、美、加、澳、新等主要讲英语的国家，基督教在社会生活和思想文化中占有极其重要的地位，渗透到社会生活、风俗习惯和文化艺术等各个方面，形成了社会的主要文化特征之一。因此，英语语言中有许多具有宗教色彩的词汇与表达方式，例如，scapegoat（替罪羊，源自《旧约·利未记》，如今主要指代人受过者）、clean hands（双手干净，意为"两袖清风"，源自《旧约·约伯记》第17章第9节）、sheep that have no shepherd（出自《旧约·列王记》第26章，意为"没有领头人的群众"——近似于汉语中的"群龙无首"）、wash one's hands of（对……不再过问或负责，源自《新约·马太福音》。犹太总督彼拉多主持审判耶稣，由于他判定耶稣无罪，一些犹太人不服，因此他当众宣布洗手辞职并交出耶稣，以示自己与此无关）等。再如"Sow the wind and reap the whirlwind."译为"种的是风，收获的是风暴"。这是一句著名的英语谚语，源自《旧约·何西阿书》第8章第7节。上帝因为不满意以色列人的偶像崇拜，所以对他们发出上述告诫。后来，人们用这个谚语来表达"恶有恶报，干坏事必将遭到加倍惩罚"之意。"The leopard cannot change his spots."译为"江山易改，本性难移"。这句谚语出自《旧约·耶利米书》，意为"人的本性——特别是不良的性格——难以改变"。本句也有人直译为"花豹无法改变自身的斑点"，但意译更易于汉语读者的理解。"The water bombers arrived at the eleventh hour, just in time to prevent the forest fire from engulfing the town."译为"灭火飞机在最后时刻的及时到来使得这座城镇免遭森林大火的涂炭"。其中"at the eleventh hour"出自《新约·马太福音》第20章。据说有个葡萄园主想雇工人到葡萄园里去干活。他从大清早就开始雇人，随后又在三点、六点、九点、十一点（古代犹太人的计时法，不同于现代的计时法，十一点相当于现代计时法的下午五点）连续雇用了几批工人到园里干活。包括黄昏时刻（the eleventh hour）雇用的工人都一视同仁地得到了一整天的工资（一枚银币）。这使得一大早就开始干活的工人极为不满。但耶稣用这个比喻来表达，即使在最后时刻也来得及进入天国，而上帝对所有进入天国的人都一视同仁，不分先后。后来，at the eleventh hour就被用来表示"在最后一刻""在最后的关头"。"If you try to cover up your misdeed with a fig leaf, you will make it more conspicuous."译为"如果你想用一块遮羞布来掩盖你的罪行，这只能是欲盖弥彰"。其中"fig leaf"出自《圣经》的《创世纪》。生活在伊甸园的亚当和夏娃偷吃了禁果之后产生了羞耻之心，于是开始用无花果叶来遮掩身体私处。由于"无花果叶"难以让汉语读者产生上述联想，因而最好还是采用意译策略，将fig leaf意译为"遮羞布"。

另外，在很多英语国家中，基督教的影响甚远，人们的很多生活习惯、思想观念都受它的制约和影响。习语自然也不例外。《圣经》是基督教神论观点的经典之作。其中的一些人物和故事经过长时间的流传，逐步形成了习语，更加生活化地被人们运用到社会活动中，甚至一些经典的短句和词语随着时间而沉淀，被人们广为传颂，直接成为习语。此外，希腊神话、罗马神话和伊索寓言中的故事对于英语文学影响颇深，并且渗透到英语文化的各个领域，更为英语习语留下了很多成语典故。由宗教和寓言神话衍生的习语往往具有一定的文化背景和来龙去脉，深陷在文化的氛围中。如关于普罗米修斯（Prometheus）的习语"Promethean fire"（普罗米修斯之火——生命力）、"Promethean unguent"（能令人刀枪不入的神药），而"writing on the wall""make bricks without straw"（做无草之砖——吃力不讨好的事情，根本做不到的事情），这些都是《圣经》留给英语的习语。

所以在翻译实践中我们要充分考虑到不同民族的宗教差异，译者切不可硬要将异族文化向本族文化靠拢，一定要了解宗教文化的差异，才能准确、娴熟地进行跨文化交际。也只有这样才可以将原文翻译成通俗易懂的语言。

第六节　思维方式的差异

一、思维方式与语言翻译

思维是人类大脑对客观现实的反映，是人类对客观世界的认知能力。思维以语言为表达形式，而语言则是思维的工具，是思维外化的载体。思维和语言处于一种相互作用、相互依赖的关系，其中思维对语言的作用是决定性的——思维方式的不同决定了语言表达形式的多样性。

由于民情、习俗、宗教、历史、生态环境不同，各民族可能会采用不同的思维角度来审视相同的思维对象或内容，进而采用不同的语言表达形式。例如，要表达"通过做某件事获得双重的益处"，汉语可以用"一举两得"或"一箭双雕"，而英语则可以用 to kill two birds with one stone（一块石头杀两只鸟）。显而易见，尽管思维的内容大体相同，但由于思维方式不同，不同的民族在语言表达方面存在着显著的差异。

在不同的文化环境下，东西方人们对同一事物和语言都有着不同的理解，当人们生活在不同文化、信仰和认知的地域中，仅仅是对待数字，思维都会呈现出差异性。商务交流过程里必然会出现数字，但是在中西方国家，由于不同的文化认知背景，导致数字的背后的含义却不相同。中国人喜欢谐音，"4"被当作"死"，象征着不吉利，因此有很多中国人在选手机号或是车牌号时，都会尽量避开这个数字。还有"18"这个数字，在中国人眼中，它代表着十八层地狱，因此很多中国的医院的电梯都不会有18层。而说到西方国家，他们最避讳的就是"13"，飞机上也没有13排。由此可见，不同的文化认知思维方式，对人们理解相同的文字、数字会产生一些影响，往往会产生多重理解，这便要求商务英语翻译人员，在翻译时，务必要建立在结合不同国家的文化认知上。

二、思维方式差异

翻译是语言的翻译，而语言是思维的外壳。迥然不同的自然、社会条件使人们在思维习惯和表达方式上自然不同。思维文化反映的是民族特有的思维习惯，通常是存在于习俗文化与文字概念中，并且通过语言组织的布局反映出来。语言的表达是由思维方式决定的，因此语言文化是观念和思维的载体。在语言文化当中通常把思维文化分为两类：微观思维文化和宏观思维文化。无论哪种思维简单概述就是，人脑对客观现实的反应过程就是思维，这一反应过程就是指基于表象、概念基础上进行分析、综合、判断、推理等认识活动。由此可见，思维是一种极为抽象的事物。

西方民族惯用抽象性、由一到多的分析型思维方式，句子常以主语和谓语为核心，统摄多个短语和从句，由主到次，但形散而意合。而东方民族的综合思维方式，使得中国人注重整体和谐，强调"从多到一"的思维方式；句子结构上以动词为中心，以时间顺序为逻辑顺序，横向铺叙，层层推进，归纳总结，形成"流水型"的句式结构。英汉民族思维方式的不同决定了其在翻译过程中句式选择、遣词造句、词句省略等的不同。例如："It had been a fine, golden autumn, a lovely farewell to those who would lose their youth, and some of them their lives, before the leaves turned again in a peace time fall."我们翻译成"那是个天色晴朗、金黄可爱的秋天为那些青年们送别。待到战后和平时期，黄叶纷飞的秋天再度来临时，当日的青年们已经失去了青春，有的甚至丧失了生命。"就比较符合中国人的思维方式，不失为一段出色的翻译。

英语民族重形式逻辑，中国人重辩证思维。这种差异在语言上表现为英语重形合，汉语重意合。英语注重运用丰富的语法组合手段（如连接词、词缀、词形变化、指代词、被动语态等）来体现分句之间的依附或从属关系的结构，注重句子形式和结构完整，注重以形显义。而汉语句子不是靠各种语法成分连接在一起，而是靠语义或逻辑捆绑在一起的，主要依赖意义的内在衔接，形成一种隐约的意义脉络，不求形式上的完整，只求达意，以神统形。一个简单的例子便能很好地说明这点。国际快餐业巨头麦当劳那句脍炙人口的广告语"I'm loving it！"在中国被翻译为"我就喜欢！"在英语原句里，作为宾语的"it"必不可少；少了，就是一个错句，就违背了"形合"原则。而汉语译文中与"it"相对应的"它"字必须隐去，以求达意，以神统形；如果翻译为"我就喜欢它"，反倒不符合汉语习惯的表达方法，还可能引起歧义。还有，东方人的观察重心一般落在具体的事物上，由比较抽象的东西来限制、修饰比较具体的东西；而英语文化的观察重心却往往是抽象的。如："Bitterness fed on the man who had made the world laugh."译文：这个曾使全世界发出笑声的人自己却饱尝心酸。

英语民族重直线思维，汉语民族重曲线思维。在表达思想时，英语民族喜欢单刀直入、直截了当，自己的意愿往往首先提出，而汉语民族则喜欢拐弯抹角、遮遮掩掩，重头戏往往在后。这种差异常体现在句式结构上，英语多为前重心，头短尾长；汉语则多为后重心，头大尾小。如英语句子"Mr. King had an accident when he was driving to work."，将重点"出车祸"放在开头直接交代；汉语则把重点 have an accident 放后："金先生在开车上班时出了车祸。"

思维方式受民族文化的影响，因而不同民族的思维方式也大不相同。中国人坚持"万物合一"，而西方人认为物质是和人分离开来的，都是单独的个体。换句话来说，汉语注重意而英语更注重形。例如：坚持，就是胜利。这是我们汉语中的俗语，形散而意味悠长。译成英文时句式则为："If you hold on, you'll succeed."。由此可见，英语表达则注重句式的完整性。

再则中国人的逻辑思维和西方人也会有所不同，中国人习惯于从整体到局部，从大范围到小范围，例如，根据汉语的思维，我们在描述地址时是按照由"国—省—市区—路—弄—号—室"从大到小的顺序来描写的，而英美语族说起句子来，顺序则正相反，一般按照从小到大的顺序来描述。例如，"中国河南省郑州市金水区农业路80号"应该翻译为"Nongye Road 80, Jinshui Region, Zhengzhou City, Henan Province, China"。而"社会主义的现代化强国"应翻译为"a modern powerful socialist country"而不能译为"a socialist modern powerful country"。因为在英语中多个形容词修饰名词时是有特定语序的，这也是由于思维方式的不同造成的。所以每一种语言都有其独特的思维特征，思维习惯的差异有可能造成对词义的理解障碍，影响到对篇章的理解。那么这就要求在翻译时一定要考虑到思维方式的不同，如果只对译文进行字面意思的翻译，就有可能造成读者对原文理解上的错误。但是在翻译过程中我们可以使用视角转换来使目标语更加清晰易懂，更符合目标语的思维习惯。

（一）抽象思维与形象思维

总体而言，英美人的思维方式具有较强的抽象性，而中国人的思维方式则具有较强的形象性。这种差异在语言方面的体现就是，英语大量使用抽象名词，而汉语较少使用表示抽象概念的名词。如"We admit his greatness as a poet, but deny his goodness as a man."译为"我们承认他是一位伟大的诗人，但我们否认他具有高尚的品格。"本句中的"greatness"和"goodness"都是表示品质的抽象名词，使得原句显得庄重正式。但是为了使译文符合汉语表达习惯，则需要运用词类转换策略，将其分别转译为汉语的形容词，即"伟大的"和"高尚的"。再如"Terrorist attacks can shake the foundations of our biggest buildings, but they can not touch the foundation of America. These acts shatter steel, but they can not dent the steel of American resolve."译为"恐怖袭击可以动摇我们的摩天大楼的根基，但却无法撼动美国的立国基石。恐怖袭击的行径可以摧毁钢铁，但却无法削弱美国人民钢铁般的决心"。本句选自美国前总统小布什在"9·11"事件后所发表的电视讲话。本句中的第二个"foundation"指的是"美国的立国之本"，因此可译为"立国基石"；第二次出现的"steel"用的是借喻的修辞手段，需要采用形象化策略加以处理，译为"钢铁般的"。

（二）客体型思维与本体型思维

英美文化以物本为中心，重视外向探索、不懈追求的精神，将自然作为研究和征服的对象，进而形成了客体型思维方式。中国文化则以人文为中心，以人生为本位，进而形成了汉民族的本体型思维方式，即以人为中心来观察、分析、推理和研究事物的思维方式。

客体型思维和本体型思维反映在语言形态上的明显特点是，在描述事物和阐述事理的过程中，特别是当涉及行为主体时，英语常用非生物名词作主语，而汉语习惯于用表示人或生物的词汇作主语。如"Much attention in international economic and political affairs focuses on the welfare gap between the developed and developing countries."译为"人们在国际经济和政治事务中对发达国家与发展中国家之间的贫富差距给予了极大关注"。本句英文原文使用无生命的名词attention作为主语，但在翻译成汉语时，最好使用表示有生命的词汇"人们"来做汉语译文句子的主语，以贴近汉语的表达习惯。

（三）分析型思维与综合型思维

传统的英美哲学强调"天人合一"，偏重理性，注重逻辑分析，在英语中体现为重形式，重理性，句式构架严整，表达思维缜密，行文注重逻辑，语言大多明晰客观，符合理性。而受到儒家文化和道家文化影响的传统汉族思维方式，注重天人合一，是一种朴素的辩证思维方式。综合型思维方式在汉语语言中表现为注重整体和谐，缺乏严格的逻辑性。

汉民族重综合和英美民族重分析的不同思维方式，对英汉两种语言的结构形态产生了不同的影响。分析型思维方式使英语具有明显的词形变化，形式多样的语法形式以及组词造句中较为灵活的语序结构。综合型思维方式使得汉语无词形的变化，语法形式的表达主要依靠词汇手段，组词造句依据语义逻辑和动作发生的时间先后决定词语和分句的排列顺序。如"Just as Darwin discovered the law of development of organic nature, so Marx discovered the law of development of human history: the simple fact, hitherto concealed by an overgrowth of ideology, that mankind must first of all eat, drink, have shelter and clothing, before it can pursue politics, science, art, religion, etc.; that therefore the production of the immediate material means of subsistence and consequently the degree of economic development attained by a given people or during a given epoch form the foundation upon which the state institutions, the legal conceptions, art, and even the ideas on religion, of the people concerned have been evolved, and in the light of which they must, therefore, be explained, instead of vice versa, as had hitherto been the case."译为"正如达尔文发现有机界的发展规律一样，马克思发现了人类历史的发展规律，即历来被繁芜丛杂的意识形态所掩盖着的一个简单事实：人们首先必须吃、喝、住、穿，然后才能从事政治、科学、艺术、宗教等。所以，直接物质生活资料的生产以及一个民族或一个时代从而达到的经济发展阶段，就构成了一个基础，在这个基础之上人们的国家制度、法律概念、艺术乃至宗教观念才得以发展。因此，必须从这个基础出发来解释后者，而不是像过去那样本末倒置"。本句选自恩格斯于1883年纪念马克思的悼文《在马克思墓前的讲话》。全句共有126个英文单词，总体结构严谨，行文流畅有序，语言理性客观，一气呵成。译成汉语可采用结构重组策略，将英文原句译为三个较短的汉语句子，以使译文符合汉语的表达习惯。

综上所述，翻译的失误，往往并不是因为译者遇到了语音、词汇或语法方面的障碍，而是由于译者只注意语言形式的对等，忽略了转达语言所承载的文化内涵所造成的。在跨语言交际中，交际双方文化背景不同，传统习惯以及行为、思维模式各异，所有对言辞的文化内涵迥然，因此在翻译时，我们必须尊重目的语读者的思维模式、审美心理和价值观念等，不能把源语读者的文化观念强加给目的语读者，也不能用本文化的标准来解释其他文化。因此，译者要加强对文化背景知识的学习，深入了解中西文化差异，并通过两者的对比，做出对等的文化传译翻译技巧和原则，将原文内容灵活处理，相互补充和完善，紧密联系习语的文化背景，回归原文内容以及文体风格的基础上，达到信、达、雅的标准，使翻译这一跨文化交际得以流畅和谐地完成。

第三章 国际商务英语基础认知

第一节 国际商务英语的概念

随着来自不同社会文化背景、说不同语言的人们从事国际商务活动和交流，以及经济贸易活动国际化的发展，国际商务英语（International Business English，IBE）便应运而生，并成为国际商务领域通用语。国际商务英语一般被认为是专门用途英语（English for Specific Purpose，ESP）的一个分支，是在商务场合下使用的英语。

一、国际商务的定义

那么，什么是国际商务呢？所谓国际商务，指的是一个国家由于自身经济发展所需，在生产领域和/或非生产领域的国际之间的合作行为。合作的范围涉及贸易、运输、劳务、技术、投资、服务、贸易等方面。国际商务作为一种国与国之间的活动历史悠久，但作为一门学科它还处于发展阶段。由于国际商务是一个非常大而又笼统的概念，所以对国际商务学科的界定和定位仍有待研究。而国际商务所涵盖的国际贸易、国际营销、国际商法等却形成了独立的学科。国际商务的研究范围包括任何形式的国与国、国与地区之间的具有商业性质的活动及其涉及的各领域。实践向经济学家、管理学家提出了挑战，于是超越传统的理论局限，把国际贸易、国际营销、国际商法、国际投资、企业管理等学科进行整合，并以企业经营这一主线加以提炼、分析、总结，建立一门综合性学科便成了必然、这也就是国际商务学科的研究主题和研究内容。

在经济全球化发展迅速的今天，我国进出口贸易的快速发展，国际间的商务交往日趋频繁。国与国之间的交往很大程度上是商务往来，国与国之间的政治活动往往也与商务有关。国际商务理念逐步形成，各类国际商务人才的需求急剧增加，国际商务学科也随之建立。然而，国际商务作为一门课程，在西方发达国家的历史也只有几十年。20世纪70年代后半期，国际商务课程在大学开始开设。就是在这几十年中，国际商务发展迅猛。我国自改革开放以来，国际商务活动发展极为乐观，尤其是我国加入世界贸易组织后，国际商务活动增多。随着外国投资大量进入中国，新的企业管理模式、理念层出不穷。大专院校增设国际商务课程，特别在工商管理硕士（MBA）课程中，国际商务管理课程非常重要，因为MBA毕业生就是国际商务的后备力量。MBA所开设的课程中，有国际商务、国际金融、财务管理、国际营销、国际会计等。由此看来，国际商务涉及不同的专业领域。

近年来，我国开始国际商务师（International Business Engineer）考试。国际商务师资格考试是针对在对外经贸、对外援助、对外经济合作和其他行业中的对外经贸部门从事国际商务专业工作的专业技术人员的。它对报考者有相关专业工作经历的年限要求，是一种职称考试。国际商务师是最近几年才开始评定的。1996年以前，从事对外经贸行业的人员拿的是经济师职称，随着中国经济和国际接轨，这部分人员从经济师转为国际商务师。北京市从1997年开始实施国际商务师的职称考试。国际商务师分高级国际商务师、国际商务师、助理国际商务师三个级别，其中高级国际商务师不参加考试，而是由有关部门直接任命。设置国际商务师资格考试可以反映出国际商务的重要性。另外，通过国际商务师考试的科目可以知道国际商务所涉及的主要内容，考试分专业知识和理论与实务两大部分，具体是：①国际经济贸易专业知识：微观经济学；国际金融；国际商法；营销与企业管理。②国际经济贸易理论与实务：国际贸易；国际贸易实务；国际经济合作；中国对外贸易。由此看来，国际商务英语就是在从事这些国际商务活动中所使用的和这些领域里所涉及的英语。

二、国际商务英语的定义

国际商务英语，有时也简称为商务英语（Business English）或者偏专业性的商务用途英语（English for Business Purposes）。国际商务英语是国际贸易、国际金融、国际投资、国际运输、国际保险、国际招标、国际旅游、国际劳务输出、国际法律等多个商务活动领域进行沟通和交流的桥梁，是公认的国际通用语。随着国际商务活动和交往日益密切频繁，国际商务英语的重要性更加凸显。国际商务英语的迅速发展引起了国内外专家学者的关注，他们首先尝试从不同的角度对国际商务英语这个核心概念进行界定并探究其内涵。

以下是一些有关国际商务英语定义的诠释：

①尽管我们可以把一些词汇叫作"商务英语词汇"，但大多数的商务英语只是在商务背景下使用的英语，其实它并不是什么特别的语言。

②所谓"商务英语"就其语言本质而言就是在商务经贸领域内经常使用的、反映这一领域专业活动的英语词汇、句型、文体等有机的总和。

③"商务英语"有两个层面的意义。从第一个层面讲，"商务英语"不是一种特殊语法的特殊语言，简单来说，它是商务环境中使用的英语。从第二个层面讲，"商务英语"则是"世界范围内各行各业人们使用的一种工作语言"。

④商务英语实际上就是商务环境中应用的英语。它是专门用途英语的一种。

⑤商务英语是英语的一种社会功能变体，是专门用途英语中的一个分支，是英语在商务场合中的应用，或者说，是一种包含了各种商务活动内容、适合商业需要的标准英文。商务英语所承载的是商务理论和商务实践等方面的信息，没有承载商务理论和商务实践等方面的信息的英语不能称为商务英语。

从上可知：

①国际商务英语不是独立的语言。

②国际商务英语与国际商务活动密切相关但也涉及学科理论。

③国际商务英语属于专门用途英语。

国际商务英语之所以被如此称呼，主要是因为所使用的英语与国际商务密切相关。所谓"商务"指的是从事商业的活动（commercial affairs, business affairs）。而"商业"实际上相当于"贸易"，它包括对外贸易和对内贸易。国际商务涉及众多领域，所以，国际商务英语自然与所有这些领域密切相关。任何国与国之间和一个国家的公司、企业等机构与另外一个国家的公司、企业等机构之间的有经贸性质和商业目的的活动都可以涵盖在国际商务的范畴之中。由于国际商务活动涉及许多行业和部门，如银行、保险、海关、国际金融、国际贸易、世界经济、涉外会计、对外贸易运输、国际商法、企业管理等，我们可以将国际商务英语定义如下：国际商务英语是人们在从事国际商务活动过程中经常使用的英语。这些活动领域包括：国际贸易、国际经济、国际金融、国际商法、国际会计、国际营销、国际物流、国际支付、国际投资、企业管理、人力资源管理、银行业、保险业、海关事务、商品检查和检疫、旅游、商业服务等。简单来说，国际商务英语就是普通英语（General English, GE）+商务行业英语（Special Vocational English, SVE）。

国际商务英语是一个笼统的概念。通过普通英语和专门用途英语分类的启发，从实践的角度来看，国际商务英语可以分为普通商务英语（English for General Business Purposes）和特殊商务英语（English for Specific Business Purposes）。普通商务英语是个总的概念；而特殊商务英语指某一个国际商务行业领域所使用的、带有明显的该行业特征的英语，如国际商务法律、法规英语，国际金融英语，国际物流英语等。由于有了这样的分类，在进行国际商务英语教学时，必须根据特定的目的来制定计划、选择教材。如目前市场中的一些国际商务英语书籍就有普通商务英语教材和特殊商务英语教材之分。例如，华夏出版社和剑桥大学出版社的《剑桥国际商务英语》系列（第三版），人民邮电出版社的《新剑桥商务英语》系列以及经济科学出版社的《新编剑桥商务英语》系列等，都属于普通国际商务英语，因为这些教材所涉及的行业众多，有国际贸易、国际支付、国际物流等。有的教材内容主要涉及某一个领域，如《国际货运代理专业英语》就属于特殊商务英语。此外，那些英语版的有关国际商务某个领域的教材、文献也属于特殊商务英语的范畴。所以，国际商务英语不仅指人们在从事国际商务活动中所使用的英语，还指任何涉及国际商务领域所包括的学科理论的英语。

三、国际商务英语的内涵

英国商务英语专家布雷格提出了"商务英语范畴"理论。他认为商务英语的核心内容包括语言知识（language knowledge）、交际技能（communication skills）、专业知识（professional content）、管理技能（management skills）以及文化意识（cultural awareness）等。下面对其中的几个部分进行简要介绍。

（一）交际技能

商务交际技能指的是从事商务交际活动所需要的技能。这种技能既有语言方面的，又包括非语言方面的。

交际技能的基础是语言能力，但是商务交际者具备了语言能力并不意味着其完全具备了交际技能。美国的语言学家休姆斯认为，交际能力不仅仅包括对一种语言的语言形式的理解和掌握，还应该懂得在何时何地、以什么方式去运用语言的语言形式。随着人们研究的深入，交际技能被认为应该包括听的能力、说的能力、读的能力、写的能力以及社会能力五个方面。这五个方面的运用主要指的是表达的得体、准确。

针对不同的商务活动和商务背景，所使用的商务语言也应有所差异。而商务参与者的交际技能是在这种语言间的使用与转换中体现出来的。大体上说，商务交际的内容决定着商务交际者对词汇、句型、篇章结构、文体风格、语调、节奏变化的选择。例如，有些词汇在不同的专业里可能具有不同的含义，甚至在不同的上下文中也有不同的表达。这就说明译者如果对相关专业知识的内容不熟悉，对词汇使用的不同情景不关注，就有可能难以精确地翻译出商务英语文体的文章。可见，商务英语是一门具有很强的实践性的学科，因此对交际能力的要求也相对较高。

（二）专业知识

商务背景和专业知识是商务英语的重要组成部分。这两个方面对于商务英语翻译尤其重要。只有掌握了文章的背景知识，才能精确、忠实地翻译出文章的意思。

商务英语中还含有很多的专业术语，有些词的含义在商务英语的文章中与我们日常所用到的含义不同。例如：

However, the tariff should not be greater in amount than the margin of price caused by dumping.

但是，（反倾销）关税税额不应比因倾销而获得的毛利润高。

在上面的英语例句中，"dumping"的动词原形为"dump"，其英文本义为"倒垃圾"，但是在商务领域中，其含义引申为"倾销"。

Should you find interest in any of the items in our catalogue, please do not hesitate to send enquiries.

如对目录中的任何项目感兴趣，请直接寄来询问。

"enquiry"经常被译为"询问、打听、调查"，但是在商务英语的文体中，其标准含义为"询问"。如果译者没有对这种专业术语进行掌握就很有可能曲解文字的意思。在进行翻译的过程中，如果遇到不熟悉或者不能确定含义的词汇、句型等，译者切不可望文生义，应该查询相关领域的专业书籍进行解决。

（三）文化意识

在商务英语活动中，要求交际者必须具备文化或跨文化意识。王佐良先生曾经指出："不了解语言中的文化，谁也无法真正掌握语言。"从这个表述中可以看出跨文化意识的重要性。

商务活动中要面对来自不同国家和地区的交际者，因此需要了解其文化背景和语言使用习惯。具备跨文化意识是保证商务活动成功的重要因素。

众所周知，语言反映文化、文化孕育语言，商务活动是一种在不同文化背景下进行的语言活动，因此对交际者的文化意识有着极高的要求。这一点也给商务英语翻译带来了难题。例如：

New houses have mushroomed on the edge of the town.

城镇边缘的新建房犹如雨后春笋。

在上面的英文例句中，形容新建房出现的数量多，使用的是"mushroom"一词进行修饰。但是在汉语中形容新生事物大量出现时，较为常用的表达是"雨后春笋"。这种文化差异在商务英语中经常出现，因此需要译者具有一定的跨文化意识。

语言在用于商务交际的过程中，就存在着对文化内涵的理解和表达问题。商务英语要求用英语去从事商务活动，语言是活动的基础，必须熟练掌握。译者在具备了双语交际技能的同时，还要了解交际双方甚至是多方的文化知识，尤其要了解两种或多种语言的民族心理、文化形成、历史传统、宗教文化、地域风貌等。也就是说，在进行商务英语文体的翻译过程中，译者只有具备了较强的跨文化意识，才能在商务英语文体翻译的过程中游刃有余、灵活翻译。

四、国际商务英语的历史进程与现状

（一）20世纪中叶

在20世纪中叶，人类进入了一个前所未有的科技和经济高速发展的时代，这也进一步推动了整个人类社会的发展。这种社会发展的新形势需要通过一种国际通用语言来体现，以至于世界各国人民可以开展政治、经济、社会、文化等方面的交流，推广各个领域的研究成果。

1. 英语的发展趋势

美国在科技和经济方面的发展遥遥领先于其他国家，因此英语作为美国的官方语言就成为国际经济活动中的主要交际工具。英国、美国、加拿大、澳大利亚、新西兰等10多个国家将英语作为第一语言，新加坡、印度、菲律宾、尼日利亚等10多个国家将英语作为官方语言，瑞典、丹麦、挪威和冰岛等国家将英语作为第二语言。英语的使用人口发展到10多亿，已逐渐发展成为一种世界语言。

2. 商务英语的形成

随着国际经济的不断发展，英语广泛应用于国际商务活动。国际商务活动中英语的使用涵盖了与其相关的各个领域，如商务谈判业务、装运、信用证、索赔、保险、付款等，以及运输、贸易、投资、金融、财会、经济法、国际合作、国际惯例等方面。国际商务英语建立在一定的商务背景知识和需求分析的基础上，具有明确的目的性。国际商务英语不仅具有独特的词汇、语法资源特征，而且具有鲜明的意识形态、话语形式。因此，英语在国际商务活动中，拉开了与普通英语的距离，从而形成了一个特殊的交际系统，成为国际商务英语。

3. 商务英语教学的形成

随着英语在国际商务活动中的应用日益广泛，社会对国际商务英语和国际商务英语人才的需求与日俱增。而培养国际商务英语人才，需要通过国际商务英语教学这一重要手段。因此，国际商务英语教学也逐渐发展起来。国际商务英语教学最早开始于国外。在16世纪欧洲资本主义萌芽时期，国际商业活动日益频繁，对国际商务英语人才有着迫切的需求，因此国际商务英语教学应运而生。自此，国际商务英语教学一直受到重视并得到不断发展。

（1）国际商务课程类教学

国外很多大学开设了国际商务英语课程和专业，并在以英语为母语的国家形成了各种不同的英语教学模式。国际商务英语教学包括以下两种情况：第一，以获取国际商务英语知识与能力为目标的国际商务英语课程类教学；第二，以获取国际商务英语学位为目标的学位类教育。

国际商务课程类的教学包括以下两种类型。

①国际商务英语基础课程的对象是将来要在商务专业学习的学生，课程的主要内容是商务基础知识，目的在于提高学生的英语交际能力。所以，这类课程也可以被视为各类商科学生的预备课程。另外，此类课程还针对希望提高国际商务交际能力的商务人士。例如，伯明翰大学英语系开设的国际商务英语课程针对的人群就是就读或准备就读商科专业的学生，目的是为他们提供商务知识，同时也针对商界人士，帮助他们提高在国际商业环境中的语言交际技巧。

②商务英语融合在ESP/EAP/TEFL学位课程中的教学模式。例如，伯明翰大学MA in ESP课程中就包括了English for Specific and Academic Purposes 和 Business English。这类课程即使不成体系，但也占据着重要的分量。它针对的人群是外国学生，目的是为他们提供商务背景知识和语言支持，为其进一步深造打下基础。

（2）国际商务英语学位类教学

国际商务英语学位类教学，主要包括以下两种类型。

①国际商务英语是独立的学位。本学位课程的目的是提高学生的商务口语和书面语交流水平以及跨文化交流意识和能力，突出英语在国际商务交流中的运用。这种独立的国际商务英语学位课程对学生的英语水平有着较高的要求，

是很多本国学生的选择。

②国际商务英语与其他学科的混合学位课。这种学位课是为学生提供商务学科知识，提高学生在商务领域中的英语交际能力。这种学位类课程一般将侧重点放在商务类课程，辅修国际英语。

在英语国家，伴随着国际商务英语教学的发展，牛津大学、剑桥大学向全世界推出了国际性商务英语考试，哈佛大学、伯克利大学等著名高校都开设了国际商务英语课程，普林斯顿大学还成立了以国际商务英语为核心的国际交易英语考试。

在非英语国家，国际商务英语教学也备受重视。奥地利的维也纳经济与工商管理大学英语及商务英语系设立了完整的商务英语课程体系：普通商务英语、特殊用途商务英语。这些课程是经济学、商务、工商等专业学生的必修课。还有一些大学已将国际商务英语作为独立的学位设置。泰国的亚洲科技大学就开设了学位项目。

从英语国家和非英语同家开设的国际商务英语类课程可以看出，国际商务英语在英语和非英语国家都非常重要，普及程度很高。在英语国家中，有些大学已经开始把国际商务英语作为独立或混合学位项目设立。随着国际商务英语的影响和使用越来越广泛，世界各地的高校和教育机构的国际商务英语教学将更加蓬勃地发展。

4. 中国的国际商务英语教学

在 20 世纪 50 年代初期，我国实行计划经济体制时，中国的国际商务英语的教学就开始了。但是，在处于"冷战"的国际环境中，中国对外的经济、商务交流非常有限。当时的国际商务活动并非主流，我国对国际商务英语人才的需求量不大，只有北京、上海、天津、广州等大城市的外贸院校培养国际商务人才。最初，国际商务英语课程模式一般为"英语＋商务"知识，即在传统的英语课程里附加少量的非系统性的商务知识。商务英语被称作"外贸英语"，并一直沿用到 20 世纪 80 年代。在此期间，在对外经济贸易大学等几所高校开设了"外贸英语函电""西方报刊经贸文章选读""外贸英语口语"等三门外贸英语主干类课程，这也是国际商务英语学科的雏形，但是还算不上真正意义上的国际商务英语学科。

（二）20 世纪 80 年代

在 20 世纪 80 年代，我国的政策是以经济为中心和改革开放。这种政策带来的结果是，对外经济贸易活动范围扩大，中国的对外经济联系由原来的单一商品贸易发展到现在的技术、服务、资本、保险、旅游等各种领域。"大经贸"格局的形成，淘汰了不适应当前形势的"老三门"。为满足这种新的需求，国内开始出现了一系列与之对应的经贸英语课程。

（三）20世纪90年代

20世纪90年代以来，中国确立了市场经济体制，中国经济逐步与世界接轨，进出口贸易量迅速加大，社会对国际商务英语人才的需求急剧增加。社会主义市场经济对外语人才的培养提出了新的要求，为应对社会发展的需要，我国高校英语专业教学转向了复合型人才培养。外国语言文学领域的研究人员和教学人员，以及外语与外交、经贸、新闻、法律相结合的复合型外语人才，都有着极大的需求量。国际商务英语开始受到外语界和社会的普遍重视，高校纷纷开设国际商务领域的课程，国际商务英语在中国取代了经贸英语、外贸英语，初步形成了国际商务英语课程体系，国际商务英语的热潮从此出现。

（四）21世纪

进入21世纪，随着我国加入世界贸易组织，以及经济全球化的进一步深入，我国进入了新的快速发展时期。社会对国际商务英语人才的数量和质量有着更高的要求。在这种需求的驱动下，越来越多的高校开设了国际商务英语课程。多所高校在英语专业设置了经贸英语或国际商务英语方向。越来越多的大学获得了开设国际商务英语专业的资格，这标志着国际商务英语学科得到了官方的认可，拥有了正式的学科地位。

从目前国际商务英语人才培养状况来看，商务英语教学包括以下三种类型。

第一，商务英语是应用语言学专业，旨在提高学生的国际商务英语应用能力，并且该专业提供了较为系统的英语文体、语用、词汇和文化等方面的知识，为学生成为国际商务专门人才奠定了坚实的基础。

第二，除英语课程外，商务类课程也采用英语授课方式。商科与英语受到同等的重视，始终保留英语课程以不断提高学生的英语水平。这样做的目的是使得学生成为商科和英语"双强"人才，直接从事国际商务工作。

第三，商科为主修专业，英语课程作为工具性课程而存在。学生的专业学习重点是商务，英语只是工具。这类专业主要培养学生使用英语从事商务工作的能力。

我国的国际商务英语走过了50多年的历程，从最初的国际商务英语类课程教学，到20世纪八九十年代的国际商务英语课程体系，再到21世纪的国际商务英语专业。国际商务英语教学从无到有地不断发展，学科初步形成。

英语作为现阶段国际经济贸易中使用频率最高的一种语言，英语已对国际经济贸易合作、国际支援及政治外交等领域起到积极作用。依据我国现阶段国家出台政策、社会未来发展规划数据统计，我国针对国际商务英语的使用、发展也采取部分措施。如以现阶段国内各高校所开设课程活动为例，大部分高校均已于自身教学规划中设立商务英语专业，部分院校甚至专门开设商务英语翻译课程。部分高校除设立商务英语课程外，也开展相关实训活动。如邀请外国人员进行英语交流，提升学生语感同时也可丰富学生词汇量，同时也可激发学生的英语学习兴趣。此外，各高校也将多位相关学者的商务英语的翻译经验融入教学活动中，引导学生对商务合同中的特征进行总结、归纳。上述措施均为我国商务英语进一步发展提供支持。艺术文学领域为商务英语较为集中的领域，内容协调性、形式协调性为翻译重点。正因如此，部分国外学者开展商务英语翻译活动时，将翻译重点集中于译文的形式、内容方面，导致所翻译的语言具有一定的空洞性及呆板性。现阶段部分商务英语翻译者受此影响，对我国经济发展造成一定阻碍，同时也对世界经济繁荣发展造成制约。因此，商务英语翻译者于学习过程中，应注意翻译技巧的灵活运用，同时还应结合谈判对象的文化背景、社会习俗、语言习惯等，对原文进行翻译。此种商务英语翻译模式，除可有效提升商务谈判效率外，也可推动世界经济长期、健康发展。

五、商务英语于国际贸易中的重要性

（一）国际贸易的主流沟通方式

英语为世界各国商人间开展经济贸易活动提供了一种沟通、交流途径。英语作为国际环境中使用率较高的语言之一，商务英语翻译人员应对不同国家、地区的文化背景、社会习俗进行充分了解后，进行合理翻译。在国际经济贸易中，商务英语的合理使用，将会对国际经济贸易健康发展起到推动作用。商务英语于世界各个国家间的基本应用均为规范化、标准化的应用，因此，将商务英语合理地应用于世界各国贸易间，可有效提升交易效率及世界贸易活动的交易质量。

（二）国际贸易谈判的重要手段

商务英语自身所具有的特点如商务英语具有较强的专业性、简洁性、针对性等特点，尤为符合国家贸易交易双方争取自身经济利益最大化的特点。商务英语翻译人员在掌握一定专业技能基础上所开展的商务英语翻译活动，可有效保证国际贸易交易双方所进行的交易谈判具有流畅、有效等特点，因此，商务英语可成为国际贸易交易间的重要交流手段。商务英语翻译者在翻译商务英语时，还应充分考虑交易双方的宗教信仰、风俗习惯、文化背景等方面的差异。此外，商务英语翻译者于商务英语翻译过程中还应在尊重宗教差异、文化差异的基础上，合理使用部分尊敬用语，并确保商务英语翻译的准确性。

第二节　国际商务英语的归属问题

一、学科的概念

要澄清商务英语学的学科概念，有必要对学科的基本概念做一些探讨，这样有助于商务英语学的立名。通常我们将学科理解为知识门类、知识领域或教学科目，或理解为知识、实践和规则系统。

汉语中有几个词与学科有关系，如"研究"（study, studies）、"学"（英文后缀是：-ology，如 sinology）、科学（science，如 political science）等。"学"和"研究"可指"学问"，亦可指"学科"。如"商务英语研究"作为学科名称相当于"商务英语学"；"翻译研究"（translation studies）相当于"翻译学"（translatology）。由于"学"的意义宽泛，包容性强，因此在中国出现了"敦煌学""藏学""客家学"及"现代化研究"等。从这种相对宽泛意义上的"研究""学"和"学科"来看，作为独立学科的名称"商务英语学"是完全可以成立的。

学科名称中"学"字使用得相对较多。汉语里"学"字有着"学科"的含义。学科（discipline）一词源自拉丁语的动词"学习"（discere），以及由它派生而来的名词"学习者"（discipulus）。欧洲中世纪时代，人文科学的学科与自然科学的学科开始相对地分离开来。英语、法语中的 discipline 以及德语的 diszipline 皆来自拉丁语。"学科"（discipline）一词既有知识类别的含义，又有制度、建制、规训的含义。商务英语学正是这样一个知识类别，它有自成体系的理论系统和学科构架，是一个学科。根据汕头大学高等教育科学研究所王建华的观点，"概括起来，学科理应包括学科制度与学科建制两个层面，缺少任何一个层面，都不能称之为真正的学科。在这里，所谓学科制度（学科内在制度），主要指学科规范的理论体系的建立，与之对应，学科建制（学科外在制度）主要指大学内部机构层面的东西"。王先生对学科的发展做了非常清晰的阐述。学科的发展与大学教育密切相关，王先生对学科的认识对商务英语学的建设具有指导意义。大学是学科成长的摇篮。商务英语学作为独立学科的建立，主要在大学教育层面，与大学学科建设密切相关。目前我国绝大多数外语院系都开设了商务英语专业（方向），在大学学科制度中，这些大专院校的商务英语专业或商务英语方向为商务英语学科的外在制度填补了充实的内容，铺垫好了扎实的学科研究基础。

此外，根据《现代汉语词典》，"学科"的意思是：①根据学问性质而划分的门类，如自然科学中的物理学、化学。②学校教学的科目，如语文、数学。商务英语作为独立的学科，属第一种意思。

"'学科'主要指学术分类，即按学科的性质而划分的门类。"王关富和张海森所指的学术分类是高层次的。学科本身通常就是高等教育中学术的门类。所以，学科是大学高层次的学术分类。商务英语主要针对高等教育，商务英语学科是语言学项下根据商务英语性质而划分的一个独具特色的学术门类。

林添湖认为，对学科的含义需要从三个方面来理解：

①学科是在科学的基础上发展起来的一个学术术语，它所反映的是概念、范畴、定理等之间的逻辑关系。

②一门独立学科把不同的知识汇总成了一个有机联系的整体，并按照一定的逻辑结构将科学所发现的概念、原理等整合了起来。

③学科这个概念所关注的维度是逻辑关系。

林添湖上述的理解颇有深度。学科的内涵和外延有其必然的规律，学科各构建部分之间互相联系，逻辑紧密，理论自成系统并与实践相互照应。

陈准民认为，一门学科的成熟需要具备这样一些条件：

①成功地界定了自身的研究边界。

②规定了本学科研究的学术规范（研究方法、评价指标等）。

③一批得到承认的学术成果（尤其是经典著作）。

④学科史。

陈准民提出的四个条件十分重要。对这四个条件笔者的理解是：第一项指学科研究范围；第二项指学科研究方法论；第三项指学科领域内已经取得的科研成果，包括学科方面的经典著作，以及能构成该学科理论体系的大量论文和论著，并有领军人物，有学术骨干群体；第四项指学科的发展史，从实践到理论的升华演变，从无到有，从幼稚到成熟，从微小到壮大。这四项对一个学科的建立、健全非常必要。

"一门学问的产生，必定要具备三个条件，即：①有明确的研究对象；②有系统的研究方法；③有一定的理论及流派。"学科建立涉及科学方法的四个要素：研究对象、物质手段、思维形式和方法、理论工具。其中物质手段、思维形式和方法所涉及的主要是研究方法。我们需要对这些研究方法进行充分论证。

因此可知，所谓学科，即是学术的分类。如自然科学类中的化学、物理学等，社会科学类中的政治学、历史学等。学科是科学发展的特定产物。恩格斯从辩证唯物主义的观点出发，考察并发现了自然界各个领域内之间的联系。在此基础上，他根据科学分类的原则，即按照物质运动形式的区别和固有次序来进行的分类的原则，提出了新的科学分类方法。这样，才有我们今天的自然科学和社会科学之分。

现代科学有不同的分类法，一种分为自然科学、技术科学、数学、哲学、社会科学；另一种分为自然科学、社会科学、思维科学、数学、哲学五大部类。也有的将科学分为三类：自然科学、人文科学和社会科学。商务英语学属于语言学项下的分支学科，与语言和语言教学相关，商务英语学应当属于社会科学。社会科学是以社会现象为研究对象的科学。它的任务是研究与阐述各种社会现象及其发展规律。商务英语学的研究对象是社会发展的现象——商务英语教学。而商务英语教学的兴起和繁荣是因为世界经济发展所需。商务英语对社会发展和世界经济全球化有重大的推动作用。此外，商务英语学除了研究商务英语教学现象之外，还研究英语在国际商务活动中被使用的规律。所以，商务英语学属于社会科学。

一门科学的研究内容主要包括本学科的本质、与非科学的分界、科学理论的发生、科学理论的结构、科学理论的检验、科学理论的评价、科学理论的发展、科学方法、科学的社会价值等。综上所述，我们可知，学科是根据社会需求和学术需求所划分的一个学术门类，该门类自成体系，有一定的实践与理论研究历史，理论系统之间逻辑关系严密，互相关联。

学科还是把人类知识整体进行切割和划分的结果。这种切割和划分一方面使人们对知识的认识逐步深化并推动学科发展；另一方面人们长期在某一窄小的学科领域活动，容易形成学科壁垒和学科封闭。于是，我们必须避免这种壁垒和封闭，使学科呈开放型。要实施开放型的学科制度创新，我们就必须关注学术人员的学科理念创新，使学术人员走出学术壁垒，树立开放的学术思想体系，寻求多元化的学科隶属关系。商务英语学正是这样一种创新的学科，是由英语学科分化而来的新学科。由于商务英语与普通英语有着明显的区别，根据学科发展规律，商务英语从英语学科中分离出来是顺其自然的。英语学科不能封闭，需要呈开放型，其学科隶属关系需要梳理清楚，学科创新观念要跟上时代的发展。

二、国际商务英语的学科属性

不管承认与否，国际商务英语作为一门学科的客观存在已得到了大多数人的认同，我国的大多数大专院校已经开出国际商务英语课程这一事实足以证明这一点。尽管如此，对于国际商务英语的学科定位问题仍需要进一步澄清。

有人认为，商务英语已成为涉及国际商务各个领域，是由多门课程组成的一个学科体系，或者可以称作"语言学—英语语言—专门用途英语"体系之中的三级或四级学科。根据这个观点，国际商务英语属于应用语言学项下的三级或四级学科。也就是说，国际商务英语属于语言类学科。

持类似观点的有我国著名语言学家桂诗春教授。他在议论专门用途外语的三种不同意思时说："第三层意思是指专门用途的语体，如科技英语、计算机英语、化学英语、社会学英语……"笔者认为，尽管桂教授没有列出"商务英语"，但是，可以肯定，商务英语也是"专门用途的语体"。所以，笔者理解桂诗春教授的意思是：国际商务英语属于语言学的范畴，是特殊用途外语项下的一个分支。

林添湖认为，"既然国外学术界早已毫无二致地把国际商务英语划归为'专门用途英语'的一个重要分支（笔者认为，这种学科属性的划分是有理论根据的，是科学、合理的），那就表明国际商务英语应该名正言顺地归入'语言学'这个一级学科门下，按'语言学→（英语）应用语言学→专门用途英语→国际商务英语'这个分级层次,把国际商务英语划归为语言学门下的一个四级学科"。笔者赞成林先生的这种划分。"国际商务英语"的中心词是"英语"。"国际商务"只是"英语"的修饰语。国际商务英语首先是英语语言，是与国际商务密切相关的英语语言。

以上几位学者都认为国际商务英语属于语言学的范畴，以英语语言为核心。但是有另一种观点却不是这样的。有学者认为，从学科的建构角度来看，任何一门学科的构成都必须有个核心。对于国际商务英语，其学科构成必须以国际商务为核心，涵盖国际商务（贸易）法律、国际贸易理论与实践、国际金融、国际营销学等学科，这样才能形成国际商务英语的国际商务特色。根据这种观点，国际商务是国际商务英语的核心。如果这样的话，我们的教学与研究的重点是国际商务。换言之，英语只是作为国际商务知识的载体。而从我国的国际商务英语教学与研究的实际情况来看，我们的重点仍在英语语言。课程设置方面，基本都是围绕国际商务英语的听、说、读、写、译五个方面。只不过所用的语言材料都是以国际商务为背景。假如以国际商务为核心，那么，课程设置就将大不相同，那样的话，就要按照国际商务学科的内容来教学，可以开设国际经济、国际金融、国际贸易等课程。以国际商务为核心就意味着英语只是工具而已，用英语进行国际商务教学。根据国际商务英语的定义以及大多数专家、学者的观点和国际商务英语教学与研究的实际情况，笔者认为，国际商务英语不能以国际商务为核心，而应以商务英语语言为主，以国际商务知识为辅。

由于商务英语是以国际商务为依托的，它属于应用型的学科门类，是与国际商务实践密切相连的、实践性非常显著的学科。由于国际商务英语仍属于语言学的范畴，所以，国际商务英语是应用语言学项下的一个分支学科。

从英语的语言功能文体角度来看，英语一般可划分为：文学英语、科技英语、新闻英语、广告英语、法律英语等。商务英语由于涉及许多与国际商务活动有关的专业公司及不同领域，所以它的内涵就比较复杂。从英语教学的角度来看，商务英语属于专门用途英语的范畴。

专门用途英语教学是一种目标明确、针对性强、实用价值高的教学途径。它有两个明显的特点：其一，ESP 学习者均为成年人，要么是正从事各种专业的专门人才，如科学家、工程师、企业家、医师等；要么是在岗或者正在接受培训的各类人员，如从事商业、金融业、旅游业、航空、航海等行业的各级各类人员；要么是在校大学生，包括学习大学英语的非英语专业学生，也包括学习对外贸易、国际金融、涉外保险、国际新闻等课程但同时又学习英语的英语专业学生，还包括部分将来需要经常使用英语的中等专业学校（如对外贸易学校）或职业中学（如旅游职中）的在校学生。其二，ESP 学习者学习英语的目的是把英语作为一种手段或工具来学习，以便进一步进行专业学习，如各类大学的非英语专业学生，或者是把英语作为手段或工具来学习以便有效地完成各项工作。ESP 的精髓是分析和满足不同学习者的不同需要，以提高教学效果。

在全球经济迅猛发展的今天，科学技术日新月异，国际贸易、金融保险、邮电通讯、国际旅游、科技交流等全球范围内的各种交往空前频繁。国际大交流呼唤一种能担当此重任的交流工具。由于种种原因，英语成了国际交往中的主要通用语言。随着经济和科学文化的发展，英语作为国际语言的地位正日益得到加强，世界各地出现了学英语热。为了满足各类人员学习英语的需要，ESP 便应运而生；学英语热的持续升温导致了 ESP 的迅速发展。

那么，国际商务英语的学科属性请看以下分类树形图。

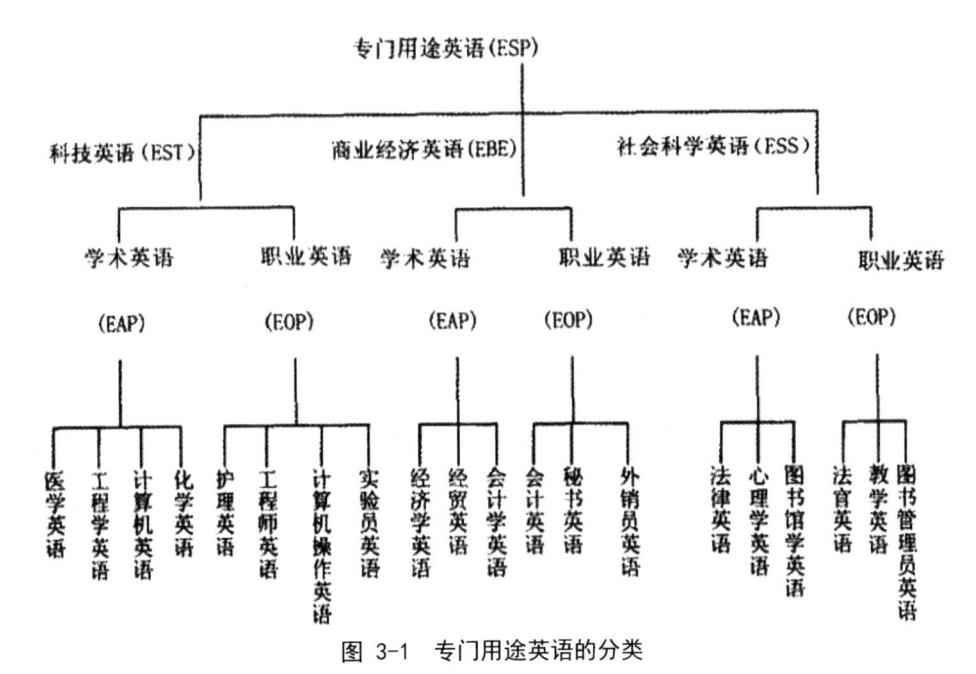

```
                            专门用途英语(ESP)
              ┌──────────────────┼──────────────────┐
       科技英语(EST)        商业经济英语(EBE)      社会科学英语(ESS)
        ┌────┴────┐         ┌────┴────┐         ┌────┴────┐
     学术英语   职业英语    学术英语   职业英语    学术英语   职业英语
     (EAP)    (EOP)      (EAP)    (EOP)      (EAP)    (EOP)
```

图 3-1　专门用途英语的分类

从上图中我们知道，商务英语与科技英语和社会科学英语相并行。国际商务英语学科重点研究的是在国际商务背景中所使用的英语。作为一门分支学科，国际商务英语有其自身的特点，它明显不同于科技英语和纯文学英语。由于国际商务英语的重点在语言，所以，将它划归为在语言学项下的四级学科恐怕没有什么疑义。

三、国际商务英语的学科研究

一二十年前，商务英语在很多院校根本没有任何学科地位。并且在许多商务英语教师眼中，商务英语是服务并从属于英语专业的一个细小分支，不足以称为学科。

然而，随着我国综合国力的不断增强，对外贸易和对外直接投资的目的国不断增多，跨国跨境商务、旅游、文化活动的不断增加，商务英语的教学和研究都得到了长足的发展，发展一个独立的商务英语学科体系是应势而为，因为这是教学与研究的需要，是我国改革开放形势的需要，是世界经济全球化的需要。

（一）建立商务英语学科的必然性

商务英语要想作为一门独立学科而建立起来，还有很长的路要走，还有很多的困难要克服。但是，马列主义哲学告诉我们，新生事物的诞生不受人的主观意愿所控制。存在即合理，合理的就必然会存在。以下几个因素充分证明了商务英语作为独立学科建立的必然性。

1. 社会的需求

经过对传统英语学科发展的论证，笔者发现传统的英语教育和当今的英语教育有着截然不同的目的。现在的英语教育旨在培养复合型的英语人才，而不是只懂英语语言文学的英语人才。既然与传统的英语教育目标有所区别，那么商务英语作为独立的学科正好满足了这种社会变迁的需要。

从我国改革开放后30多年的实践中可以看到，国际化已经是政府和人民的共识，而中国在全球的政治话语权、经济话语权正在不断上升。根据学者叶兴同教授的研究，我国经济新常态下需要的13类人才中，有9类人才属于语言与商务、文化、国家安全复合的人才，而语言与商务的复合人才是其中需求最大的人才类别。可以说，社会需求是30多年来推动商务英语发展的最大动力。

2. 学科知识的更新

通常情况下，一门学科的建立大致要经历潜学科、发展学科、发达学科等三个发展阶段，商务英语学科目前还处在潜学科向发展学科过渡的阶段。在不同的发展阶段，学科知识有必要得到更新，这样学科才能在知识转型过程中得以发展。在21世纪的今天，传统的英语教学需要得到更新。学科的这种变异，要求学科知识得到及时的更新，研究方向、学科成员及结构体系得到调整。否则，学科有可能还没确立就进入非主流。

学科建设总是处在不断发展的状态。旧有的学科不断更新，新学科不断产生。学科的这种发展可以促进整个社会的发展。纵观古今，各学科的发展史经历了综合、分化、再综合的不同发展阶段。在过去的几个世纪中，学科以不断分化为主要标志，学科的发展带动了工业革命和技术革命。最近几十年以来，伴随着信息技术的发展，学科又出现了综合化的发展趋向。这一趋势在不同学科的建设和发展中都产生了重要影响。

从商务英语学科发展的情况看，我们也正在经历这样一个历程，20世纪80年代是我国商务英语的荒野时代，商务英语的教学在很多学校开展，它存在但没有人提到它的学科地位，它处于潜科学时代。20世纪90年代，商务英语教学仍在发展，而商务英语学科发展已经引起了学界的注意，一些学者抛出了商务英语学科属性的问题，引起了极大的争议，各家的意见互动交织，形成了一个争鸣的态势，标志着商务英语学科进入发展阶段，而且是发展的初始阶段。

到现在，商务英语学科的归属之争、商务英语学科的未来发展方向之辩仍在继续。商务英语学科的发展之路也越来越宽，前途越来越光明。

3. 学科的创新

随着时代的飞速发展，许多新兴学科应运而生，如电子商务、供给经济学、感应工学、开拓学、家政学等。它们的出现并不完全是人的主观所为，而是学科发展到一定阶段的必然结果。商务英语作为独立学科的兴起和发展也将经历类似的过程。它首先作为一种创新思想进入学科发展的体系，因为它满足学科发展创新的两点要求：第一，在学科发展创新活动中创生新的学科，实现学科的前所未有性，也就是学科的特殊性；第二，在学科发展创新活动中，通过学科知识的历史传承，推陈出新，使学科勇敢地走在学术前沿。

商务英语学科的特殊性具有不可替代性，它的发展是学科创新的结果，也是中国商务英语教学百余年历史发展的必然结果。

4. 作为独立学科的条件日益成熟

新学科的出现既是事物内部发展规律的作用，也是外部因素的作用。一门新学科的建立，首先是学科内部发展到了一定的成熟度，然后外部因素进一步催化，为学科建立提供必要的条件，才能将学科逐步建立起来。任何一个新生事物的出现都伴随着支持和反对的声音，一个新学科的建立和发展同样会得到怀疑甚至反对的观点。换个角度思考，这种怀疑和反对对于学科的发展也是有益的，反对的声音越大，问题才会被梳理得更加清晰。当学科建立的基本要素基本确立时，才可能探讨该学科确立的问题。

商务英语学科的发展也是如此，从世纪之交到现在，商务英语界的许多学者开始在为商务英语学科的建设大声疾呼，使得商务英语的声势日益壮大，虽然还不能完全算为一门独立的学科，但是可从目前情况判断，其学科已经进入初步发展阶段。这也正好响应了外语教育界权威人士的看法，纯语言文学的外语专业的出路越来越窄，而商务英语会越来越热，这体现了当今中国对商务英语人才的强烈需求。

（二）建立商务英语学科的条件

商务英语学科的建设和发展不是一蹴而就的，而是如同建造房屋那样，是慢慢营造而成的，因为商务英语学科内部的体系和理论框架的构成需要大量的实践和理论提炼。根据众多学者的观点，商务英语学科的建立，需要具备以下几个主要条件。

1. 要有完备的学科理论体系

要建立商务英语学科，首先需要完备的学科理论体系。根据学科理论建设规律，一门新学科的形成需要经历以下三个阶段。

①思辨阶段。本阶段的主要任务是提出命题，进行广泛的学术讨论，积累学科建设的相关材料。

②描述阶段。本阶段需要做的主要是发现学科中的规律。

③结构阶段。这一阶段主要是构建科学的学科理论体系。

理论体系的构建需要有相当深度的学术论文对其进行探讨、研究，建立起理论框架，使该理论体系有严密的逻辑性。从现有关于我国商务英语学科发展的文献，我们可以基本判断，商务英语学科目前处于潜学科向发展学科过渡的时期。2001 林添湖教授发表了题为《试论商务英语学科的发展》的论文；2002 年孙湘生教授发表了题为《论国际商务英语学科的定位》的论文；2004 年肖云南教授发表了题为《商务英语的学科属性》的论文，首次开始探索商务英语的学科属性；2005 年林添湖教授发表了题为《加强理论建设是商务英语学科继续发展的根本出路》的论文，首次发出了加强学科理论建设的呼吁；2009 年翁凤翔教授发表了题为《商务英语学科理论体系架构思考》的论文；2011 年王立非教授发表了《商务外语的学科内涵与发展路径分析》的论文；2012 年王关富教授发表了《关于商务英语学科核心竞争力的理论探讨》的论文，同年，翁凤翔教授发表了题为《商务英语学：学科概念与学科属性》的论文；2013 年俞建耀教授发表了题为《国内商务英语专业课程设置综述》的论文；2014 年吴朋教授发表了题为《构建商务英语学科教学知识的研究框架》的论文；2015 年吕世生教授发表了《商务英语学科定位的学理依据：研究目标、主题与本体》的论文；2016 年吕世生教授又发表了《商务英语的语言价值属性、经济属性与学科基本命题》的论文；2017 年陈白璧教授发表了题为《电商产业学院背景下商务英语专业建设研究》的论文；2018 年翁凤翔教授发表了《论商务英语学科的研究对象——"首届全国商务英语学科建设专题研讨会"综述》的论文。可以看出，近年来，商务英语界对商务英语作为独立学科的建立保持着较高的热情，且已经基本达成共识，进入了学科体系的描述阶段，学者们已经开始关注商务英语学科作为一个独立二级学科的理论体系框架建立的问题。

2. 要有相当数量的有学术建树的学科带头人

商务英语学科的建立还需要一批有学术建树的学科带头人，他们必须在有关的学术界有一定的影响和知名度。我国目前的商务英语研究表明，这个条件基本具备。当事物发展到一定阶段时，人起着决定作用。商务英语发展至今，其雏形在逐步显现。有众多的学者热衷于商务英语学科建设，学科发展必须要有学科带头人。从全国商务英语研究现状来看，在商务英语学科研究领域中涌现出许多造诣较高的学者和年轻的学者。

在北方，对外经济贸易大学、北京外国语大学、北京第二外国语学院、哈尔滨商业大学、东北师范大学、黑龙江大学、东北财经大学以及大连海事大学的众多专家都对商务英语做了详细的研究，对我国的商务英语专业和学科建设做出了积极的贡献。

在华东，上海对外贸易学院、上海海事大学、上海外国语大学、扬州大学、厦门大学、浙江工商大学以及湖南大学的一些学者和专家多年研究商务英语，并颇有见地。其中，上海对外贸易大学逐步建立起商务英语学科队伍，他们带领着一支素质良好的团队研究商务英语；上海海事大学外国语学院具有几十年商务英语教学的历史；上海外国语大学自我国改革开放后便开设了有国际商务特色的课程，培养了大量复合型商务英语人才；厦门大学的专家林添湖对商务英语学科建设做了尤为深入的研究；肖云南带领着湖南大学外国语学院在商务英语的课程设置、教材编写、教师发展等方面取得了很大成就，将商务英语学科建设做得有声有色。

在华南，广东外语外贸大学的陈建平、仲伟合、平洪、郭桂杭等四位专家，也致力于商务英语教学与研究。

在华中，中南财经政法大学、华中农业大学的一批教育专家也不断进行商务英语学科建设的探索，并分别于2010年和2011年开设了商务英语专业。

在西北，西安外国语大学商学院的商务英语教学与研究也正在加大力度，并积极建设商务英语学科。

在西南，西南财经大学经贸外语学院、西南科技大学、四川外国语大学在商务英语教学与研究方面也进行了巨大的改革并取得了显著的效果。

3. 要形成有学科特色的学术群体

商务英语学科的建立也需要从事教学与研究的有学科特色的学术群体，他们必须将实践经验上升到理论的高度。学科是人类在认识活动中针对认识对象，将自己的知识划分出来的集合，是相对独立的知识体系。一门新学科的建立需要学科的知识体系，这些体系的建立不仅需要学科领军人物，还需要学术群体。在学术群体中可能会产生不同的流派，不同流派之间的争论就使得许多学术问题得以澄清。

（1）我国商务英语学术群体的特点

我国商务英语的学术群体具有区域性的特点。专家、学者们有着不同的学术背景、个人兴趣，这使得他们的研究角度有所不同。有人从学科理论框架的角度进行研究（如王立非、翁凤翔、林添湖等），有人从语言学的角度研究商务英语学科（如王军），有人从文化学的角度研究商务英语（如李朝），有人可能从国际商务学科的角度研究商务英语（如王兴孙），有人从历史考据的角度进行研究（如莫再树等），也有人从外语教学法的角度进行研究（如王关富等）。这就很容易导致商务英语学科中出现不同流派，因此就出现了目标相同但学术观点不同的商务英语学术群体。

（2）商务英语研究人员的结构

就商务英语研究人员的结构而言，主要包括学术界有资历的专家、英语专业背景的英语教师、国际商务背景的非英语教师等。这些不同背景的商务英语教学与研究人员，就构成了我国商务英语研究的学术群体。

目前我国商务英语学术群体正不断形成，先是对外经济贸易大学，形成了自己的商务英语学术群体，后来是上海对外贸易学院，然后是广东外语外贸大学。这三所大学的学术群体，在全国商务英语教学与研究方面相对比较突出。

我国大多数大专院校都开设了商务英语专业或方向。商务英语教师的数量在逐年增加。当然，并不是所有的商务英语教师都对商务英语学科建设感兴趣。但是，在日益壮大的商务英语教师（其中有不少是中青年教师）队伍中不乏有志之士，他们将商务英语作为自己的学术发展方向，投身其中，乐在其中，并在该领域获得了丰硕的研究成果。

4. 要有一定数量的学术专著和论文

要建立商务英语学科，还必须具有一定数量的学术专著和论文，从总体情况来看，自20世纪80年代至今，商务英语研究逐渐发展扩大，在一些学科关键问题上逐渐达成共识。根据上海对外贸易大学叶兴同教授团队研究的结果，在1980—2009年间，商务英语共发表文章4945篇，其中一半的文章发表在2007—2009年间，显示出了井喷的局面。2010—2015年间，我国已经陆续发行了一批注重商务英语学术研究的期刊，如《商务外语研究》《商务英语教学与研究》《中国ESP研究》等。一些高等级期刊如《外语界》《外国语》和《外语教育与研究》等也陆续推出了一批与商务英语研究相关的研究成果。此外，我国两年一届的全国国际商务英语研讨会规模越来越大，收集的论文数量也越来越多，质量越来越好，其论文集的发布也成为商务英语研究者的重要参考。

除了论文，近20年来出版的一些与商务英语有关的论著也同样促进了商务英语学科的建设，据湖南大学莫再树教授的研究，2005—2011年间，我国出版了一些商务英语专著，如陈莉萍的《专门用途英语研究》，廖瑛、莫再树的《国际商务英语语言与翻译研究》以及刘法公的《商贸汉英翻译专论》等。此外，2014年莫再树教授发表的《基于语言经济学的商务英语教育研究》和胡凌博士发表的《新媒体技术下中国高校商务英语教师信念及教学模式演化研究》又将商务英语学科建设的领域拓宽到商务英语发展史和商务英语教师发展的新领域。

总之，在商务英语学科的发展过程中，需要相当数量的学术骨干对该学科的建设尽心竭力做贡献。只有学术骨干们对商务英语进行深入的研究，撰写出有理论深度的商务英语学科论文、论著，商务英语学科建设的步伐才能加快。

5. 要有相关理论依托

任何一个学科都必须形成自身的理论系统，并且还要依托于相关的学科理论系统。商务英语作为一门新学科若要获得长久的发展，必须具备三个条件：有坚实的学科基础理论；有一支专门从事本学科研究的实力雄厚的理论研究队伍；已经纳入稳定的教学科研体系。

（1）整合商务英语学科理论

有学者认为，不同学科体系中各知识领域的连接方式保持相对稳定和静态的结构形式。各亚属体系包含着若干相互联系的事物。而学科研究者的任务就是从这些事物的表象入手，认识事物的部分性质、特点，最后从整体出发，将事物的若干部分进行有机的组织，力求达到一种整体的认识，此后又不断对其整体进行修改和综合。

商务英语学科的发展也经历了不断从零散向系统归一的过程。在对这些零散的商务英语学科理论进行整合的过程中，学科研究者要抓住商务英语的本质特征、内在规律，从逻辑上整合这些相互有关联的理论。作为一门交叉性学科，商务英语学科在发展过程中也会出现一些分歧。因此，在整合商务英语理论体系的过程中，必须灵活处理这些问题。

通常情况下，一个学科体系中某一领域可能会发生改变，也可能有新的知识领域产生，而使该学科体系中某些分支学科增加新的亚属领域。同理，商务英语学科体系也将会随着商务英语研究领域的不断扩大和深入使其在容量、布局上向更深层次发展，在结构上更趋向完善、科学。

需要强调的是，商务英语学科体系不是静止不变的，而是随着学科的不断发展而发展的。虽然我国的商务英语学科体系仍在建设过程中、仍有一些议题的研究不够清晰，但是这些议题通过研究者的交流、探讨、取长补短，能逐步取得共识，促进商务英语理论体系从模糊到清晰、从零散到完整的科学发展。

（2）学科理论专著的重要性

随着对商务英语学科体系研究的逐步发展，商务英语学科建立的理论基础已经初具规模。但是，仍然需要一批有影响力的著作对商务英语学科进行全面的梳理，实现对商务英语理论系统、多层次、多视角的详尽描述。

可以说，学科理论专著系列是一门科学的学科体系得以确立和发展的主要标志之一，这主要有以下三个方面的原因。

第一，当商务英语发展成为一门独立的学科后，学科理论专著作为学术制度化的标志，体现了这一学科的基本知识体系，体现了这个学科体系的厚重性。

第二，随着商务英语学科的深入发展，学科理论专著能在阐述基本知识体系的基础上，吸收最新的研究成果，确立这些新成果在学科知识体系中的地位，保持学科发展的前沿性。

第三，学术专著在一个学科的生成阶段最容易引起争议。学科理论专著是学科研究者研究风格和主观推理、判断、结论的载体，体现了作者的学术倾向，包括意识形态和研究范式。一种学科理论专著问世时，有人可能会质疑其中的一些观点、内容，这对学科的发展是有益的，因为这会引发其他学术观点的论著出版。这些论著将该学科领域的不同知识分为主流与边缘，并且强化主流知识在学科体系中的主导地位，确立学科知识体系的边界，明确学科发展的方向，保持学科发展的健康性。

（3）相关理论支撑

商务英语是一门交叉学科，除了学科自身的理论系统外，商务英语学科还需要许多相关领域的理论来支撑，具体如下。

①外国语言文学领域理论，如语言学、语义学、语用学、翻译学、语体学、语篇分析等理论体系。这些理论可以帮助分析商务英语的词汇、语篇、文体、语用、翻译和语言测试等方面的问题。

②商务相关领域理论，如经济学，主要探索商务英语能力对国民经济的影响及其与个人职业、收入的关系，注重英语语言的经济学属性，研究语言政策与语言教育相关的议题；管理学，主要探索国际商务活动中与管理相关的活动如跨国企业文化、跨国企业伦理、跨国企业中的多文化员工管理等，主要用于指导商务实践。

③教育学领域理论，如教学法，可用于研究商务英语的教学问题，课程论

可用于课程设计、教材编写与选择的研究与应用；教育心理学，探讨动机、情绪、兴趣、思维方式等因素对商务英语学习的影响，这些理论都能够解决商务英语教育理论和实践中存在的问题，探索培养社会急需的不同层次的商务英语人才的问题和模式，应对目前遇到的"学科理论滞后、教师发展滞后、人才培养模式滞后"的问题。

此外，商务英语研究还应该在发展的过程中不断吸收跨文化交际、文化学、社会学、商务沟通理论和新媒体技术领域的最新发展成果，突出自身的交叉性、应用性和特殊性等特征。总之，商务英语研究在逐渐形成自身理论，这些支撑理论为商务英语学科的建立奠定了基础。

6. 显著的学科独立性、不可替代性

一门学科是否独立，取决于其研究的内容是否独立于其他学科。商务英语的研究对象和内容是商务英语教育规律、教学规律及其有关方面，如商务英语教学理论、商务英语语言理论、商务英语课程设置、商务英语语言规律等。商务英语学科的独立性和不可替代性主要体现在以下几个方面。

（1）商务英语与普通英语的教学重点不同

商务英语学科由于与英语语言学理论密切相关，所以它具有普通英语的一些特征。但是，作为独立的学科，商务英语的教学重点与普通英语的教学重点有所差异。例如，商务英语的研究内容涉及在国际商务环境下英语语言的使用规律，这种规律与普通英语研究的规律有所区别。语义场发生了变化，语言的内涵和外延都可能产生变化，这种变化就导致了商务英语的独特性以及不可替代性。

（2）商务英语与英语语言学的研究对象不同

虽然商务英语与英语语言文学都是语言文学门下的分支学科，但二者的研究对象和内容不同。作为一门学科，商务英语的研究对象是经济学、管理学、教育学、语言学和应用语言学等交叉理论指导下语言与商务活动之间的关系，是研究此种交叉学科中有特殊规律的教学活动。而英语语言学研究的是英语的性质、功能、结构、运用和历史发展以及其他与语言有关的问题，它是对语言的一种系统的理论研究。

（3）商务英语与传统商务学科的研究对象不同

商务英语的研究和教学都会涉及传统的商务学科领域，如经济学、管理学、金融学等方面的内容，但是不同于传统商务学科只关注商务活动运行过程中的规律，关注通过规律寻找商务活动的决策与预测的研究重点，商务英语更多关注的是商务情境下语言扮演的角色,即语言如何构建商务活动、表征商务活动并促使商务活动成功进行,这显然不是传统的商务学科的研究对象可以完全包容的范围。例如,广告语言的研究可能存在于市场营销学或者广告学范畴,但是商务谈判中的语言却不属于这些学科关注的重点。

第三节 国际商务英语的语言特征

一、国际商务英语的总体特征

国际商务英语的核心是英语。商务英语是以商务活动为背景的,其语言是写实的。广义的商务英语指任何与国际商务活动有关的英语。所以,国际商务英语的最主要特征就是"客观写实"。以下从国际商务英语的语言词汇、语篇结构、语体风格等不同的角度切入来探讨国际商务英语的语言特征。

(一)文体多元化

国际商务英语由于其涵盖面较广,所以构成了独特的特点,即文体的多元化。根据英语的功能文体划分,英语文体一般有如下几种:①文学英语,②广告英语,③新闻英语,④科技英语,⑤法律英语。

从国际商务英语所涉及的专业范围来看,它包括广告英语、法律英语、应用文英语等功能变体英语。了解国际商务英语的文体特点有利于区分不同文体的商务英语教学、翻译与研究。

(二)实用性

国际商务英语属实用性英语。它与国际商务各专业领域的业务密切相关。国外有学者从国际商务用途英语的角度出发,将国际商务英语的特点归纳为:

①与一定的商务背景知识有关;
②目的明确;
③以需求分析为基础;
④有时间上的压力。

国际商务英语翻译者应该明白商务英语实用性的特点,为了提高翻译质量,他们必须对国际商务业务有所了解,精通其中一门专业。

国际商务英语所包括的各种文体的文本属于实用文献。实用文献有以下一些特点:

①受空间的限制,各种表格、商品一览表和两种语言的标签等都受逐行对照翻译的限制。

②实用文献翻译着重忠实与效力,要求将信息忠实地传递出去,翻译实用文献要做到内容明确、表达严谨。

③实用文献所反映的事实比较客观,其主要目的是交流信息。很多情况下,信息内容只有一种理解,较多使用系统化的语言表达。

④实用文献的内容不像文学作品那样由作者来决定,而是或多或少由客观现实来决定。

(三)再生力强

商务英语的再生能力与众不同,某些词汇的搭配层出不穷。例如,free 可以和许多词搭配构成具有国际商务意义的短语:free goods(免税进口货物)、free loan(无息贷款)、free on board(离岸价格)、free time(免费试用期)、free trial(免费试用)等。又例如 short: short bill(短期汇票,指见票不超过十天的汇票)、short delivery(货物短缺)、short-loading(短卸)、short sale(卖空交易)、short-time working(短时开工)等。在商务英语中有许多类似的例子。

(四)国际商务英语的 ABCs

如前所述,国际商务英语着重写实,所以语言朴实,无夸张和矫揉造作。综观国际商务英语语言与文体,我们将国际商务英语的特征概括为 ABCs。

(1) A: Accurate(准确)

总的说来,国际商务英语要求语言准确。由于是对事实的客观描写,所以要求语言准确,不能有任何模糊语言的出现。如在产品使用说明书中对技术指标的描写,必须准确。又如国际商法语言更不允许有任何模棱两可的词语。国际商法条文涉及买卖双方的权利与义务的规定,为了避免纠纷,法律文书要有效地行使其职能,必须词义准确、文义确切,丝毫不允许因词义模棱两可而产生歧义,也丝毫不能容忍因为句子缺乏严密组织而任人歪曲。例如:"This contract is signed by and between Party A and Party B."该句中重复使用了 by 和 between,目的是避免误解,这样就限定了该合同是由贸易的甲乙双方签的。又例如,在对新产品进行宣传时,要详细说明该产品有几种特殊功能,准确地告诉消费者,不能用模糊语言,因为消费者如果不能准确地知道该新产品有哪些特殊功能就很可能不会购买它。另外,在向消费者介绍该新产品时,对一些技术指标,零部件的原产地若能准确地告诉消费者,如告诉消费者该产品中某部件是德国制造的,那么,消费者就有可能购买该产品。如果只是说该产品是进口的，但不说清楚是在哪个国家制造的，消费者就可能不会购买。

（2）B：Brief（简练）

国际商务英语用词简练。换言之，能用一句话表达的内容，不用两句话。尽量避免拖沓、烦琐的语言。在口语和书面语中均是如此。如在和客户谈话时，不要用太复杂的句子。例如："A： Hello. I am so pleased to see you again. B：Hello again."后面的回答非常简练。当然，我们也可以说"I am so pleased to see you again, too."，但是感觉上就没有"Hello again."好。另外，也可以说非常简练的"Me too."。书面语的商务英语用词也简练，不像文学英语那样需要渲染、夸张。需要说明的是，国际商务英语中的广告语言与众不同，这是由广告功能所决定的。广告语言独具特色，通过语言打动消费者，所以广告有时需要渲染，但仍需简练。例如："The choice is yours. The honor is ours."（选择在于你们，荣耀属于我们）。

（3）C：Cs

The first C：Concrete（具体）

国际商务英语所阐述的多是事实。因此描写必须具体，不能抽象，否则，有可能引起不必要的国际商务纠纷。例如，在报盘时说："This offer is valid by the end of March 2005."有了这样的话，报盘方就不用担心在报盘有效期过后会受到受盘方的责难。如果报盘方不明确报盘的有效期限，就有可能导致双方的误解。"Thank you for your letter dated March 22nd, 2005, concerning your order for our mobile phones."这是回信的话，信中一定要表明收到哪一封具体的信。如果这样说"We have received your letter."，就明显没有前面一句具体和明了。

The second C：Clear（明晰）

明晰指的是商务英语所承载的信息明白易懂。商务英语用词一般明白易懂、语言朴实，避免矫揉造作。在国际商务实践中，人们喜欢直截了当（当然，必要时可能有所蕴意）。例如，以下例子的第一句简明、易懂，而第二句虽然可以理解，但显得冗长、复杂。

You will notice that every single one of our products is made from 100% natural ingredients—we use no artificial additives at all.

I should like to take this opportunity of drawing your attention to the fact that all our products are manufactured from completely natural ingredients and that we do not utilize any artificial additives whatsoever.

The third C：Courteous（礼貌）

国际商务英语的这个特点主要反映在与人交流方面，如商家之间的来往函电，在国际商务实践的口头交流中，用词也需要客气、礼貌，甚至在与对方争执时，也应该不失礼节。中国人说"和气生财"充分地说明了商务语言的礼貌特征。

二、国际商务英语的词汇特征

（一）使用单一词汇

普通英语通常追求文采飞扬，因此极尽语言之能事，采用各种词义丰富灵活的词。但商务文体恰恰相反，商务语言以实用性为重要特征，因此常选用词义相对单一的词，目的是使行文更加准确、庄重和严谨。例如：

用 inform 代替 tell

用 terminate 代替 end

用 initiate 代替 begin

用 constitute 代替 include

用 effect 代替 make

用 grant 代替 give

用 acquaint 代替 be familiar with

用 utilize 代替 use

除此之外，在语言表达方面，商务英语也要比普通英语更加准确、具体，特别是在一些合同、协议等文体中。请看下面的表达方式：

表 3-1　普通英语和商务英语在表达方式上的区别

表达意义	普通英语	商务英语
1 个月以内	in a month	in one month or less
6 月 25 日之后	after June 25	on or after June 25
7 月下旬	in late July	within the last 10 days of July
8 月 10 日前	before August 10	on or before August 10

（二）使用正式词汇

使用正式词汇能确保商务文书的准确性和严谨性，因此商务英语中普遍选用正式词汇。例如：

用 certify 代替 prove

用 prior to 或 previous to 代替 before

用 solicit 代替 seek

用 expiry 代替 end

用 supplement 代替 add to

用 continue 代替 keep on 或 go on

用 appoint 代替 make an appointment of

（三）使用专业术语

由于国际商务英语涉及众多的行业领域，而各个行业领域中有许多术语，这些术语体现出非常明显的行业知识，大都意义单一、精确、固定、无歧义，利于精确地表达概念，且不具有感情色彩，不需要借助上下文便可以理解。为了准确描述商务活动中的各个环节以及与此相关的各类文件，并且节约时间，商务英语在长期的使用过程中也形成了一系列的专业术语。国际商务英语教学与研究必定涉及这些术语。商务英语中常见的专业术语包括以下几个类别。

①国际贸易行业专业术语。例如：

documentary collection 跟单托收

down payment 订金

import quota 进门配额

irrevocable letter of credit 不可撤销信用证

mail transfer 信汇

shipping documents 货运单证

sight draft 即期汇票

sight letter of credit 即期信用证

standby letter of credit 备用信用证

②法律行业专业术语。例如：

absolute liability 绝对法律责任

arbitration 仲裁

beneficial owner 受益人

fundamental breach of the contract 根本边约

judicial review 司法审查

preliminary approval 初步审定

royalty income 特许权使用费

③保险行业专业术语。例如：

absolute liability 绝对责任

bid bond insurance 投标保证保险

force majeure 不可抗力
insurance amount 保险金额
insurance certificate 保险凭证
insurance instructions 投保通知
insurance policy 保险单
premium 保险费
provisional insurance 临时保险
risk of breakage 破碎险
the insured 投保人
the insurer 承保人

④物流行业专业术语。例如：
anchorage dues 锚泊费
assembly packaging 集合包装
container terminal 集装箱中转站
container transport 集装运输
inventory control 存货管理
location of exchange 交换地点
logistics cost 物流成本
physical distribution 实务流通
warehousing 仓储

⑤金融行业专业术语。例如：
commodity 期货
currency circulation 货币流通
deflation 通货紧缩
equity interests 股本息
floating exchange rate 浮动汇率
gold standard 金本位制
inflation 通货膨胀
option 期权
reserve accounts 储备金账户
surplus funds 过剩基金

⑥营销行业专业术语。例如：
final consumer 终端消费
loss leader 亏本出售的商品
market segmentation 市场细分
market share 市场占有率
price analysis 价格分析
product life cycle 产品生命周期
product line 产品系列
rate of sales growth 营销增长率
sale on account 赊销
sales outlets 营销渠道

（四）多用缩略语

缩略语是随着语言使用的便利化而出现的，是人们在长期的商务实践活动中约定俗成、逐渐演变而成的。使用缩略语能够避免使用长而繁的语言现象，而从商者都讲究效率，商务活动崇尚高效，因此为方便快捷地交流信息，节约宝贵的时间，提高工作效率，首先就是要有时间观念，"时间就是金钱"这句话永远不会过时。正因为如此，国际商务英语中出现许多缩略语就不足为怪了，以适应当代人的国际商务活动。

缩略语比原来的形式更简洁、精练，很受人们的欢迎，并且便于记忆，使用起来也非常方便，通常是带有行业特征的英语。概括起来，商务英语中的缩略语主要分为以下几类。

1. 首字母缩写法

首字母缩写法是指使用每个单词的首写字母来构成缩略词，这种缩略词通常用大写字母书写。这种缩写方法十分常见，常用于组织名称、价格术语、票据名称等专有名词的缩写。例如：

NIC（National Information Centre）国家信息中心
ISP（Internet Service Provider）网络服务商
C.I.F.（Cost Insurance and Freight）到岸价
FOB（Free On Board）装运港船上交货
MTO（multi modal transport documents）多式联运单
P.A.（purchasing agency）采购代办处
QS（quality specification）质量标准
RAN（revenue anticipation note）收入预期债据

OMO（Overseas Money Orders）国外汇票

SME（small and medium enterprise）中小企业

TPND（theft, pilferage and non-delivery）盗窃提货不着险

DIC（Detention Clause）扣押条款

DIA，DA（Document against Acceptance）承兑交单

L.B.（long bill）远期票据，长期票据

QS（quality specification）质量标准

ASAP（as soon as possible）尽快

B/L（bill of lading）提单

B/D（bank draft）银行汇票

2. 截词缩略法

①保留词首，去掉词尾。这种缩略法即保留单词的头几个字母，去掉后面的字母的方法。例如：

ACK（Acknowledge）承认，告知……已收到

inv.（invoice）发票

bal.（balance）余额

exp.（export）出口

pro.（professional）专业人员

②去掉词的首尾，即去掉一个自然词的首部或尾部而构成缩略词，此时缩略词的拼写可以采用小写形式。例如：

fr（fruit）水果

pat.（patent）专利

im（image）（公司等）形象

impos（impossible）可能

phone（telephone）电话

spec.（specification）规格

Co.（company）公司

Inc.（Incorporated）股份有限公司

③保留单词的首尾，即截去一个自然词中间部分而构成缩略词。例如：

FRT（freight）货运

bk.（bank）银行

payt.（payment）付款

actg.（acting）代理

④第一个单词缩写＋第二个单词构成的缩略语。例如：

E-mail（Electronic Mail）电子邮件

E-commerce（Electronic Commerce）电子商务

E-logistics（Electronic Logistics）电子物流

⑤由词的头尾结合而成构成的缩略词，有的词除了保留首尾还会保留中间一两个字母。例如：

hf（half）一半

yr（year）年

agt（agent）代理人

Ltd.（Limited）有限公司

Blvd（boulevard）大道

FRT（freight）货物

⑥由两个或两个以上的词的前部或多个主要字母缩略构成。例如：

min. prem.（minimum premium）最低保险费

gr. wt.（gross weight）净重

3. 音节缩略法

在商务英语中有时会使用音节构成的缩略词，即利用第一音节和第二音节构成的缩略词。例如：

MSG（message）信息，电文

MKT（market）市场

AVE（avenue）大街，林荫道

CONDI（condition）条款，条件

PLS（please）请

MEMO（memorandum）备忘录

ACDNT（accident）事故，意外事故

4. 辅音缩略法

以辅音为核心构成的缩写词可以采用大写形式，也可以采用小写形式，或是用大写字母带出小写字母。例如：

APPROX（approximate）近似的，大约的

bk（bank）银行

CONSGNT（consignment）发货

FM（firm）商行，公司，实盘

INFM（inform）通知、向……报告

MSG（message）信息，电文

PREM（premium）保险费

SHIPMT（shipment）装运，装船

TEL（telephone）电话

5. 谐音缩略法

商务英语中使用同音或近音构成的缩略词也很多。例如：

NU（new）新的

V（we）我们

U（you）你

UR（your）你方的

BIZ（business）商业，业务，生意，交易

LITE（light）轻便的

WK（week）周，星期

N（and）和，与，同

WUD（would）会，情愿

SHUD（should）应当

THO（though）虽然，尽管

ZWS（otherwise）不然，否则

ZAT（that）那个

6. 由数字加单词的首字母构成的缩略词

3M（Minnesota Mining and Manufacturing Company）（美国）明尼苏达矿业及制造公司；3M 公司

S&P500（Standard & Poor's 500 stock index）标准普尔 500 股价指数

7. 外来语缩略词

即借自拉丁语、西班牙语、希腊语、法语、日语、瑞典语等的缩略语。例如：

A.D.（Anno Domini）公元［拉丁语］

CONG（Congius）加仑［拉丁语］

FTL（Feira International de Lisboa）里斯本国际博览会［葡萄牙语］

（五）使用连贯介词和连词

在介词和连词的使用方面，商务英语倾向于使用较为烦琐和复杂的介词和连词，而不使用那些较为简单的介词和连词。这些介词和连词与较为正式的名词和动词搭配，可以使商务英语显得更加庄重、客观和严肃。例如，商务英语中常使用 as per、in accordance with、in view of、in compliance with 等，而不使用较为随意的 according to。下面例子也是连贯介词和连词在商务英语中的使用。

用 along the line of 代替 roughly

用 for the purpose of 代替 for

用 in the nature of 代替 like

用 in case of（provided that）代替 if

用 with reference to/with regard to 代替 about

（六）多用成对同义词

商务英语为了确保行文准确，避免产生歧义，经常使用成对同义词。这类词看似重复，实则起着含义互补的作用，可以提高句子的平衡性和语言的音韵美。例如：

terms and conditions 条款

methods and procedures 途径

losses and damages 损失

force and effect 效力

amendments and alterations 修改

on and after 向……起

（七）使用新词

随着人类向自然科学和社会科学等方面的迅速发展，一些反映各领域新思想、新概念、新方法等的词汇也不断出现。商务英语与当今时代的政治、经济、文化、科技等有着密切的联系，这些领域的发展必然会促使商务新词的产生。商务文体中出现的新词列举如下：

online shopping 网上购物

cyber economy 网络经济

holiday economy 假日经济

knowledge-based economy 知识经济

cyber-payment 电子支付

petrodollar 石油美元
hi-tech industry 高技术产业
soft-landing（经济）软着陆
interactive ad. 互动广告
virtual store 虚拟商店
stagflation 停滞型膨胀，滞胀
venture capital 风险投资
open-collar worker 敞领、开领人员
win-win negotiation 双赢谈判
ASP（American Selling Price）美国售价
turkey solution 一揽子解决方案
paperless office 无纸化办公
black Monday 黑色星期一（1987年10月19日纽约股市大崩盘）

三、国际商务英语的句法特征

（一）使用被动句

被动句表述客观、正式，在商务信函中使用被动句具有表达委婉、言语礼貌的功能。使用被动句，既可以使句子结构严密、语义准确，避免句子"头重脚轻"，还可以减少主观色彩，提高论述的客观性。例如：

The pattern of prices is usually set by competition, with leadership often assumed by the most efficient competitors.

价格构成通常由竞争决定，并由效率最高的竞争者来担任主导角色。

The date of the receipt issued by transportation department of concerned shall be regarded as the date of delivery of the goods.

由承运的运输机构所开具的收据日期即被视为交货日期。

Party B is hereby appointed by Party A as its exclusive sales agent in Hangzhou.

甲方兹指定乙方为杭州地区独家销售代理商。

（二）使用复杂句

商务文体中有的句子很长，且结构比较复杂，常常需要用插入语、从句等限定或说明成分，很多时候一个句子就是一个段落。例如：

The strong Japanese Yen has reduced the competitiveness of Japanese exports, making Japanese firm-invested producers in other parts of Asia start to sell their products back to Japan.

坚挺的日元降低了出口货物的竞争力，使日本公司在亚洲其他地区投资生产厂家开始向日本返销其产品。

In view of the fact that the contract signed between us for steel pipes has, owing to your delay in establishing the relative L/C, been overdue for a long time and that the world market price is still going up, we have to adjust the contracted price to US MYM 1,000 per ton.

你我双方签订的钢管合同，由于你方迟迟未开立有关的信用合同，过期太久，现国际上市场价格仍在上涨。鉴于这一事实，我方不得不将合同价格调至每吨1000美元。

（三）使用定语从句

为了准确、完整、客观且严肃地阐述商务英语中的相关概念，商务英语中也经常使用定语从句。例如：

The Buyer may cancel its order through a telegram to the Seller, which is required to get to the latter prior to the beginning of any shipment.

买方可以通过电报通知卖方取消订货，但此电报需在货物装运之前到达卖方。

The advance payment shall be conditioned on Buyer or its Affiliate first having received from Supplier an invoice prior to the harvest of this product, which is usually 2-3 weeks (from the date of advance payment to date of shipment date) depending on harvesting season.

预付款的条件是，买方或其付款者要在产品收成之前收到供应方的发票，通常为2—3周的时间（从预付款之日到装船出货之日），依收获季节而定。

（四）使用状语从句

为了更加精确地描述接受和完成商务业务、商务活动的情况，商务英语中经常使用状语从句，从而对时间、地点、手段、情形等进行准确说明。例如：

If the quantity of the order is over 2,000 sets, we may accept deferred payment.

如果订单数量超过2000套，我们可以接受延期付款。

（五）使用各类套语

所谓套语，指的是一些常用的句型。例如，在介绍公司时，往往说："ABC company, located in Pudong, Shanghai, specializes in garment import and export."。在介绍产品时经常说："Our products are good in quality and reasonable in price."。又例如，在国际商务法律、法规英语中，经常碰到这样的句子："Upon the terms and conditions hereinafter set forth.... Unless otherwise stipulated... It is agreed that..."。在国际商务英语函电中的套语就更多。例如："Enclosed please find..." "We would very much appreciate it if you could..." "Further to our conversation on the phone yesterday" " I'd like to..."等。

人们在长期的商务实践中，逐渐总结出了一些可扩展的包含固定形式的套语，这些套语由于规范性和可模仿性强，交际功能明确，表达方式相对固定而成为篇章组织的手段。套语的经常出现主要是由于国际商务活动中有些工作程序相对有规律。此外，国际商务英语比文学英语变化更少，国际商务英语中程式化的语言（套语）较多，套语的使用是商务英语的鲜明特点之一。下面就是商务领域中常用的一些套语及其句式。

①邀请。例如：

We should appreciate it if you...

It would be appreciated if you...

We should be grateful /obliged /thankful if you...

（如蒙……将不胜感激）

②告知。例如：

Please let us know...

Please be advised that...

Please be informed that...

（谨告知……）

③专营。例如：

We deal exclusively in...

We are specific in...

We specialize in...

④随函附寄……请查收。例如：

Enclosed are...

Enclosed please find...

Please find enclosed...

We enclose...

⑤……由……负担。例如：

... be borne by...

... be charged to Buyer's account...

... shall bear the costs of ...

⑥确认受到信函。例如：

We have received your letter ...

We make acknowledgement to your letter of ...

Acknowledgement is made to your letter of ...

（你方……的来函收悉）

⑦畅销。例如：

... are well-sold ...

... are well received by ...

... are universally acknowledged ...

... have commanded a good market...

第四节　国际商务英语翻译

一、国际商务英语与国际商务

首先，从教学的角度，我们必须明确两个学科的教学目的。国际商务英语是培养懂国际商务基本知识的应用型英语人才；而国际商务是培养专业的国际商务人才。一个是语言，教学目的是让学生通过学习，掌握在国际商务环境下所使用的英语。另一个是学习国际商务知识体系中的专业知识，如国际商务环境、国际商务经营方式、国际商务基本理论等。

在理清了国际商务英语和国际商务的培养目的后，我们得知，国际商务英语与国际商务关系密切。国际商务英语是以国际商务学科的构建和国际商务知识体系为前提条件的，没有国际商务知识内容的英语就不能称其为国际商务英语。所以，国际商务英语是以国际商务为生存条件。国际商务是知识体系，它不以国际商务英语为前提条件。没有英语，国际商务仍然存在。"国际商务是指越过国界的任何形式的工商活动。它包括几乎任何形式的经济资源——商品、劳务、技术和资本的国际转移"。语言只是人们从事活动时所使用的交际手段或者说是交流工具。例如，目前我国提倡双语教学，除了母语还用外语教学（主要是英语）。大学中带"国际"两个字的课程往往是双语教学的重点，比如国际贸易、国际金融、国际商务、国际经济等课程。但是，用英语讲授这些课程并不等于这些课程就是国际商务英语课程，它们仍然是国际贸易、国际金融、国际商务课程，课程的重点是介绍该学科的业务知识。而国际商务英语的重点是英语语言，尽管教科书涉及国际商务的一些领域，但是，教学的重点是英语语言知识，只不过所要掌握的是在国际商务活动中所涉及的英语，这种英语带有明显的行业特征。

通过以上的分析对比，我们可以知道国际商务英语与国际商务的关系。它们是两个不同的学科。国际商务英语以国际商务为依托和生存条件，没有国际商务就没有国际商务英语。国际商务不以国际商务英语为前提条件，英语只是国际商务活动中所使用的工具和国际商务知识体系传播的载体。

二、国际商务英语翻译的范畴

国际商务英语翻译属于翻译学的范畴。但作为独立的学科，国际商务英语必然包含国际商务英汉互译，因为语言教学主要从五个方面入手：听、说、读、写、译。所以，国际商务英语教学与研究必须包括翻译的内容。

由于国际商务英语翻译属于翻译学的范畴，国际商务英语翻译就必须首先研究翻译的性质、概念、翻译标准。国际商务英语翻译研究的目的首先是为国际商务英语翻译实践服务，为翻译实践提供理论依据和指导思想。

国际商务英语翻译还必须对英汉两种文化进行视角转换，只有通过视角转换，才能找出两种语言之间的差别，这样在从事国际商务英汉互译时才能正确处理原文与译文的关系，才能选择恰当而又准确的目的语传达原文的意思。英语和汉语属于两个差别很大的语系，找出这两种语言文化的差异是国际商务英汉互译必定的课题。

国际商务英语翻译涉及语言文化的研究。语言是文化的载体，研究语言不能不研究文化。国际商务活动本身就是跨文化交际，来自世界各地的商人带有本民族特有的文化。由于从商的实质乃是交际能力的体现，所以，要"搞定"交易的另一方就必须研究他的民族文化，否则，在与之打交道的过程中由于文化碰撞就会出现障碍。国际商务英汉互译所涉及的学科众多，如语言学、语义学、语用学、文体学、符号学、文化学、国际商务等。但是，我们并不是说国际商务英汉互译研究者必须非常熟悉那些学科，我们可以将其中某一个学科作为首先的切入点来研究。

三、国际商务英语翻译的理论研究

（一）目的论

在功能翻译理论中，目的论是其最重要的理论之一。学者杨晓蓉曾经指出，目的论是"西方翻译理论中的一支劲旅"，可见其对翻译理论的重要贡献。

目的论以目的为总则将翻译的研究放到了行为理论和跨文化交际的框架中，这种研究方式为翻译理论的发展开辟了一条新的道路。目的论的两条重要原则是语篇内连贯和语篇间连贯。

语篇内连贯（intra-textual coherence）认为译文必须符合逻辑表达习惯和目的语语言习惯，从而能够让读者顺利理解并传递相关的话语信息。

语篇间连贯（inter-textual coherence）认为译文要忠实于原文，不违背原文含义。原文和译文间要保持一定的联系性。语篇间连贯的程度受译文使用目的和读者理解程度的影响。

目的论强调，译本的预期目的决定翻译的方法和策略。在翻译过程中应遵循目的原则（skopos rule）、连贯原则（coherence rule）和忠实原则（fidelity rule）。目的论把翻译所要达到的目的概括为译者的目的、译文的交际目的和使用某种翻译手段所要达到的目的三种，其中交际目的决定和影响着其他两个目的。因此，目的论对于商务英语翻译标准的确定影响很大，有重要的指导意义。例如：

这笔买卖最后一刻黄了。

The deal fell through at the last minute.

通过对原文和译文的对比，可以发现原文中翻译的重点词汇为"黄了"一词。在我国古代，店铺开张为了图吉利会在门口贴大红纸，象征着"红红火火"。但是当店铺经营不善，无法维持时，就会在门口贴上黄纸，表示"关门大吉"。因此在我国的语言表达中，为了避免使用"关门"这种不吉利的字眼，会使用"黄了"来隐晦地表达出生意失败的含义。

这种表达在商务活动中经常可以遇见，因此需要译者提高警惕，重视不同文化背景对语言使用习惯的影响，以目的论的相关原则为指导，进行科学有效的翻译。

（二）顺应论

顺应论（Theory of Adaptation）主张，语言具有商讨性、变异性和顺应性，语言在使用过程中会不断进行有意识或无意识的选择活动。因此，对于语言中的顺应情况,应该进行灵活的翻译。语言使用要在四个方面顺应:语境关系顺应、语言结构顺应、顺应的动态性和顺应过程的意识程度。

(1)语境关系顺应的翻译

顺应论认为,交际双方在语言使用的过程中不断激活的语境因素和一些客观存在的事物动态会随着交际过程的变化而变化。交际语境和语言语境的变化对交际的影响十分重要,因此在具体的商务英语翻译过程中,译者需要对中西方的语言特点和语言使用环境进行了解,从而提高译文的质量。语境关系在具体的翻译实践中表现为语篇衔接(contextual cohesion)、互文性(intertexuality)和线性序列(sequencing)等。

(2)语言结构顺应的翻译

语言结构顺应是指对语言结构和构成原则的选择。在语言语境的制约下,语言结构顺应涉及语言、语码、语体、话语构建成分利原则的选择;在交际语境的制约下,语言结构顺应涉及说话人的文化背景、意识形态、政治立场、语言策略等。因此,在具体的商务英语翻译中译者不仅需要注意交际者使用的语音语调、词素词汇、分句主句、命题等语言结构层次,还要使译文的论述主题、逻辑关系、文体风格等与原文和谐一致。

(3)顺应动态性的翻译

"顺应论认为意义是语言结构经交际者的选择在语境中动态生成的,是语言结构、语用策略等动态顺应的产物。"影响顺应动态性的因素主要有:语境维度、时间维度、话语结构维度。因此,在商务英语翻译过程中译者需要注意语言顺应的动态性,进行灵活的翻译活动。

(4)顺应意识突显性的翻译

顺应意识突显是指语言使用者在语言使用中的元语用意识彰显程度,它体现在言语交际过程中意识程度的差异。这是因为,交际中人们有时是有意识、有目的地选择语言,而有时却是无意识地、不自觉地选择语言。意识突显程度的差异体现在心理和社会两个方面,翻译时可采用不同的翻译策略使译文更好地顺应目的语文化,突显原文意义。

(三)功能对等理论

美国翻译理论家尤金·奈达认为,所谓翻译,是指从语义到文体在目的语中用最切近而最自然的对等语再现源语的信息。

功能对等理论是奈达对翻译研究的一大贡献,主要包括形式对等和动态对等两个方面。但是奈达认为,由于语言之间的差异性,因此完全对等的翻译是很少见的，动态对等是一种最接近源语信息的翻译方式。

在动态对等的研究上，奈达认为通过对译文读者的反应与原文读者的反应进行对比能够评判译文的质量。

关于翻译的实质，他认为"翻译的实质就是再现信息"。他认为判断译作是否译得正确，必须以译文的服务对象为衡量标准。他主张"衡量翻译质量的标准，不仅仅在于所译的词语能否被理解，句子是否合乎语法规范，而在于整个译文使读者产生什么样的反应"。因此，奈达主张译出各种不同的供选择的译文，让读者检验译文是否明白易懂，所以一个好的译者总是要考虑对同一句话或一段文章的各种不同的译法。总之，奈达把读者因素纳入翻译研究里，对翻译研究影响重大。

奈达的功能对等理论对商务英语翻译也有着重要的影响。根据这个理论译者在翻译过程中应该注意译文在目的语读者中的接受程度，从而对自己的译文进行完善与添加，最终以适应目的语读者的表达在最大程度上呈现原商务英语的内涵。

四、国际商务英语翻译的流派

在对翻译进行研究的过程中，不同的学者由于观点不同形成了不同的学派。对这些翻译流派的了解对于商务英语的翻译也有着重要的借鉴作用。

（一）语文学派

语文学派是西方最早出现的翻译学派。这个学派主张翻译是一门艺术，因此将翻译作为原作者使用目的语进行的再创造，其研究方法主要是语文的。语文学派认为译文要和原文一样带给读者美的享受，翻译过程中应该注意译文的神韵，不应该死译、强译，要保持译文的美学效应。

语文学派在发展过程中比较著名的代表人物有德莱顿、泰特勒和塞弗瑞。

德莱顿是17世纪著名的翻译理论家，他主张翻译应该以原文和原作者为着眼点，尊重原作的思想，最大限度地使用目的语对原文进行再现。同时德莱顿对翻译的另一大贡献在于其提出了翻译的三大类别：逐字翻译、意译和拟作。这种分类方法打破了当时二分法的束缚，对于西方翻译理论史的发展有着重要的推动作用。

泰特勒是西方语文学派的另一代表人物，在其著作《论翻译原则》中，他指出，"对译者来说，在忠实和谨慎以外，也没有其他要求。但既然不得不承认语言的特性不同，于是一般人都普遍认为，译者的职责只是洞悉原文的意义和精髓，透彻了解原文作者的思想，以及用他认为最适当的文字传达出来"。由此，泰特勒提出了西方翻译中重要的三原则。

塞弗瑞对西方语文学派的贡献在于其提出了著名的六对翻译原则。

从总体上说，西方语文学派在研究过程中主要关注的是译文的忠实性。同时认为原文对译文有一定的主导作用，因此翻译时应该时刻以原文为标准，最大限度地追求原文和译文的契合性。

但是需要指出的是，语文学派过分重视原文对译文的指导作用，在一定程度上限制了译文的创造性的发挥。

（二）阐释学派

由于个人思维方式的差异、语言使用习惯的不同以及认识世界角度的不同，在翻译实践过程中，对于语言的理解层面也带有差异性。在这种情况下，作为研究意义的一门学科——阐释学应运而生。

阐释学在研究过程中主要关注的是语义，也就是要探索理解与解释之间的本质。在理解与解释过程中，文本和解释者是必不可少的两大因素，因此在研究过程中，最根本的任务是探索文本和解释者的本质特征。由于对理解与解释过程中两大因素本质特征的认识不同，阐释学派分为了客观阐释学派和主观阐释学派。

客观阐释学派认为阐释学的主要任务是使读者能够把握原文作者的意图，从而避免阅读过程中的理解失误。学者赫施认为应该尊重原文作者的意图，将原文看作"最合理的解释标准"。他认为作者的中心思想是对文本理解正确与否的关键。因此，在翻译过程中，应该重视对原文中心的关注。主观阐释学派主要以哲学阐释学和接受美学为理论基础。

阐释学派对翻译也有所关注，并对翻译的发展有着积极的促进作用。很多翻译学家对于阐释翻译有着自己独特的看法。

英国的神学家汉弗雷提出了"翻译即解释"的命题，这种观点在一定程度上受到了阐释学观点的影响。翻译学研究过程中出现了很多著名的阐释学家，如海德格尔，他的观点引起了很多学者的关注。

阐释学派在翻译研究过程中十分重视阐释学和接受美学。这主要是因为以下两个方面：一是翻译研究的成果能够为阐释学和接受美学提供充分而有力的例证；二是阐释学和接受美学可以为翻译研究提供丰富的理论依据。

从整体上看，阐释学派对翻译的贡献主要在于以下几个方面。

①翻译阐释学派认为译者在翻译过程中是信息的接收者，处于主体性的

地位。

②在翻译过程中应该重视读者的感受,应该以读者的反应为参照物。

③对翻译的本质进行了研究。

④通过阐释学和接受美学的相关原理,对翻译实践中的具体问题进行了分析。传统的翻译学理论认为要忠实于原作,而阐释学派的翻译对此进行了质疑,因此在一定程度上触动了传统翻译观点。

(三) 语言学派

20世纪中叶,翻译语言学派产生。著名语言学家雅各布森在1959年发表的《论翻译的语言学问题》中,从语言学角度对语言和翻译的关系、翻译的重要作用、翻译中存在的问题进行了论述,从而为语言学派的翻译研究做出了开创性贡献。

尤金·奈达是语言学派的重要代表人物,他提出了"翻译的科学"这一重要概念。在语言学研究的基础上,将信息论应用到翻译研究的过程中,并提出了著名的"动态对等"和"功能对等"翻译原则。

纽马克在前人研究的基础上,提出了交际翻译与语义翻译的方法,对翻译研究也有着重要的影响作用。

卡特福德也是这一时期的重要代表人物,其对翻译进行了不同层次的描写研究,并认为翻译是"用一种等值的语言文本材料去替换另一种语言的文本材料"。他指出,"对等"是翻译研究和实践中的关键问题。

通过对语言学派翻译家的不同观点的介绍可以看出,这个时期学者们关注的核心问题是语言转换过程中的变化规律,也就是"对等"问题。

但是由于过分追求对等,因此翻译在一定程度上成了语言学研究的附庸,无法真正体现出其科学价值。因此,很多学者在研究过程中开始从翻译的目的着手,对翻译进行研究。

从整体上说,翻译学中的语言学派主要从对等、功能、认知的角度进行翻译研究,通过使用语言学中的重要理论,如功能理论、认知理论、转换生成理论,对翻译的系统性和规范性产生了一定的指导作用。同时语言学派的翻译研究涉及语言的不同层面,同时也关注到了翻译中的功能与认知等因素,因此增加了翻译研究的系统性,是西方翻译理论发展的重要时期。

(四) 目的学派

翻译目的学派主要强调翻译行为的目的性,认为翻译目的决定了翻译过程和翻译策略的使用。这种观点在一定程度上能够提高译者的主动性。

翻译目的学派从20世纪70年代以来是德国最具影响力的翻译学派，同时对于世界翻译理论的发展也有着重要的贡献，其代表人物有凯瑟琳娜·赖斯、贾斯塔·赫兹－曼塔利和诺德。

从一般意义上说，翻译目的指的是译文的交际目的，也就是说译者在翻译过程中应该首先考虑译文的功能特征，而不应该严格遵循对等原则进行翻译。翻译目的学派主张翻译应该具有行为性和文本加工性。这种行为性主要体现在对不同语言转换而进行的复杂的设计与构思。翻译的加工性主张不应该将原文作为翻译的唯一标准，原文的作用是为译者提供翻译所需要的各类信息。译者在翻译中的任务不再是进行严格对等的语言之间的转换，而应该是从原文中提炼符合翻译目的的信息进行翻译。

翻译目的学派重视译文在目的语中的接受程度和交际功能，强调在翻译过程中译者应首先考虑译文的功能特征，而不是对等原则，在一定程度上解放了传统翻译观点中以原文为硬性标准的翻译传统，为翻译带来了全新的视角，有利于翻译理论与翻译变体的发展，同时也提高了译者的主动性与积极性。但是目的学派过分夸张读者的主体性，否定了作者的主体性，因此其观点带有一定的主观性，未免有些极端，因此我们应该客观认识它，不能主观臆断。

（五）文化学派

翻译中的文化学派主要以1972年霍尔姆斯发表的《翻译研究的明与实》为发端。在这个时期，很多学者主要从文化层面对翻译进行研究。在研究过程中，文化学派的翻译研究力图打破文学翻译中的禁锢，试图在综合理论的指导下进行文学翻译研究。

霍尔姆斯对翻译中的文化学派的发展做出了突出的贡献。他首次将翻译作为一门学科的形式进行研究，并且对翻译学科的内容进行了详细的描述。他认为翻译学应该分为纯翻译学和应用翻译学。纯翻译学主要包括描写翻译研究和翻译理论研究；应用翻译学主要包括译者培训、翻译辅助手段、翻译批评。这一框架为翻译研究奠定了重要的基础。

20世纪80年代末、90年代初，西方的翻译研究开始转向文化层面，并积极使用文化理论对翻译进行新的阐释，其主要理论有解构主义翻译理论、女性翻译理论、后殖民主义翻译理论。

翻译中文化学派的出现是文化发展的必然，其对于促进翻译研究的活力与应用性发挥着重要的作用。

(六) 解构学派

19世纪60年代后期，解构主义学派出现于法国。这种翻译理论是对传统翻译理论的质疑，其通过哲学问题、怀疑的态度去审视存在的翻译理论与标准。

解构学派的代表人物为沃尔特·本雅明、雅克·德里达、麦克·福柯等。这些学者将解构主义的思潮带入了翻译研究过程中，并通过怀疑与批评的态度对翻译理论的问题进行探究。因此可以说，解构主义的出现为翻译研究带来了全新的视角与研究方向。

解构学派的代表人物沃尔特·本雅明提出，翻译中译文和原文没有忠实可言。他主张译文并不是去再现原文的含义，而应该是对原文的补充与延伸。

雅克·德里达认为，翻译的过程是不断对原文进行播撒和延伸的过程，译文虽然可以接近原文，但是却不能等同于原文。这主要是因为意义带有不确定性，因此译文的中心是无法被完全体现出的，译文只是对原文的重新理解与创造，因此对原文再没有忠实可言。译者在翻译过程中应该对原文的观点进行解构，从而使译文具有延续性和创新性。

解构主义的观点是对传统翻译观点的颠覆，这种逆向的思维模式为翻译研究带来了新的方向。但需要注意的是，解构并不是翻译的目的，而只是翻译的手段，因此不能完全取代传统的翻译理论。解构学派的观点能够对传统翻译观点进行改进，目的是更好地指导翻译工作，因此对其的理解不能本末倒置。

商务英语翻译也是翻译的重要组成部分，因此这些翻译流派的观点对于指导商务英语翻译有着重要的作用。

五、国际商务英语翻译存在的问题及对策

（一）国际商务英语翻译的现状及存在的问题

总的说来，目前我国国际商务英语翻译现状较好。自改革开放以来，中国与外国的贸易量不断增加。在国际商务的各种活动中，翻译至关重要。围绕国际商务所做的对外宣传，把我国及我国的公司、企业及其生产的产品在国外的形象树立起来了。改革开放迄今，我国在国际上的经济贸易地位如同政治地位一样不断提高，甚至可以说在国际经济贸易活动中起着举足轻重的作用。我国之所以能有今天喜人的经济贸易形势，国际商务英语翻译（还有其他语种的翻译）功不可没。

一般来说，从事国际商务英语翻译的人员主要有：公司、企业的专职翻译

员工，公司、企业的员工兼职翻译，翻译公司翻译人员（来自各行各业），业余翻译人员，院校教师、研究生、大学生等。

虽然我国的商务英语翻译形势总体上很好，但也存在不少问题。

首先，语用精确性较差。从语用角度看，汉英语言在词汇体系和表达习惯方面也存在较大差异。在国际贸易往来中，参与商务活动的双方在邀请、称呼、问候等环节的语言表达方式都存在一定的差异性。例如，在别人向你表示感谢时，汉语中常回答"不用谢"或"不客气"，而英语中则以"you are welcome"来作答。在传统的礼仪文化影响下，中国人在语言表达中讲究委婉含蓄、谦虚客气，在语言交流中常使用可能、差不多、也许等模糊性词汇。这就导致商务英语翻译中常出现语用错误，例如，汉语中的"我尽量去"其实是为了顾及对方颜面而委婉地拒绝，但一些译者却将之翻译为"I will do my best to"，在英语语境下这句话的意思是"我一定会尽最大努力完成任务"，这显然与汉语所要表达的意义是完全相反的。

其次，句式偏差或错位。我国文化较为重视形象思维，而英语国家则比较重视逻辑分析与抽象思维，这种思维模式的差异直接导致了英汉语言句式的差别。英语较为重视语句的形式，使用的人称较少，更加重视客观叙述。这就致使商务英语合同中常出现大量的被动句式。而汉语句式的核心则是意义，更加关注句式信息表达的完整性，强调意义领会，对语法的应用相对较少，常用人称表达，较为关注行为的发出者。英汉语言体系的这些句式差异无疑增加了商务英语翻译的难度，导致商务英语翻译在句式方面常出现偏差或错位现象。

最后，词汇缺乏准确性。由于东西方文化之间存在着较大差异，因此，在商务英语翻译中难免会遇到一些英语文化中的特有概念或词汇，这些概念在汉语中没有准确的对应词。例如，美国出版界常用词汇"desk copy"的意思是"向作者赠样书表示谢意"，而若将其意译为"赠书"，显然无法传达其蕴含的准确信息。同时，在商务英语翻译中，还会遇到一些中英文化中都有，但内涵却截然不同的词汇。例如，英语单词"zephyr"和汉语词汇"龙"。在英国人心目中，"zephyr"即西风，是温暖宜人的。而在中国人意识里，"西风"却是寒冷狂烈的。在中国人观念里"龙"是吉祥、权利和力量的象征，而在英国文化中"dragon"即龙，却是恐怖至极的妖怪、怪物。

除了常用词汇翻译容易出现意义偏差，商务英语翻译中还常出现专业词汇的翻译错误。国际贸易涉及许多领域，因此，商务英语翻译也涉及许多专业词汇和文化领域。这些词汇表面上看和普通词汇没有太大差别，但实际上却存在着或大或小的不同，一些细微的差别，若译者不留意，出现翻译纰漏，就会使翻译材料失去专业性。而对那些词义差别较大的词汇，若翻译错误，就会影响整篇材料的意义表达。如"carrier"与"shipper"这两个英语单词，在普通的英语语境下，二者并无太大差别。但在国际贸易背景下，它们却是意义完全不同的两个词汇，"carrier"是指运送公司，即在买卖双方之间，承担运送货物的职责，并从中获取报酬的中间方。而"shipper"则是指货物交出者，即买方或卖方的委托人。

从国际商务英语翻译研究方面来看，目前的状况不容乐观。笔者认为有两个客观原因。一个原因是在我国翻译界，从事翻译理论研究的专家学者多以文学、语言学为依托，另外，特殊用途外语方面，科技翻译的研究非常深入，而专门从事国际商务英语翻译理论研究的人员相比之下就显得非常少。另外一个原因是，国际商务英语作为一个独立的学科还没有完全构建起来。目前我国对国际商务英语的研究基本上围绕着教学，其理论体系还没有建立起来，所以，国际商务英语翻译理论研究相对滞后。

国际商务英语翻译是跨学科的学问，它涉及翻译学、语言学、文体学、国际商务学等学科。国际商务英语翻译是国际商务英语学科的一个重要组成部分。

（二）国际商务英语翻译发展的对策

商务英语翻译中存在的诸多问题，无疑会影响我国的国际商务贸易，因此，为了促进我国经济建设的顺利发展，必须针对这些问题采取相关措施，加以改革和纠正。笔者根据多年研究经验，提出以下发展对策：

1. 注意商务翻译的基本要求

在商务英语翻译中，若要实现句式、语用、词汇等方面的忠实完整和简洁得体，就要注意遵循商务翻译的基本要求，即规范对等、灵活转变、精确忠实、语体一致。这里所说的规范对等是针对商务英语翻译中的行文方式和语言习惯而言的，即译文要符合商务文书的行文方式和语言规范，而"对等"则是指在商务英语翻译中，相关概念、译名、术语都应重视完整再现，不能在翻译中随意更改或变换这些要素。精确忠实则是要求译文要忠实于原文，译者要确保译文与原文信息的对等性。灵活转变主要是指，在商务英语翻译中译者能够灵活地提供相关条件，帮助读者理解原文信息，进而做出正确判断。语体一致则是针对贸易双方的文化差异而言的，在商务英语翻译中，译者要采取合理措施，充分考虑文化差异的影响，在译文的格式、措辞、语气等方面尽量保持原文的特色，实现信息等值化。

2.加强商务英语翻译的灵活性

中西方文化的客观差异,加大了商务英语翻译的难度,使一种文化中的信息很难对等地重现在另一种文化中,因此,很难实现完全的等值化。但商务英语翻译要求译者必须尽力实现原文与译文的对等,这就要求商务英语翻译者要努力探寻东西文化的结合点。即使无法找到完美的结合点,在商务英语翻译时也应注意体现灵活性,依靠相关条件,尽力克服文化差异,实现译文与原文的无限接近。例如,中国的服饰品牌"金利来",英语为"Goldlion",直接意译应为"金狮",但在翻译时保留了"gold"的原意,对后半部分"lion"的处理则采用了音译法。这种翻译方法迎合了消费者追求吉利、豪华的心理需求,取得了良好的经济效益。再如著名包子品牌"狗不理"采用音译法,将英文商标定为"Go Believe",赋予产品"值得信赖"的含义。中国出产的红茶,如果意译,就需要翻译成"red tea",但在实际的英语使用中,人们采用"black tea"的译法,将茶叶的颜色作为翻译的要素。

3.重视翻译中的跨文化元素

由于东西方文化之间存在着一定的差异性,因此,在商务英语翻译中要加强跨文化意识,注意商务贸易翻译中的跨文化元素。同一句话在不同的文化语境中具有不同的意义,因此,若要有效实现跨文化交际,解决国际商务活动中的跨文化交际问题,就必须充分了解贸易双方的非语言功能和语言行为功能。在商务英语翻译中,译者既要具备扎实的英语知识基础,熟悉商务专业知识,又要拥有文化敏感性,尽量保持翻译信息的对等性。尤其是对于商务英语翻译中的文化信息,译者要保持高度的谨慎性和敏感性。例如,中国服装品牌"七匹狼",在英语翻译时就需要运用跨文化知识,西方文化中的"7"与中国文化中的"8"一样,被视为一个吉利的数字,因此,在翻译时应根据西方理念翻译成"7-wolves"。

4.理解翻译背景,积累专业术语

相较于普通英语翻译,商务英语翻译具有更多的专业词汇,词汇意义趋于单一化,具有较强的专业性,涉及的文化领域也比较广泛。因此,在商务英语翻译中,译者不仅要有熟练的翻译技巧和扎实的语言知识,还要了解商务英语的特点,理解翻译的背景,掌握大量的专业术语,避免翻译中将专业术语普通化。同时,译者还要了解当今世界的经济发展潮流及各国之间的商务贸易动态,增强跨文化意识,确保翻译的准确性和具体性。

综上所述,商务英语翻译作为国际贸易的重要组成部分,对我国的经济发展有着重要作用，而商务英语翻译也不是单一化的字面直译转述。国际贸易活动的广泛性和多样性，决定了商务英语的大容量和大范围的特点。因此，一名优秀的商务英语翻译者，不仅要有扎实的语言基础和熟练的翻译技巧，还必须掌握大量的术语，提高自身的综合素质，增强自己的跨文化意识。只有这样才能保证商务英语翻译的对等性，提高商务英语翻译的效率和质量，促进商务活动的进一步发展。

六、国际商务英语翻译的必然性、重要性及跨文化交际

（一）必然性

英语作为"世界普通话"被广大的从事国际商务的人们所掌握。现代国际商务中的从业人员外语素质普遍较高，在进行一般的国际商务交往中，他们都能直接用英语交流。尽管如此，翻译在国际商务活动中仍必不可少，因为国际商务业务中有些文字材料涉及两种不同的语言，必须有高水平的专业人员将这些资料准确地翻译出来，否则国际商务从业人员会因难以理解原文而影响工作。这样，国际商务英语翻译就必然存在，其存在的必要性主要有以下几个方面。

首先，国际商务涉及不同领域、专业。从事这些方面的翻译的人员必须懂相关的专业；有些人虽然有一定的英语基础，但看不懂涉及某专业的资料，必须由专业人员将这些资料翻译过来。

其次，翻译讲究技巧，是需要实践经验的，国际商务工作人员一般没有专门从事翻译的实践经验，只是偶尔为之。

再次，翻译也是一门艺术，是驾驭文字的艺术。如果没有良好的中英语言功底将难以胜任翻译工作。虽然商务翻译不像文学翻译那样非常讲究艺术感染力，但有时也必须重视语言的艺术性，如商业广告的翻译。好的翻译在传达了原文的语义信息后，必须将原文的艺术感染力在目的语中表现出来，以达到让消费者心动而购买商家商品的目的。

最后，随着国际商务活动不断增多，商品的进出口交易过程中必须涉及的函电、合同等的翻译暂且不说，商品名称的翻译就非常讲究翻译技巧和艺术，因为商品名称翻译的好坏直接影响到该商品的销售。此外，国际商务工作人员即使有翻译能力，也没有时间从事翻译，因为他们的主要精力一般在自己的本职工作上。由此看来，国际商务英语翻译就显得十分必要了。

（二）重要性

既然存在国际商务英语翻译的必然性，其重要性就不言而喻了。以往人们只看重文学翻译。有人认为，只有文学翻译是"阳春白雪"，国际商务翻译似乎不上档次。事实上，在经济全球化的今天，国际商务翻译所占的比重非常大。"实际上，文学翻译在语际交流中所占的比例还不到百分之一。"我们不想比较文学翻译和国际商务英语翻译的优劣，只是想提醒人们，国际商务英语翻译的重要性决不可忽略。

国际商务英语翻译能促进国际贸易。由于翻译，商人们便能加深了解，加深了了解就增加了买卖双方的信任，这样就为交易的成功奠定了一个很好的基础。另外，我国进一步加大改革力度，在当前经济全球化的进程中，各个方面力求与国际接轨，翻译在其中起着非常重要的桥梁作用。可以说，要全面实现现代化，离不开国际商务英语翻译。

（三）国际商务英语翻译与跨文化交际

不同文化背景的人进行交际的过程是跨文化交际。如国际商务人员与外国商人进行业务磋商是进行跨文化交际，与外国旅游者、外国学术团体进行交流也是跨文化交际。

不同的民族有着不同的历史背景、风俗习惯、风土人情、文化传统，所以从事国际商务的人员必须了解和掌握最基本的民族文化的差异。

随着国际交往的不断发展，跨文化交际不仅限于普通的外交官、文化和艺术使者。任何人与不同文化的人进行交往，都应在交流时克服异国文化的障碍，达到交流的目的。国际商务英语翻译人员特别要注意异国文化差异，并设法使差异在传译过程中消失，同时在目的语中找到准确的词语将异国文化在目的语中再现。

文化传统和风俗习惯是国际商务翻译中需要克服的困难之一。例如，中国人对"龙"和西方国家对"dragon"的联想完全不同，龙在中华民族的心中是吉祥、威严的象征，而 dragon 在西方人的心中是恐怖的动物。所以，将中国与龙有关的商品名称翻译成英语时就必须考虑到这种差异，避免使用 dragon 一词，而选用其他的词来传达龙的文化含义。

第四章　国际商务英语翻译标准

第一节　翻译标准概述

一、翻译标准的相关理论

所谓标准，指的是衡量事物的准则。翻译标准指的是用来评判、指导翻译实践的准则，它必须具有科学性、可行性和实用性。所谓科学性，是指翻译标准必须合乎逻辑，经得起推敲，能用于检验翻译实践，对翻译实践具有普遍的指导意义。可行性的意思是：翻译标准必须符合实际，有可操作性，标准不能定得过高，否则该标准就不能成为标准，而只能是翻译的理想境界。实用性的意思是：翻译标准必须能用于指导翻译实践，不能太理论化，能用于衡量翻译的质量。

在翻译学科中，翻译标准是重要的组成部分。人类所从事的一些高级活动需要标准来指导人们的行为。翻译也不例外。翻译不能没有标准，否则，翻译作品会出现紊乱现象，其道理很简单，就像产品的制造，标准不同，生产出来的产品自然就不一样。不过，由于消费者的需求不同，我们可以制定完全不同的标准用于生产不同的产品。翻译不同于产品的制造，翻译是把一种语言文字所承载的语义信息、风格信息及文化信息在目的语中完美地再现的创造性活动，任何种类的翻译都是如此。

翻译标准的制定是以翻译实践为基础的。翻译标准是翻译人员从事翻译实践时所追求的目标，是翻译的最高境界。能否达到这种境界取决于翻译人员的翻译水平。严格地说，能真正达到翻译标准并非易事。尽管如此，好的译作仍然存在。

标准是人们做事的准则，有了标准，我们在实践时才有方向。翻译者在具体翻译时也许不会想到什么翻译标准，但是，这并不意味着他根本不需要翻译标准。事实上，任何翻译者心中都有一个翻译标准，尤其是遇到问题时，标准就显得格外重要了。例如，在翻译过程中出现由于文化隔阂而造成的不可译性，译者应该怎么处理呢？如轿车品牌"蓝鸟"（Blue Bird），不会让中国人联想到"福气"，而Blue Bird能让英美国家的人联想到好运气。如果译者能用"功效等同"的翻译标准来指导自己的行为，他可大胆地将Blue Bird翻译成"福鸟"，况且，"福"与英语Blue有谐音。

翻译标准是翻译理论与实践的最重要的问题。翻译理论是从翻译实践中概括出来的有关知识的有系统的结论以及对翻译有关的现象或本质所做的系统的描写或阐释。翻译理论所做的一切阐释中最重要的就是翻译标准。没有翻译标准，对翻译描述就会失去理论依托。如对翻译文体的描述，怎样在译文中再现原作的文体风格，应该通过什么手段再现等，在没有翻译标准的情况下，我们很难对此做出阐释，有翻译标准作为准则，就可以更好地对文体风格在传译过程中进行描述和阐释。

同时，翻译标准又一直作为指导翻译理论的核心课题被众多译者研究。而通过译者们的长期研究发现影响翻译标准的因素很多，如时间、地域、社会文化、政治需要等都会促使翻译标准产生巨大的变化，因此翻译标准虽然属于翻译理论的研究范畴，但它却具有社会文化学的内涵，其中包含着社会接受度、民族接受度、民族精神需求等问题。所以，翻译标准也属于社会范畴。并且翻译标准是一个动态的概念，它除了和以上的因素有关之外，与语言学也存在一定的关联。

翻译标准是在翻译实践的过程中产生的，它的发展、变化与翻译实践中译者们对外界认识的不断深入和外界对翻译的实际需要分不开。在翻译实践中翻译的主体是译文的译者，而客体则是翻译的对象——原文文本。但由于翻译工作的核心是在原文文本的基础上进行翻译，所以这个客体本身就具有一定的主观特点。主体不同，对于同一客体的解读就会有所差别。并且对于译文价值的评定也与译文读者有着密切的关系，不同的读者对于同一译作的领悟、感受都不尽相同。因此形成了如下关系，如图4-1。

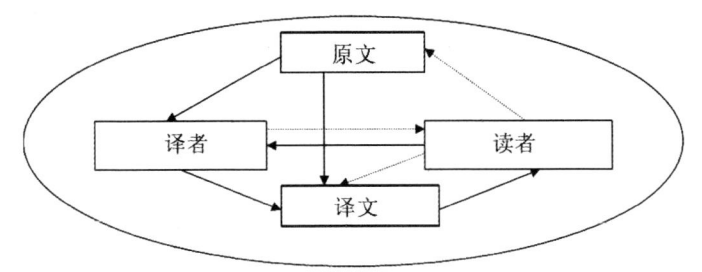

图 4-1 译者、读者、原文、译文之间的关系

众所周知翻译的服务对象是读者，而译者所要做的是将源语的信息自然地融入目的语中，但这并不是单一的在文字上相同意义的替换，而是要考虑到情感上、文化上和审美上多层面的问题，因此在翻译译作时，译者必须将目的语读者的语言习惯、理解能力以及读者所处时代等都考虑在内。翻译是以原文作为蓝本，将源语翻译为目的语译文的过程，所以对原文的忠实是翻译标准中至关重要的一个原则。但是如果单单将焦点放在忠实上，却会使翻译出的作品过于生硬，甚至会出现硬译、死译的现象，相反的如果译者将自己的意志过多加入译作的翻译中，译出的译作又会出现乱译、滥译的情况。因此，如何把握原作在翻译的过程中既不损害原文作者想要表达的意义，又不造成翻译出的译文晦涩、难懂，无法融入目的语读者的阅读与文化习惯，这便是一直以来，不论西方还是东方的翻译家们不懈努力的研究焦点——翻译标准。对于翻译标准的研究不但对翻译学这门科学的发展有着积极的推动作用，并且翻译标准的研究越深入，其对翻译理论学的贡献就越大。

"翻译的理论研究涉及的范围很广，但其中最重要的问题是厘定翻译的准则"。这里"翻译的准则"指的就是翻译标准。"翻译标准问题是翻译理论的核心问题，也是一个哥德巴赫猜想式的问题"。辜正坤把翻译标准比作哥德巴赫猜想不无道理。因为迄今还没有大家完全达成共识的翻译标准。目前在我国译界似乎基本认同很难有一个统一的翻译标准。传统的"信、达、雅"虽然还没有被推翻，但是，其霸主的地位开始动摇了。翻译界在近二三十年来对翻译理论的研究有长足的进展，其中对传统的翻译标准，如信、达、雅，神似，化境等已经有深入的研究和评论。同时，译界同仁一直对翻译标准不断探索、讨论、争论。传统的翻译标准基本停留在二元对立的层面上。所以，辜正坤提出翻译标准的多元化。他认为，"翻译标准多元化指的是多而有限，而不是多而无节，它意味着我们应该以一种宽容的态度承认若干个标准的共识性存在，并认识到它们是一个各自具有特定功能而又相互补充的标准系统"。辜正坤的观点充分说明了一个客观事实，这就是，多种翻译标准并存的必要，例如，神似、形似的文学翻译标准就不能用作商务翻译标准。即使同是商务翻译，商务法律、法规的翻译标准与商务广告的翻译标准又有不同之处。辜氏提出一个标准系统：绝对标准——最高标准——具体标准。他认为，绝对标准是原作本身，最高标准是最佳近似度，具体标准是具有实用价值的标准，既分类标准。笔者认为，以原作作为翻译标准，理解上有些令人费解，原作是翻译的信息源，翻译的一切方法必须以原作为基础，原作作为标准，似乎有点牵强。翻译是将原作所包含的信息用另外一种语言表达出来，而不是以原作作为准则。翻译标准"指翻译活动必须遵循的准绳，是衡量译文质量的尺度，是翻译工作者不断努力以期达到的目标"。原作只是翻译的信息源和基础，是译文质量对照的对象。辜氏的最高标准和具体标准对我们有启发意义。虽然目前没有一个大家都认同的翻译标准，但是我们可以共同探讨，制订一个"大标准"，然后，在这个标准的基础上，根据不同的文本特点，制订具体的具有行业文体特色的小标准。例如，商务翻译标准、科技翻译标准、文学翻译标准、新闻翻译标准等。在这个基础上，再根据每一个具体标准制订更为具体的标准，如商务翻译中再分为广告翻译标准，商务法律、法规翻译标准；文学翻译标准可以再细分为小说翻译标准、诗歌翻译标准、戏剧翻译标准等。

此外，郑海凌提出崭新的翻译标准——"和谐说"。她提出此说是以中国传统哲学"中庸之道"为基础的。她解释道："我们提出的'和谐说'的哲学基础，是我国古代文化思想里的'中和'观念和我国古典美学里的'中和之美'。"按照这种翻译标准,译者必须把握好分寸,在翻译过程中准确地把握好"度"，"译者在审美创造的过程中，一方面要正确地理解原作，另一方面要恰当地表现原作，既不能太过，也不能不及，以其敏锐的分寸感把握'适中'，最终达到'和谐'的审美效果"。"和谐"的关键是适中，换言之，译者在翻译过程中对原作信息用目的语表达中出现的矛盾进行处理时，不能太左，也不能太右。郑海凌的和谐说主要是针对文学翻译的，对国际商务翻译的指导意义不大。文学翻译讲究审美效果，而商务翻译讲究客观，不需要追求美的效果。不过，如果抛开审美意识，以中庸之道为基础的"和谐说"对商务翻译还是有一定的指导意义的，任何翻译过程中都会遇到问题，在进行问题处理的过程中，有时为了达到翻译目的，只有在取舍的矛盾中采取适中的办法来解决问题。

杨晓荣在其著作《翻译批评导论》中提出翻译标准的"第三种状态"。她研究了翻译标准的二元对立后，在翻译标准的多元的基础上提出"第三种状态"，其核心也是试图找出一条中间的道路来阐释翻译标准。她的第三种状态与郑海凌的和谐说有异曲同工之处，都是以中庸的哲学为基础的。但是，如果说郑海凌试图寻找两者之间的适中方法的话，杨晓荣的第三种状态走出了二元对立的状态，在二元的基础上，寻求你中有我、我中有你的介乎两者之间又包含两者的"第三种状态"。杨晓荣说："'第三种状态'既不是A，也不是B，因为它不纯粹；但它又兼有两者的性质，因此又可以说它既是A，也是B。"杨晓荣解释说："'第三种状态'作为翻译标准也不是'多元互补'。"杨氏的"第三种状态"寻求一种融合性的平衡。但是，至于怎样做到平衡，作者若能多做阐释，就更有实用意义。不过，杨氏提出，翻译标准有个依据的问题，那就是——条件。这种提法有十分积极的意义。我们提出一个翻译标准，其先决条件是该标准所针对的对象是什么，是文学翻译还是科技翻译，或是商务翻译。杨氏对"条件"做了较为翔实的解释，有理有据，颇令人信服。杨晓荣认为："无条件地讲翻译标准，好像怎么说都有道理，也都不完全对，但是，只要对某一特定的翻译活动的需求一出现，翻译这个概念就由抽象化为了具体，各种相关因素因而产生（包括译者的翻译观），翻译标准也就明确了。"说到底，翻译标准的确定是以该标准的适用对象为前提条件。

讲到适应，我们有必要提到胡庚申的"翻译适应选择论"。他借用了达尔文的"适者生存"和"自然选择"的基本原理，将翻译标准的基础建立在适应选择论上。关于翻译适应论的翻译标准和翻译评价，胡庚申认为，成功的翻译是译者成功的多维度适应与适应性选择的结果，评价翻译主要看译作的"整合适应选择度"，从选择适应论的角度来看，最佳的翻译就是"整合适应选择度"。胡庚申的翻译标准就是"整合适应选择度"。他认为"适"与"不适"由译者决定，因为他的翻译理念是"译者中心"。怎样判断自己的翻译是"适"还是"不适"，得靠译者自己主宰了。其实，胡庚申的理论与上述郑海凌的"和谐"论，杨晓荣的"第三种状态"有相似性，译者确定翻译标准靠自己去把握"适"与"不适"的"度"。

谭载喜认为，"翻译标准的厘定是翻译学研究的一个重要环节"。他将翻译标准分为几个不同的层次：①内容对等层次；②形式对等层次；③完全对等层次；④部分对等层次；⑤功能对等层次；⑥话语类型层次，说明不同的话语类型必须制订不同的翻译标准；⑦言语风格层次；⑧译文实用层次。谭氏的分类是建立在对等的基础上的，具有实用意义。翻译标准的厘定过去只注重原作，现在还注重译作读者。

另外，翻译的目的论，为翻译标准的确定提供了一个新的依据。翻译的目的是什么？同样的原作，翻译给不同的读者阅读，翻译标准是不一样的。所以，翻译标准的确定是建立在以原文文本的文体、体裁为依据，以译文读者需求为目的的基础上的。

二、翻译标准的多元性

虽然从整体上看，翻译标准一直呈现多元的特点。但最早将其整理、总结，并以科学的方法对其进行论证的却是现代翻译理论学家辜正坤先生。辜正坤先生在北京大学研究生第 1 期学刊上发表了全文 3 万多字的文章——《翻译标准多元互补论》，后又在《中国翻译》上以同名发表了 8000 多字的摘要文章，并且辜正坤先生还于中国首届中青年翻译理论研讨会上委任他人发表了以经典翻译命题辩证为题的演讲，也因此获得了研讨会颁发的论文优秀奖。

在辜正坤先生的翻译标准多元互补论中首先对罗新璋提出的"案本、求信、神似、化境"四个概念，进行了变更，形成了"求本、求信、求美、求化"四个阶段，加之，辜正坤先生提出的翻译标准多元互补论，便形成了翻译标准的第五个阶段。而翻译标准多元互补论的提出，也标志着翻译标准正式进入第五个阶段。并且在这一阶段，无论国内、国外都在致力于翻译学的研究，尤其推崇对翻译标准进行有别于以往只单一从文艺学途径、语言学途径、交际学途径、社会符号学途径中的一种途径对翻译学进行研究。学者们认为对翻译学的研究应该从多个角度，以多种途径相结合的方式，即运用综合途径研究翻译学。并且国内与国外的翻译学者也都认为综合途径与其他各个途径相比，除了其高度的综合性以外，还具有高度的灵活性、描写性、开放性。此外，通过应用综合性途径来研究翻译学的同时，更多的翻译学者意识到翻译标准并非唯一、绝对的个体，而是多元、互补的翻译标准系统。因此，辜正坤先生提出的翻译多元化理论是走在翻译理论界前沿的先进理论，也是对之前所有理论进行梳理后的总结。辜正坤先生对直译与意译、诗歌的可译与不可译、翻译是科学还是艺术、文学翻译的最高标准是否是化境、超过原作的译作是否是最佳译作等都进行了严谨而深刻地探讨。

辜正坤先生所提出的翻译多元互补理论之所以被视为当前阶段翻译理论的代表，正是因为其运用了辩证的思维方法，从客观的视角，对翻译理论、翻译标准及其他翻译命题进行了科学性的探讨。与之相比，以往的翻译学者们在研究翻译标准时通常会建立一个唯一不变的翻译标准，并企图通过这一单一的理论视角将一切翻译都进行格式化地评论和狭隘地认定，即只有自己所推崇的翻译标准才是指导翻译实践工作的唯一准绳。

与这种传统的观念不同，辜正坤先生的观点是先承认了传统而单一的翻译标准其出发点是好的，都是为使译文能更接近原文的风貌。可是，在实践的过程中，辜正坤先生发现由于各种因素的作用，翻译标准是无法统一的，并且他还认为由于多种因素的影响具有实用价值的翻译标准必定有很多种类，呈多元的状态。而影响翻译标准的多种因素其本身也是随着具体情况的不同而不断运动、不断变化的。因此从宏观上可以将整个翻译标准看作一个系统。

辜正坤先生从之前研究翻译学的学者身上看到以往的翻译学家在讨论翻译标准的问题时通常只将注意力放在对一种情况下单一的具体翻译标准的探讨上。但是从更为科学、辩证的角度来看，其实翻译标准中有抽象的翻译标准与具体的翻译标准之分。抽象的翻译是一元的，也比较虚无缥缈；而具体的翻译标准是实实在在的，是针对每个在翻译中所涉及的真实翻译情景所量身定制的指导方案，它是多元的。在翻译时既不能没有了抽象的一元翻译标准，又不能缺少具体的翻译规范即多元的翻译标准，所以翻译标准应为多元与一元的有机组合，缺一不可。因此，翻译标准研究的关键在于广泛地认可各种翻译标准的存在都有其客观原因和必要性，并在此前提下，建立起若干个具体标准的体系，并使一元的抽象标准也可以在其中彰显它存在的必要和意义。如图4-2：

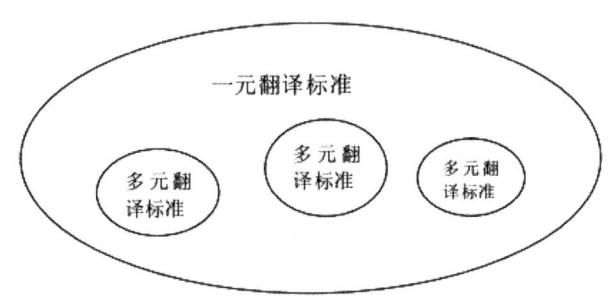

图 4-2 一元和多元翻译标准的关系

对翻译标准特性的研究是十分重要的课题，它包含对翻译标准的一元化和多元化特点的探究。而对翻译标准一元化和多元化的研究其本质就是对事物的共性与个性的探讨。以往学者在研究的过程中往往依赖自己的实践经验，并将其作为研究翻译标准的理论基础。但是由于每个人的实际情况和阅历都有所不同，时间与精力也比较有限，所以看待问题并不全面。因此会出现离开个性谈共性，抑或相反的情况，这样就使学者们对翻译标准的研究变为了不够客观且欠缺科学依据的空空之谈。

辜正坤先生主张对翻译学的研究应该如对其他科学的研究一样，有其系统，在研究时以其系统为单位进行研究。辜正坤先生还认为在以翻译标准为整体的系统中，翻译标准的一元化作为所有翻译评判的绝对标准，而在各个翻译具体工作中应用的标准作为翻译的具体标准，它们二者呈现对立而统一的辩证关系。如图 4-3：

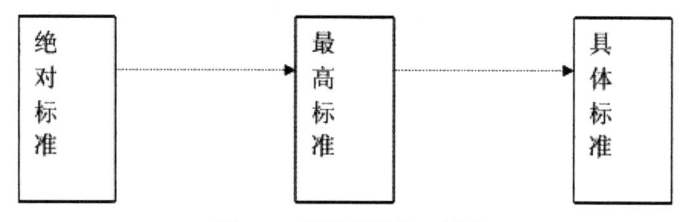

```
┌─────┐      ┌─────┐      ┌─────┐
│绝对 │ ┄┄▶ │最高 │ ───▶ │具体 │
│标准 │      │标准 │      │标准 │
└─────┘      └─────┘      └─────┘
```

图 4-3　翻译标准的一元化

如图所示，翻译标准中翻译实践的对象即原作是翻译的绝对标准，翻译活动的一切目的都是将原文译为译文，翻译的最高标准是前文所提的将原文完美地译为译文的抽象标准，被辜正坤先生命名为"最佳近似度"的最高标准，也是一元的翻译标准。根据不同的情况，译者选用不同类型的翻译方法则是翻译的具体标准。而在将相同原文通过不同译者翻译为不同译作时，对不同译作进行相互对比与评价就涉及最高翻译标准即"最佳近似度"的问题。辜正坤先生认为其中所指的"近似度"不只是线性的抑或平面上的问题，它还是立体层面上的问题。在这一立体的关系中，翻译标准的时间、空间、价值等因素都具有一定的相对性，而主要原因在于以上的元素都受到它们在这个立体关系中的位置的影响，因此出现相对的特性。所以不难看出，翻译标准的多元性也是以立体系统的方式存在的，并且在具体标准的层面上翻译的多个具体标准也都是相较存在、相别发展。此外，在这些具体标准的层面上又形成了子系统，而在这一系统中的每一个具体标准，因不同因素的影响又会形成下一层的子系统。

这里提到的不同因素所产生的影响，辜正坤先生认为，这是由翻译本身的多重性、功能性决定的。从多重性的角度来说人类的审美能力、品位、情趣本身就是多种多样、不拘一格的。不论译者、读者都是多层次的。再者从翻译的功能性考虑，由于翻译是为了满足一定现实目的而存在的活动，难免要受一些外界环境的影响，所以从译者的翻译手法、译作风格，再到读者对译作价值的评判都势必多元。在这种现实情况下就会得出翻译标准的多元理论，并且这一理论对于处理翻译实践中真实存在的各种因素之间错综复杂的关系十分适合。翻译标准的多元化理论的妙处就在于其较强的包容性，它是翻译理论界对于翻译标准的全新见解，并且其基本理论也可以在多个翻译理论命题中应用。可以说，辜正坤先生的翻译多元互补理论之所以能成为当今翻译标准研究中的代表性理论，其原因就是他并没有将一种理论单一地限定在一个狭小的空间内，浅尝辄止，而是以一种包容的态度，从一定的高度来审视翻译理论全貌，从而得出翻译标准多元的理论。

三、翻译标准的互补性

辜正坤先生在对翻译标准的研究过程中发现翻译的具体标准体系是开放的，并不断补充、不断完善，就像不论以往或此后出现的一切翻译文本都可在翻译多元互补的理论指导下找到其对应的最适合的翻译标准。即译者在翻译译文时会根据具体的情况，找到最适合原文语境的翻译标准。可以说这是一个针对原文进行翻译策略选择的过程。

翻译多元化的互补性，充分体现了其理论的科学性。翻译多元互补论是从辩证、客观的角度对翻译理论、翻译标准进行研究。首先，与以往学者对翻译标准的单一认同、只提倡自己的理论不同，翻译多元互补论的第一主旨就是承认各种翻译标准的优点，并且肯定这些翻译标准会在同一译文中同时存在，而它们的存在意义和同时应用这些翻译标准的可行性和合理性，也都在辜正坤先生提出的翻译标准多元互补论中得到印证。

翻译标准多元互补论中所应用的辩证理论在现实生活中也十分适用，由于人类本身就生活在一个多元互补的环境中，所以一些看似相对的因素也都相互补充，翻译活动当然亦是如此。因此，从以上的角度来看，辜正坤先生的翻译标准多元互补论是值得肯定的。但是，也有翻译学家对辜正坤先生的翻译标准多元互补论提出质疑，翻译学家杨晓荣先生就认为多元互补论中存在着两个重大的不足，一是最高标准即"最佳近似度"的提出恰恰使人产生对翻译"忠实"原则的质疑，二是对翻译标准有影响的因素，不论从读者到译者再到翻译所处的"大环境"如时间、空间，有很多因素都左右着翻译标准的制订与选择。即使将"最佳近似度"的问题放在一旁不论，光看各种因素对翻译标准的影响也足以使翻译标准多元互补理论变得虚无、无法把握。因此在这样的情况下无论最后采用的翻译标准是否满足每个个体对译文的要求，译文都必须是以所译原文为蓝本的翻译，这是在所有翻译活动中对译者所采用的翻译标准的最低要求即最低标准。如果不能做到，那么对原文的翻译就会变成对原文的再创作，而译者也就变为使用目的语的作者，这样的活动也不再称之为翻译活动，而是文学创作。因此，虽然翻译理论从结构主义的"禁锢"中走向了解构主义的"自由之地"。但是，解构主义在开拓研究者们的视野，使翻译的研究更加多元化的同时，它所提倡的"译文为原文的转世投胎，原文是依赖译文存在的"理论并不可取。所以，在翻译的过程中，首先是认清翻译的对象即源语原文，其次是结合阅读的客体需要和外在的要求对翻译标准加以选择。由于翻译所遵循的种种因素的不同，译者在翻译时所侧重的方面也有差别，因此必然会产生翻译标准多元而又互补的现象。

四、翻译的"最佳相似度"

对于辜正坤先生在翻译的多元互补理论中提到的最高标准即"最佳近似度"的问题，在发表理论之初辜先生做过这样的假设。如图4-4所示：

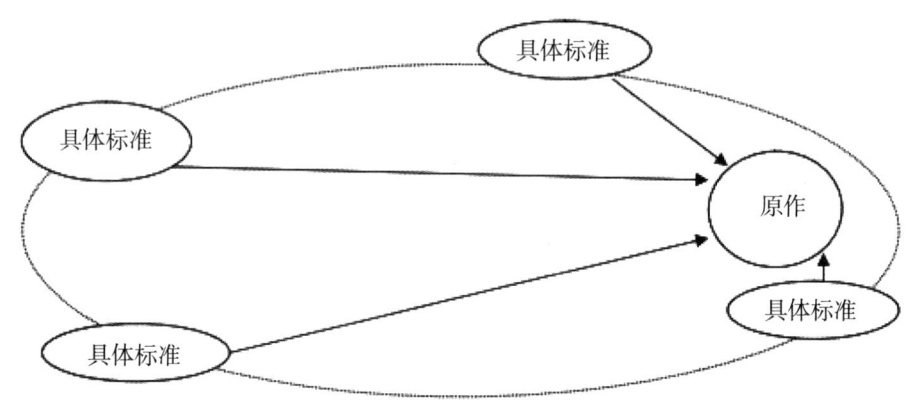

图4-4 翻译的"最佳近似度"

将原作比作空间内的一个小球或一个点，在这个小球所在的空间附近环绕着距离不等的许多个点，而这些点就是辜先生所提出的翻译的具体标准，而这个小球与这些散落在其旁边的点之间的距离就被称为"近似度"，其中距离最近的点，也就是"最佳近似度"。"最佳近似度"并不是单一的平面层次上的概念，它还具有立体层面的意义。

辜正坤先生提出这一理论的时间是中国翻译理论界坚持发展以"忠实"为衡量译作好坏的20世纪80年代。因此，辜正坤先生在对"最佳近似度"这一概念的研讨中主要就是以"忠实"作为研究的基础，而"近似度"可以说其本身就是被作为无限趋近原作的"忠实"来提出的。这也正好与之前提到的"绝对标准"相契合，即"最佳近似度"——"最高标准"就是以原文为"绝对标准"的"原文中心论"的体现。正因如此，当文化转向的思想开始在中国的翻译界被翻译学家提出并重视之时，一些提倡文化转向的理论家们对辜正坤先生提出的"最佳近似度"进行了尖锐的批判。不过也有一些学者认为辜正坤先生提出的"最佳近似度"中的"原文中心论"思想的研究对象与带有批判态度的提倡文化转向的理论家们的研究对象并不相同，前者是对语言本身的研究，而后者则是对语言外部因素如文化因素等进行探讨，因此可以说两者本身根本没有可比性。但是，笔者认为"最佳近似度"也的确有一定的缺陷和不足，如在对诗歌的翻译中，译作从语言学以原文为中心的角度来进行翻译，就应该满足与原诗的结构、比喻和声音三个方面的"忠实"，但有时却会出现分别满足原文结构、原文比喻和原文声音的三个符合"最佳近似度"要求的译文，并且这样的情况在翻译的实践中时常遇到。而这时，辜正坤先生提出的"最佳近似度"就会变得混乱，因为分别满足结构、比喻和声音三个要求的诗歌译文，每一个都可以看作无限趋近原文，这样在对三个版本的译文进行评价时就会产生争议，并且即使不考虑上述情况，"最佳近似度"也会受到翻译中的重大因素——时间与空间的影响。比如语法结构比较近似的语言，如前文提到的英法、英德的互译，可能会比中英互译的效果更好，即一篇英文文章，可能将其译为中文译作并不如将其译为法语译作或德文译作时更加接近原文。此外，即使运用同一种目的语进行翻译，但由于时代的不同，人们对"最佳近似度"的评价也会出现改变，如在我国"五四"时期，推崇白话文的鲁迅先生在当时他所翻译的译作可以说是走在时代的前端，也备受读者欢迎，可现在看来，却很难将其与有着"最高标准"——"最佳近似度"的译文相联系了。

在译作中翻译的最高标准"最佳近似度"的评判者是译者还是读者也是一个值得探讨的问题，很多译者认为译文的主要目的是让目的语读者通过译文了解原作作者的思想，领略源语民族的文化，感受原作的风情、神韵，同时译者也喜欢将读者进行区分，通常分为通晓源语和目的语双语的对翻译进行研究的精英读者和并不通晓源语，也不进行翻译研究只将阅读译文作为休闲娱乐、获取信息的普通读者。对于前者来说一些原文中深奥的文化、意识形态和政治方面的内容，他们能够理解其中的深刻含义，但后者却无法理解其中之意。为此辜正坤先生也曾说过他所提出的理论之所以用多元互补为标题，就是为了在特定历史时期中重点强调具体标准的重要性。但在之后的研讨中辜正坤先生还是否定了他所提出的翻译最高标准"最佳近似度"的理论，因为"最佳近似度"从它本身的合理性和其在翻译实践中的指导作用上都存在具有争议的地方。

因此综上所述，不难看出翻译的最高标准"最佳近似度"从理论的实践应用和逻辑上都存在一定的问题。所以之后的学者认为辜正坤先生提出的"最佳近似度"中对"度"的研究并不深入，使其在翻译实践的应用中出现诸多漏洞。笔者认为之后的学者们可从"度"的角度对翻译标准进行新的探讨。在翻译标准的研究中，如直译与意译、可译与不可译都是相对出现的，而与"最佳近似度"这种较为绝对的概念相比，"度"的伸缩性就比较强，它强调在翻译译文时应该在诸多相对的翻译方法中，寻找一个合适的区域，并且在考虑了各种因素的情况下，挑选最优越、最合适的翻译方案。笔者认为"度"与"最佳近似度"不同，并非树立一个单一的、绝对的翻译标准、翻译方案，而是对翻译实践中不同的情况进行分类，分析出适用于具体情况的最佳翻译标准。

第二节　国内的翻译标准

中国是个文明古国。五千年的文明史给我们留下了丰富的遗产，其中翻译是一个重要的内容。在中国，说到翻译标准我们往往会想到释道安的"五失本，三不易"，慧远的"厥中"，然后是唐玄奘的"五种不翻"，高凤谦的"辩名物""谐声音"，直到近代严复的"信、达、雅"，马建忠的"善译"等。在仔细研究了中国的翻译史和翻译标准后，罗新璋将我国的翻译标准归纳为"案本—求信—神似—化境"。这种归纳是按历时的方法，从我国翻译史中选择了比较有代表的翻译标准归纳总结而来的。这种归纳主要是针对文学翻译而言的。

在我国，文字翻译最早开始于春秋时期的《越人歌》，迄今大约有2000多年的历史了，对翻译标准的争论也有1000多年。

商务英语翻译是翻译的重要分支之一，因此其标准的确定也应该在总体翻译标准的范畴内。下面对中外学者的翻译标准研究进行总结，进而指导具体的商务英语翻译工作。

一、严复的翻译标准

研究翻译不研究严复，犹如到北京不登长城。好学之人，耳濡目染，多少都知道"信、达、雅"。可以肯定地说，严复的翻译及其翻译标准，对中国翻译产生了深远的影响，在中国翻译史上具有里程碑的意义。

严复（1854—1921），初名传初，易名宗光，字又陵，后又更名复，字几道，晚号愈壁老人，福建侯宫（今福州）人，是近代著名的启蒙思想家，是我国近代第一个系统介绍西方学术名著的翻译家。他出生于中医世家，十几岁时入福州船政学堂学习，接触西文和科学，开阔了视野和胸怀。23岁被派往英国留学，不仅博学数理化科学知识，且对西方的政治体制十分感兴趣，对西学有很深的了解和研究。1879年学成归国，被聘为船政学堂教员，时年仅26岁。其后被李鸿章调至天津，担任北洋水师学堂总教习。当时，严复无论在西学还是中学方面都具有极高的造诣，堪称一流。然而，由于所受的教育，他始终想通过走科举的道路来施展自己的才能。在1885—1893年8年间，严复参加了四次乡试均未中第。连续的失败使他看到科举制度的腐败，同时也深感走科举之路是行不通了。于是，便专心于时务，积极宣传西学。

1895年，甲午战争中国战败，对严复刺激很大，使他下定决心致力于翻译，以开启民智。他在北京开办"俄文馆"，参与创办"通艺学堂"，为维新运动培养人才。

1896年，严复所译赫胥黎的《天演论》正式出版，轰动一时，在当时的学术界、思想界产生了极大的反响。书中宣扬的"物竞天择，适者生存"的思想，成为中国进步知识分子与封建顽固派斗争的思想武器。同时，使中国知识界在思想认识和意识形态上获得了一次极大的新的飞跃。吴汝纶、康有为，包括鲁迅等名人对《天演论》给予了很高的评价。鲁迅说他自己是"一有空闲，就照例地吃侉饼、花生米、辣椒，看《天演论》"，从中接受进化论的思想。在其后的十几年间，严复的翻译事业达到了顶峰，先后翻译出版了一系列的学术名著，诸如斯宾塞的《群学肆言》、亚当·斯密的《原富》、甄克思的《社会通诠》、约翰·穆勒的《穆勒名学》《群己权界论》、耶方斯的《名学浅说》和孟德斯鸠的《法意》等，产生了极大的影响。严复的这些学术名著不仅在当时的学术界、思想界为人们带来一股清新的打开西方社会大门的微风，开阔了人们的视野，散播了西学和西方社会的思想，同时，他的译作文笔优美，遣词古雅，还被人们视为翻译之典范，奉为译作经典来传诵。从严复所译学术名著中，不难看出严复的爱国之心和强国之理想。甲午战争的失败让严复看到偌大一个中国的软弱，从心底里想激发国人自强不息的思想。尤其是早年在英国看到西方工业之强盛，更激发了他传播西学、启迪民众之心。严复一生翻译学术著作170多万字，写有按语17万字，其中流露出"与天争胜""自强保种""人定胜天"的思想，可以说已成为国人自强不息的启蒙思想。严复晚年思想保守，"五四"时期又极力反对白话文运动，于1921年10月27日卒于福州。

严复在《天演论·译例言》中说，译事三难：信、达、雅。求其信，已大难矣。顾信矣，不达，虽译，犹不译也，则达尚焉……译文取明深义，故词句之间，时有所颠倒附益，不斤斤于字比句次，而意义则不倍本文。假令仿此（西文句法）为译，则恐必不可通，而删削取径，又恐意义有漏。此在译者将全文神理融会于心，则下笔抒词，自善互备。至原文词理本深，难于共喻，则当前后引衬，以显其意。凡此经营，皆以为达，为达即所以为信也。易曰："修辞立诚。"子曰："辞达而已。"又曰："言之无文，行之不远。"三者乃文章正轨，亦即为译事楷模。故信，达而外，求其尔雅……

严复"信、达、雅"的翻译标准的提出，可以肯定地说，来自严复对翻译实践经验的总结和提炼。《英汉大词典》的编撰者陆谷孙说过，如果一个人没有百万字的翻译实践就免谈翻译理论。作为一流的学者，严复不仅是一位翻译家，也是一位翻译理论家。其"信、达、雅"从作品的思想、语言和风格方面，准确地为翻译确立了实践的标准。这一标准的确立，为后来的翻译理论研究和翻译实践产生了巨大影响，备受推崇，至今仍然指导着我国的翻译实践。严复认为，翻译之境界在于"信、达、雅"的统一。"信"，即忠实于原著；"达"就是译文通顺畅达，这两者为翻译的基本要求。除此之外，译文尚需追求"雅"。关于"雅"的解释，严复引用《论语》的"言之无文，行之不远"来表达，当指文采。严复不少译著采用意译，过于追求"古雅"，致使不少后来人因"雅"而对严复的"信、达、雅"产生歧义。就连鲁迅先生也说，严复的译文"桐城气息十足，连字的平仄也都留心，摇头晃脑地读起来，真是音调铿锵，使人不自觉其头晕"。

其实，严复在"译事三难"中引用《易经》的"修辞立诚"、《论语》中的"辞达而已"和"言之无文，行之不远"，说明此三者乃"文章正轨""译事楷模"，缺一不可。著名学者黄源深教授曾应邀到西南科技大学外国语学院讲学，对于译者有没有自己的风格，他的回答是肯定的。作为一流的学者和翻译家，严复的译著不可能不留下自己的鲜明风格。一方面，他从小饱读四书五经，身体里流淌着中华民族五千年灿烂文化的血液；另一方面，他在英国钻研西学，受工业文明的影响，心中涌动着西方文明的思潮。他的翻译，既要传播学术思想启蒙国人，又必然带有他学者的风范和那个时代文化的烙印。他的译文古雅雕琢、文言文味十足，显示出其充分的古文功底。试看《天演论》开篇这段文字的翻译：

赫胥黎独处一室之中，在英伦之南，背山而面野。槛外诸境，历历如在几下。乃悬想二千年前，当罗马大将恺彻未到时，此间有何景物。计惟有天造草昧，人功未施，其借征人境者，不过几处荒坟，散见坡陀起伏间。而灌木丛林，蒙茸山麓，未经删治如今者，则无疑也。怒生之草，交加之藤，势如争长相雄，各据一杯壤土，夏与畏日争，冬与严霜争，四时之内，飘风怒吹，或西发西洋，或东起北海，旁午交扇，无时而息。上有鸟兽之践啄，下有蚁蠛之啃伤，憔悴孤虚，旋生旋灭，苑枯顷刻，莫可究详。是离离者亦各尽天能，以自存种族而已。数亩之内，战事炽然，强者后亡，弱者先绝，年年岁岁，偏有留遗，未知始自何年，更不知止于何代。苟人事不施于其间，则莽莽榛榛，长此互相吞并，混逐蔓延而已，而诺之者谁耶！

又如："But there is vast and fundamental difference between bee society and human society. In the former the members of the society are each organically predestined to the performance of one particular class of functions only. If they were endowed with desires, each could desire to perform none but those offices for which its organization specially fits it; and which, in view of the good of the whole, it is proper it should do. So long as a new queen does not make her appearance, rivalries and competition are absent from the bee polity."

严复将这段文字译为:"然则人虫之间,卒元以异乎?曰:有鸟兽昆虫之于群,因生而受形,爪翼牙角,各守其能,可一而不可二。如彼蜜蜂然,雌者雄者,一受其成形,则器与体俱,专专然趋为一职,以毕其生,以效能于其群而已矣,又乌知其余!假有知识,则知识此一而已矣;假有嗜欲,亦嗜欲此一而已矣。何则?形定故也。"

第一段文字之美意,跃然纸上。而第二段文字的"雅"似乎完全由严复写作而成,而非翻译。由于严复主张"用汉以前的字法、句法",故译文又不免深奥难懂,在一定程度上制约了西学思想的传播,其"信、达、雅"的标准在后来的学者心目中也打了折扣。在这一点上,应当用辩证唯物主义的观点来分析和评价。严复强调翻译中"信、达、雅"三者缺一不可,虽译事艰难,但还须首先求其"信",保证原文的思想能够"忠实"地得到传递。只求忠实,而不能"畅达",则译文难以符合语言规范,也体现不了文人的学术风范。忠实、畅达是基础,是前提,在此基础上,译文尚需"文采",正所谓"文如其人","雅"也因人而异。可以说,这三者相互关联,互为前提和基础,又出其左右而统于一体,不偏不倚,将翻译的思想、语言和风格有机结合在一起,相映生辉,对翻译之事做出了非常全面的概括。

就翻译标准而论,严复的翻译标准可以说达到了一个无人能及的境地。无论是对"信、达、雅"推崇备至的人,还是其反对者,"信、达、雅"产生的影响都是极其深远的。18世纪英国著名翻译家泰特勒提出的翻译三原则和严复的翻译标准如出一辙:①译文应完全复写出原文的思想;②译文的格调应与原文的性质相同;③译文应与原文同样畅达。

林语堂在《论翻译》中有这样一段话:"翻译的标准问题大概包括三个方面。我们可依三方面的次序讨论它。第一是忠实标准,第二是通顺标准,第三是美的标准。这翻译的三重标准,与严氏的'译事三难'大体上是正相比符的。"郭沫若在《谈文学翻译工作》中也说:"严复对翻译工作有很多贡献,他曾经主张翻译要具备信、达、雅三个条件。我认为他这种主张是很重要的,也是很完备的。"周照良先生在《翻译三论》中指出:"信、达、雅标准的好处在于它既不空洞,又不重叠,就像多、快、好、省一样,去一不可,添一不可,然而在指导实践、检查实践成果上却是最有效用。它是必要的,又是足够的。"

平心而论,谈翻译标准的人,几乎没有不以严复的翻译标准做参照的。要么加以批判地诠释,赋予"信、达、雅"新意;要么从中受到启发而立新论、求发展,但基本上没有超越忠实、通顺、文雅三个要素的。陈宗宝曾在较早的《翻译通讯》上撰写的一篇《翻译原则古今谈》中指出:"自从严复提出'信、达、雅'三原则以来,至今仍有人对这三原则进行探讨和阐述,可见其影响之深远了。不过,现在一般人对这三原则的理解,已经和严复的本意不尽相同了。也就是说,随着时间的推移,人们赋予'信、达、雅'以新的含义。现在通常把'信'理解为忠实于原著的内容,把'达'理解为用规范化语言表达原作内容,把'雅'理解为保持原作的风格。如果今天仍有人习惯用'信、达、雅'作为翻译原则,那是因为这三个字所体现的内容言简意赅、主次分明,赋予新含义后,可以概括翻译的三个基本问题,即内容、语言和风格的关系。"

翻译界前辈刘重德吸收中西方翻译理论之精华,提出"信、达、切"的翻译原则。他将"雅"字改用"切",是因为他认为"雅"字实际上只不过是风格中的一种,和"雅"相对立的,就有"粗犷"或"豪放"。"粗犷"和"文雅"显然是不同的两种文体,翻译时不能一味要求"雅"。而"切"是一个中性词,适用于各种不同的风格。他说:"所谓切,就是要切合原文风格,理由是原作风格有雅俗之分,人物对话也有雅俗之分,一律雅之,显属不妥。一篇文章或一部文学作品的思想内容、语言表达和风格的特点是一个完整的统一体,而文学翻译也必须是其完整的统一体的如实再现。"

沈苏儒在《论"信、达、雅"》一文中指出:"继承和沿用某种传统理论,不断赋予新的含义,这是生活中常见的事。譬如'德、智、体'三育,至少在半个世纪前,即我在上小学的时候就知道了。现在我们也还是提倡'德、智、体'全面发展,当然其内涵和我上小学时已大大不同了。因此,在没有产生更深刻、更全面、更简明、更富于实践指导意义的新翻译理论以前,我们沿用'信、达、雅'并赋予新的意义,我以为也是可以的。有人担心一提'信、达、雅'就意味着要译者摇头晃脑地去写桐城派古文。我看不必,因为我们现在一提'德、智、体',大家都知道是要培养下一代具有共产主义道德,而不必担心会使人误解为提倡封建或资产阶级'道德'的。"批评严复的人总是在其"雅"上做文章,如果因为严复的"雅"而不承认其在翻译理论方面的实用价值,则多少有唯心主义的倾向。其实,严复将"雅"用作翻译的一个标准十分准确,只因其个人在特定的语言方面的修养和造诣而形成的一种文化领域的现象,我们就片面地加以否定,实在不公。试想,除了用他擅长的古雅的文体来翻译,他还能翻译成什么样？何况当时在语言的价值观上主张用白话的人和不主张用白话的人都认为：语言分为雅文（文言文）和俗语（白话文）两种，雅文是真正的文学语言，是可以登大雅之堂的"美文"，俗语则是写给普通老百姓看的。学术界普遍有"雅俗"之分。胡适在《五十年来中国之文学》中说："严复用古文译书，正如前清官僚戴着红顶子演说，很能抬高译书的身价，故能使当时的古文大家认为'锲锲与晚周诸子相上下'。"我们只要用发展的眼光来看待"信、达、雅"，就依然可以感受到其对翻译的指导意义。

对"信、达、雅"的推崇，并非阳春白雪、曲高和寡。彭卓吾在《翻译理论与实践》一书中谈道："信、达、雅"的精华就在于这三个词用词精当，选词准确，简洁明了，言简意赅，具有准确性、鲜明性和生动性。精华之处还在于这三个词主次得当，请看，在这三者之中，信最重要，它是基础，所以放在第一位，其次是达，再其次是雅，主次分明，轻重有序。他把信、达、雅的实质描绘得非常准确。

100多年来，严复的"信、达、雅"翻译标准在中国翻译实践和理论建设上产生了重大影响，不少人因此投石问路，在此基础上建树颇丰，为中国翻译事业的发展奠定了坚实的基础。

二、梁启超的翻译标准

梁启超是我国著名的思想家和文学家。梁启超的长篇巨著《变法通议》的第七章是《论译书》。他在书中指出了译书的两个弊端，"一曰徇华文而失西义，二曰徇西文而梗华读"，即：一是由于遵循汉语的表达习惯而失去了原文的文化内涵；二是由于遵循英语的表达习惯而造成汉语译文的晦涩难懂。

梁启超在《论译书》中曾指出，"自鸠摩罗什、实叉难陀皆深通华文，不著笔受。玄奘之译《瑜伽师地论》等，先游身毒，学其语，受其义，归而记忆其所得从而笔之。言译者，当以此义为最上"。这段话的含义是：鸠摩罗什和玄奘等都精通汉语和梵文，能够了解原文含义，因此翻译时无须多力润饰，只需记下来直接译成汉语即可，这是翻译的最佳方法，也值得其他译者效仿。

梁启超还曾指出，"凡译书者，将使人深知其意，苟其意靡失，虽取其文而删增之，颠倒之，未为害也。然必译者之所学与著书者之所学相去不远，乃可以语于是"。其含义是：翻译书籍务必要让读者深刻了解原文含义，如果原文含义有所靡失，只保留原文部分含义或增减原文内容、颠倒原文顺序等都是有害的。另外，译者的学识专业必须和原作者接近，这样才能翻译出质量上乘的作品。

梁启超的翻译理论对商务英语翻译也有着重要的借鉴作用，它启示译者要多关注商务领域的知识。译者的翻译并不是单纯地对两种语言进行转换，其还需要译者有一定的商务知识，才能正确理解商务活动双方的交际意图和交际话语。当译者的商务水平大致和交际双方接近时，才能有效保证译文的正确性和得体性。

三、鲁迅的翻译标准

鲁迅是中国著名的思想家、革命家、文学家、评论家，其翻译思想主要表现在以下几个方面。

（1）翻译的目的

鲁迅认为，翻译的目的有二：为革命服务和供大家参考。鲁迅在《"硬译"与"文学的阶级性"》一文中曾论及"为什么而译"这一问题，"我的回答是：为了我自己和几个以无产文学批评家自居的人，和一部分不图爽快，不怕艰难，多少要明白一些这理论的读者"。鲁迅认为翻译一般的文章和作品是为了供大家参考，而翻译革命的文学作品、科学的文艺理论的目的则是要解剖自己、提高自己，帮助同一阵营里的文学工作者。总的来说，鲁迅认为，翻译要"有用""有益"。

根据鲁迅翻译目的的论述，译者在进行商务英语翻译实践的过程中，应该注意译文的有效性和有益性，避免译文的拖沓冗长。

（2）信为主，顺为辅

鲁迅认为，翻译应做到两个字——"信"和"顺"，并认为"信"是翻译工作中最重要的，译者应在保证"信"的同时尽量使译文流畅通顺。对于当时有人曾提出的"与其信而不顺，不如顺而不信"的观点，鲁迅在《再来一条"顺"的翻译》中加以批判，并提出了"宁信而不顺"的观点，"这自然是'顺'的，虽然略一留心，即容或会有多少可疑之点……这才明白《时报》是因为译者不拘泥于'硬译'，而又要'顺'，所以有些不'信'了。倘若译得信而不顺一点，大略是应该这样的……"对此人们常常产生一个误解：鲁迅求信而不求顺。但仔细阅读这段话不难看出，"信而不顺"的观点是在相互比较的情况下提出的，是相对的而非绝对的。事实上，鲁迅并未把"信"和"顺"对立起来，并不认为取"信"就要放弃"顺"，而是持"以信为主，以顺为辅"的观点。

（3）直译为主，意译为辅

对于翻译的策略，鲁迅明确提出"直译"的主张，这是针对晚清以来翻译多随意删减、颠倒、附益的不良风气而提出的。鲁迅在《域外小说集》的《略例》中指出"任情删易，既为不诚"，这表达了其"直译"的观点。需要指出的是，鲁迅所提倡的"直译"并非"死译"，也不是"逐字翻译"，而是既保存原文全部的思想内容，又要尽量保留原文的语言形式、风格等。

鲁迅先生的翻译理论在商务英语翻译实践中的作用十分重大。商务英语是一种交际性很强的翻译活动，因此交际双方的话语中可能隐含着自身的语用含义，因此译者需要用"直译为主，意译为辅"的标准来衡量自己的译文，从而做到译文的准确有效。

四、郭沫若的翻译标准

郭沫若是中国现代著名的诗人、文学家、戏剧家以及翻译家。

郭沫若的翻译理论注重对译者素质的要求。郭沫若认为，主体性、责任心是译者必须具备的。他认为，翻译工作要求译者具有正确的出发点和高度的责任感，一方面要慎重选择作品，另一方面还要以严肃的态度进行翻译。

除了责任心以外，郭沫若认为译者主观感情的投入对翻译工作也十分重要。翻译之前，译者首先要深入了解原文作家和作品，只有这样才能更深刻地了解原文和作者的思想。郭沫若曾说自己在翻译别人的作品时常常和原作者"合而为一"，使自己变成作者，融入作品中去，体会原作的情感与内涵。这种"合而为一"的翻译思想对翻译理论的发展同样做出了重要的贡献。

这个思想就要求商务英语翻译的译者要具备相当的商务活动知识，从而保证翻译的有效进行。同时在翻译活动进行之前，译者有必要了解交际双方的文化背景和工作背景，从而在翻译实践中更加游刃有余。

五、林语堂的翻译标准

林语堂是中国当代著名的学者、文学家和语言学家，在翻译理论的研究上也颇有建树。他写过很多关于翻译理论的文章，其中最系统、最著名的译论是《论翻译》。林语堂的翻译思想主要表现在以下几个方面。

（1）把翻译视为艺术

在《论翻译》中，林语堂指出做翻译的人首先要意识到一件事情，即翻译是一种艺术。他还曾指出，作为一种艺术，翻译依赖以下三个方面。

①译者对原文字面以及内容的透彻了解。

②译者必须有深厚的汉语功底,将汉语表达得清楚、顺畅。

③译事上的训练,译者能够正确认识翻译的标准和手法。

除以上三点以外,再无其他纪律可为译者的规范,而这三条也是林语堂对翻译原则的看法。

(2)"忠实、通顺、美"

《论翻译》中,林语堂重点阐述了关于翻译标准的问题。林语堂认为,翻译有三个标准:忠实、通顺、美。这和严复"信、达、雅"的翻译标准十分类似,但林语堂对这三个方面有着自己更独特的看法。

林语堂认为,忠实是一种态度,意味着译者对原作者以及原文负责任的态度。他认为,忠实的原则要求译者使用灵活多变的语言,传神地翻译出不同语境中的语用信息,同时译者需要根据语用场合,对原文进行适当调整,从而更加符合目的语的表达习惯。

林语堂认为,通顺是译者对目的语读者负责任的表现,也是忠实的内在要求。他还指出,要使译文保持通顺,译者首先要以句为本位,准确体会原文句子的含义,了然于心,然后按照目的语语法将原文全句的含义译出;其次,译者还要按照目的语心理行文,使之符合目的语的表达习惯,使读者读起来顺畅,不会感到别扭。

由上可知,林语堂翻译理论的依据是心理学,其关于使译文通顺的观点可解释为:译者可采取句译的翻译方法和目的语读者能够接受的译语行文习惯进行表达。

商务英语活动是一种跨文化间的交流活动,交际双方由于文化背景、生活习俗、地域环境等的差异,在语言使用过程中也带有不同的特点。译者需要正确把握源语特色,然后进行恰当理解,从而翻译出更加准确的译文。

美,意味着译者要对翻译这项艺术负责。林语堂认为,翻译除了要实用以外,还要兼顾美。一位合格的翻译家应当将翻译当作一种艺术,用热爱艺术的心去热爱翻译,用对待艺术般一丝不苟的态度来从事翻译,使译作能够带给读者以美的享受。

因此,在具体的商务英语翻译实践过程中,译者需要注意文字之美,把握语言的神韵。译者是商务交际中的重要媒介,肩负着沟通不同文化的作用,作者对美的标准的掌握能够提高翻译的文化性和传播性。

六、傅雷的翻译标准

傅雷是中国著名的文学翻译家、文艺评论家，提出"神似、形似"的翻译标准。

傅雷曾说，领悟原文是一回事，而将原文含义用汉语表达出来又是另外一回事。他认为，翻译要做到"传神达意"必须做到以下三点。

①中文写作。傅雷认为，好的译文要给人一种原作者在用汉语写作的感觉。这样原文的精神、意义以及译文的完整性和流畅性都得以保全，也不会产生以辞害意，或以意害辞的问题。

②反复修改。傅雷对待翻译的态度极其严肃，并以"文章千古事，得失寸心知"为座右铭。傅雷指出，好的翻译离不开反复的锤炼和修改，做文字工作不能只想着一劳永逸，而应该不断的推敲、完善。

③重视译文的附属部分。所谓译文的附属部分，即注解、索引、后记、译文序等内容，这些内容都对译文能否"传神达意"有着重大影响。妥善处理这些内容有助于读者更好地理解原文的形式和内容。

傅雷的这个观点对商务英语翻译也有着重要的借鉴作用。在商务活动的英译汉中，译者需要根据中文的语言使用形式对译文进行反复推敲，从而使译文更加符合中文的表达习惯。同时，商务英语文本中还存在很多专业术语，对这些术语注解的翻译也能促进翻译活动的有效进行。

七、钱钟书的翻译标准

钱钟书是我国著名的作家、文学研究家，对翻译也有着很多发人深省的论述。"化境说"是钱钟书对翻译理论的主要观点，也是最大贡献。

"化境"和中国传统文论一脉相承，原指艺术造诣达到精妙的境界，而被钱钟书引入翻译领域中则指原作的"投胎转世"。钱钟书在《七缀集·林纾的翻译》中首次提出了"化境说"的翻译观，"文学翻译的最高理想可以说是'化'。把作品从一国文字转变成另一国文字，既能不因语文习惯的差异而露出生硬牵强的痕迹，又能完全保存原作的风味，那就算得入于'化境'"。"化"包括以下三个方面。

①转化，即将一国文字转换成另一国文字。

②归化，即能用汉语将外国文字准确、流畅、原汁原味地表现出来，读起来不像是译本，倒像是原作。

③化境，即原作的"投胎转世"，虽然语言表现变了，但精神实质如故。

另外，"化"还需注意以下两个方面。

一是翻译时不能因为语言表达的差异而表现出生硬、牵强之感，否则须得"化"之。

二是"化"的时候不能随便去"化"，不能将原文文本中有的东西"化"没了，即虽然换了一个躯壳，译文仍要保留原文的风味、精神、韵味。

"化境"是钱钟书将原本用于中国古典美学的"境界"概念引入翻译领域中得出的一种翻译理论。他指出"境界"是所有学科的共性，是相通的。钱钟书将文学翻译理论纳入文艺美学范畴的做法对于中国文化而言意义深远。"化境说"不仅兼顾了翻译中的语言形式和神韵，还强调了译者的创造性，因此"化"是翻译的最高境界。

钱钟书提出的"化境"与傅雷的"神似、形似"有异曲同工之妙，也是针对文学翻译而言的。然而对其他文体（广告文体除外）的翻译似乎没有多大的实用价值。例如，法律、法规的翻译不存在"化境"的问题，因为法律、法规语言严谨规范，翻译过程中，不需形象思维，不能发挥想象力随意"创作"。

商务英语翻译带有很强的实践性，这就要求译者对语言交际环境有一个准确的把握，只有这样译者才能更好地传达交际者的信息，促进商务活动的顺利进行。

商务活动瞬息万变，对译者的信息把控力要求很高。译者不仅需要具备扎实的翻译理论知识，同时还需要在具体的实践中总结经验，完善自己的翻译技巧。同时对社会信息的掌握、商务活动的了解都有助于促进商务英语翻译的顺利进行。

第三节 国外的翻译标准

国外的翻译标准主要指西方国家翻译界对翻译提出的标准系统。该系统集中反映在一个"等"字，英文是equivalence。"等"字的所指有两层：对等和等值。从以下的分析可以看出各家对"等"字的描述。"等"字指原作与译作之间的对等或等值。

一、多雷的翻译标准

法国翻译家多雷在其论文《论如何出色地翻译》中根据翻译的重要性列出了翻译的五个标准。

①译者必须完全理解所译作品的内容。（The translator must perfectly understand the sense and material of the original authorial though he/she should feel free to clarify obscurities.)

②译者必须通晓所译语言和译文语言。(The translator should have a perfect knowledge of both SL and TL, so as not to lessen the majesty of the language.)

③译者必须避免逐词对译。(The translator should avoid word-for-word renderings.)

④译者必须采用通俗的语言形式。(The translator should avoid Latinate and unusual forms.)

⑤译者必须通过选词和调整词序使译文产生色调适当的效果。(The translator should assemble and liaise words eloquently to avoid clumsiness.)

二、泰特勒的翻译标准

较早的国外翻译标准是英国的泰特勒在其所著的《论翻译的原则》(*Essay on the Principles of Translation*)一书中提出的著名"三原则":

①译文应完整地再现原作的思想内容。
②译文的风格、笔调应与原作的性质相同。
③译文应像原文一样流畅自然。

他认为译文不应该只是强调与原文的语言特征一致,在思想、风格、笔调、行文上也应保持统一性。

泰特勒认为"好的翻译"应该是:"原作的长处完全移注在另一种语言里,使得译文文字所属的国家的人能明白地领悟,强烈地感受,正像用原作的语言的人们所领悟的、所感受的一样。"

泰特勒在一百多年前提出翻译的原则主要指文艺翻译尤其是诗歌的翻译。但广义地来说,他的翻译原则适用于所有的翻译,因为他强调的是原文读者和译文读者的反应的一致。所以,他的翻译标准对国际商务英汉互译有指导意义。

三、奈达的翻译标准

从交际学角度阐释"对等"的代表人物是奈达。他提出"功效对等"(functional equivalence)概念。在此之前,奈达提出的是"动态对等"(dynamic equivalence),它和"功效对等"实质上没有多大差别,两者的重点都在"对等"上。在众多的国外翻译家中,奈达的翻译理论可以说对我国的影响最大。他认为,翻译的预期目的,主要必须是原文和译文在信息内容、说话方式、文体、文风、语言、文化、社会因素诸方面达到对等。奈达衡量翻译的标准是看读者的反应。

他之所以提出"功效对等"可能受了泰特勒"翻译的三原则"的影响。他说："衡量一个翻译作品必须考虑的问题，就是检查译文读者会做出什么样的反应，然后将译文读者的反应与原文读者的反应加以比较。"奈达把传统的翻译评判标准的中心从原作转移到译作和译作的读者上，这是翻译理论的一大进步。对奈达的 functional equivalence 我国通常将其翻译成"功能对等"。笔者认为最好应该翻译成"功效对等"，因为奈达的目的是要译文在效果上达到对等。

不过，对某一原文的读者反应（尤其是以英语为母语的原文读者的反应）与译文读者的反应进行比较，其可操作性有多大暂且不说，要做到完全的对等是绝对不可能的。奈达的"对等"，只能是翻译者希望达到的理想境界，是努力追求的目标。

奈达提出"功效对等"的重点是读者。他是从社会语言学和语言交际功能的角度出发的。他提出的译文质量的最终评判标准是：灵活对等翻译——改变原文形式，保留原文意思。

他提出的检验译文质量的最终标准主要涉及三个方面：能让读者正确理解原文信息——"忠实原文"；易于理解；形式恰当，吸引读者。

奈达的翻译标准对国际商务英语的翻译具有较大的指导意义，因为不管原文属于什么文体，关键是信息（语义信息和风格信息）的对等。

四、纽马克的翻译标准

对于翻译标准的确定，纽马克提出了"文本中心论"的观点。他认为翻译的对象应该是文本，根据语言的功能，文本可以分为表达型、信息型和呼唤型三大类。

表达型文本主要包括的是严肃性文学作品、声明、信件。信息型文本包含书籍、报告、论文、备忘录等文本。呼唤型文本包括各种宣传、说明书、通俗小说等。纽马克主张对于不同的文本类型应该使用不同的翻译方法。

彼特·纽马克提出"语义翻译"和"交际翻译"标准。他在其所著的《翻译探索》（*Approach to Translation*）收集的论文中提出该标准。语义翻译的重点在于原作的语义内容，而交际翻译的重点在于读者对译作的理解与反应上。纽马克认为大部分的非文学体裁的翻译应采用交际翻译的原则标准。纽马克提出交际翻译与语义翻译的理论根据是语言学家布莱尔和雅克布森的语言三大功能：表情功能（expressive function）、信息功能（informative function）、呼唤功能（vocative function）。任何原作都有这三种功能，只是由于文体的不同，侧重点有所不同。例如，文学作品以表情为主，非文学文体以传递信息为主。交际翻译侧重信息产生的效果，语义翻译侧重信息内容，由此看来，纽马克的交际翻译更适用于国际商务英语翻译。

五、费道罗夫的翻译标准

苏联的翻译理论家费道罗夫提出了"确切翻译原则"，他认为翻译的确切性就是表达原文思想、内容的完全准确和在修饰作用上与原文的完全一致，其核心内容就是"等值论"或等值翻译。费道罗夫认为以下两项原则对于一切翻译工作者来说都是共通的。

第一，翻译的目的是使目的语读者能够了解原文的内容与思想。

第二，翻译就是用一种语言把另一种语言在内容与形式不可分割的统一中业已表达出来的东西准确而完全地表达出来。

六、皮亚杰的翻译标准

结构主义是翻译理论的重要组成部分，其对于英语翻译的发展与进步有着重要的影响。皮亚杰是早期结构主义的代表人物，他提出了以下几个结构翻译标准。

①翻译结构应该带有整体性，这主要指的是构成这一结构的各要素相互依存。需要注意的是，结构的整体性不等于其构成要素的简单叠加，而是各要素之间有机结合而产生的功效。一个结构的整体往往要优于部分要素或各要素的简单相加。

②翻译结构应该具有动态性。结构不是静态的，而是一个由若干转换机制而形成的动态系统。一切结构，无论是最初级的数学群结构，还是决定亲属关系的结构，都是一个变化着的转换系统。

③翻译结构应具有自我调节的功能。自我调节是结构的本质特性，涉及结构的内在动力，具有一定的守恒性以及某种封闭性。尽管前面说结构具有动态性，但无论如何转换都不会超越结构的边界，更不会导致结构解体。不断变化的结构系统所产生的要素总是属于这个结构，并能保存该结构的规律。需要指出的是，结构变化中产生的因素并非一个子结构。

第四节　国内外翻译标准的对比

一、国内外翻译标准的不同之处

一般说来，不管什么国家的翻译标准其本质上是一样的，都是设定对翻译的质量要求，以及要达到的目标，是译者遵循的准则。但是，由于中西方国家的语言、历史、文化等有很大的差别，中西方人的思维方式也有一些差别，因而，对翻译标准的认识就有一些不同。

中国是个文明古国，有着几千年的文明史。同时，也有几千年的封建主义统治的历史。中国的儒家哲学思想根深蒂固，道教、佛教对中国人民的思想有着巨大的影响。历代翻译家也无不被传统的中国文化所影响，在思维定式方面就与传统文化完全不同的西方国家有所差别。中国人讲究实用，实用主义哲学影响人们的思维方式。谭载喜认为，中西方译论有五个方面不同：①中国翻译理论历来重立论的实用性，而西方的翻译理论似乎重翻译理论的抽象性、条理性和系统性。②中国译论的特点是翻译理论的悟性思维，话讲得含蓄，让人去悟其中的道理，如"信、达、雅"，严复对这三个字没有做很多阐释，当时他也不是作为翻译标准而提出的，只是自己翻译的一种体会。他也许没有预料到他这三个字后来对我国翻译界影响极大。但是，对它们的更深层含义，尤其是"雅"字的深层含义，人们理解不一，这充分说明了中国翻译理论的悟性思维特点，个中道理，让人去品味；而西方却不然，西方翻译理论有显著的理性思维特点。③由于中国翻译理论的惰性思维特点，中国译论就显得含蓄，而西方译论重形式、概念。④中国译论相对来说较保守，开创的精神不足，而西方译论更乐于创新，这从西方的各种译论术语中可以看出这一点。⑤中国讲究中庸之道，所以，中国译论偏向于中立性，而西方却是非中立的，有时充满神秘色彩。谭氏的分析有道理。当然，这些区别不是绝对的，是相对而言的。翻译标准与语言有关，与文化也有密切关系，东西方语言属于两个完全不同的语系，因而差别大就不足为怪。人类思维离不开语言，尽管人类的思维有共性，但是操不同语言的人的思维方式会有很多的差异，这也反映在翻译标准的制订上。

笔者认为，谭氏的五点中最能说明问题是中西方翻译理论的含蓄性和明确性的差别。这与中国的传统文化有密切关系。中国人讲究含蓄美，有点像东方女性和西方女性的差别。东方女性含蓄、羞涩，而西方女性大方、坦诚。此外，中国翻译家似乎更看重实践，历来有翻译家对翻译理论轻视的倾向，而西方却不同，各种观点、各种流派并存，翻译实践家与翻译理论家之间的冲突不如中国的翻译实践家与翻译理论家之间的矛盾那样深。另外，由于中西方语言差异，人们的思维方式多少有些差异。西方语言由于是拼音文字，在语言的转换过程中对等的程度更高，而英语与汉语属于两种完全不同的语系，对等的程度相对更低。所以，西方翻译理论多看重对等、等值，而中国翻译理论偏向文本内涵意义的再现，从整体的精神实质方面探索。"在西方的翻译理论史上，中西之间的差别也同样地主要表现在'量'，而不在'质'的方面。也就是说，西方翻译理论遗产在数量上比我国多……"

二、国内外翻译标准的相同之处

如上文所述，任何翻译理论的实质并没有什么不同，都是对诸如翻译标准、翻译原理、翻译程序、翻译方法、翻译效果、翻译质量等方面进行的探讨，只不过研究的途径、方法、思路等有所差异。从主流看来，中西方的翻译理论非常相似。

例如，西方对直译和意译曾进行探索，以西塞罗为代表；中方也对直译和意译争论不休，以支谦为代表。直译和意译这两种方法自古至今都一直是中西方翻译家和翻译理论家热衷于讨论的问题。中西方翻译理论的演进过程大同小异，基本上都是从翻译实践经验谈起，对翻译的质量和翻译家追求的方面进行讨论，开始时有点散乱，然后逐步进入系统论述。中西方在翻译理论的历史进程中都有一些代表人物，西方有西塞罗、贺拉斯、哲罗姆、歌德、泰特勒、奈达、卡特福德、霍姆斯等；中方有支谦、道安、鸠摩罗什、玄奘、严复、鲁迅、傅雷、董秋斯、谭载喜、刘宓庆、许均等。中西方的相同点还体现在翻译的"信"的问题上。中国翻译界对翻译的"信"进行了非常深入的探讨，对"信"什么，怎样做到"信"，"信"到什么程度等问题争执不休；在西方，对翻译的"对等"有各种观点，如"功能对等""等值""等效"，翻译理论家从语言学、文艺学等其他有关学科对翻译进行阐释；西方有"美而不忠"的说法，在我国有"美言不信，信言不美"的观点。

所有对翻译的阐释，都与翻译实质和翻译标准密切相关。西方国家的各种翻译标准都围绕文本的内容、形式、整体信息的传递或对等；国内各种翻译标准与国外的大同小异，主要围绕着忠实、等值、达意、传神等。

严复的"信、达、雅"中的"信"指的是译文必须忠实于原文，忠实于原文当然是指忠实于原文的语言文字所承载的信息。

博雷的"神似、形似"强调翻译要注意原文的语言文字所传递的文体风格信息。

国外的"功效对等""翻译三原则"等不都是强调将原文的所有信息内容完全转移到目的语里吗？说到底，不管什么样的翻译标准，都离不开一个"真"字，换句话说，译文是原文信息的真实反映，译者要真正最大限度地将原文作者赋予原文语言文字的"任务"转移到译文里，使原作语言所赋予的"任务"开始由译文承担，从而使读者在读了译文之后，充分理解原文作者的"用心良苦"。

第五节　国际商务英语翻译标准

上述所提到的翻译标准中有些对商务翻译没有多大的指导意义，如"化境"。国际商务英语所涉及的文本除广告外，通常都不像文学作品那样具有美感，也不需要"化境"达到原作的神韵。

国际商务英语涵盖面较广，涉及众多不同的领域。所以，国际商务英语标准有其特殊性，即标准的多重性。所谓多重性，指的是不同的文体翻译，标准有所差异，要灵活使用。例如，国际商务英语涉及法律、法规和广告。法律、法规的语言特点和广告的语言特点截然不同。法律、法规具有规定性、约束性，用词严谨，措辞谨慎，没有模棱两可的"模糊语言"。广告的目的主要在于宣传产品、建立起产品和企业的形象以达到促销的目的，所以广告语言用词灵活、语言可以渲染，具有文学语言的特征。

在研究了前人的翻译标准后，笔者认为对等的概念可以作为国际商务英语翻译标准的基础。笔者认为国际商务英语翻译标准是"信息灵活对等"（dynamic message equivalence），概括为"4Es"，即：

① Equivalence of semantic message of source language and target language.
原文的语义信息与译文语义信息对等。

② Equivalence of stylistic message of source language and target language.
原文的风格信息与译文的风格信息对等。

③ Equivalence of cultural message of source language and target language.
原文的文化信息与译文的文化信息对等。

④ Equivalence of response of source language readers and target language readers.
原文读者反应与译文读者反应对等。

"4Es"之间的关系是，首先要做到语义信息对等。语义信息包括表层语义信息和深层语义信息。然后，风格信息必须同样达到对等，尤其是风格信息非常突出时更是如此。语义信息对等和风格信息对等是国际商务英语翻译中最基本层面的对等。在此基础上，若原文承载了文化信息，译者必须无条件地设法将源语中的这种文化信息最大限度地传递到目的语中去。第四个"E"是以前面三个"E"为条件的，如果前三个"E"有任何一个"E"做得不够，第四个"E"不可能做到对等。另外，语义信息对等和风格信息对等必须服从于文化信息对等。换言之，在语义信息对等和风格信息对等与文化信息对等出现矛盾时，必须以文化信息对等为大局，以原文读者反应和译文读者反应对等为目的。必须说明，文化信息并不总是在语言中得以承载。换言之，原文中有时没有承载文化信息，这时，译者自然不必考虑文化信息对等。但是，任何时候，译者都必须以原文读者反应与译文读者反应对等为最高标准。那么，怎样才能知道原文读者反应与译文读者反应是否达到对等呢？当然，我们不可能在翻译时请原文读者（主要是以英语为母语的读者）提供他们对原文的反应，只有在检验译文质量时找以英语为母语的读者以获得他们对原文的反应来对比译文读者的反应。但是，国际商务英语的翻译者本人就充当了原文读者和译文读者的双重身份。当完成了信息传递（翻译过程结束），译者必须将自己在理解了原文后所产生的反应与自己在读译文后的反应进行仔细的比较。这种比较是一个复杂的过程，译者必须充分认识到他所传递的信息是否准确无误，信息量是否最小限度地被丢失。要做到这一点，译者必须正确理解原文，把握住原文的语义信息和风格信息。此外，反映在文化方面时，具有双重身份的译者的反应更体现出一种复杂的心理反应过程，因为文化对等反应受译者知识面、教育程度、本民族文化和英语国家文化底蕴等因素的影响。所以，国际商务英语翻译者不仅要有扎实的汉语和英语知识基础及其高超的英汉互译技巧，而且需要有较好的本民族文化和英语文化知识，只有这样，才能做到"4Es"。

此处的"对等"，我们指的不仅仅是一般意义上的语言学、语义学、语用学等方面的对等，更重要的是效果上的对等。这里的对等是一种综合关系，必须考虑到各方面的因素。

对等是一个科学性的描述概念，只涉及信息及其传递，不涉及信息的传递者——译者的主观态度。

对等又是一个相对的概念。绝对的对等是不存在的。"根据能量守恒和转换（转化）定律，非孤立系统的转换或传递都有能量的损失。翻译既然是人为实现的两种语言间的'代码转换''信息传递'，其损失就不可避免"。虽然信息传递过程中信息的丢失不可避免，但这并不意味着信息的丢失在翻译的过程中一直存在。信息丢失的可能性主要有以下几种：①翻译者对原文语义信息和/或风格信息判断失误时；②翻译者虽正确理解了原文但所选的目的语词语不是最佳对等语时；③原文所承载的独特文化信息在目的语中没有对等的文化现象时；④原文词语独特（或杜撰），在目的语中没有对等语时。

商务英语翻译者在进行翻译实践时必须考虑到4Es的对等，同时尽量通过各种手段弥补上述四种信息的流失。

对等并不等于同一，译者在目的语中应该寻找对等的语汇，而不是同一语。换言之，我们要把重点放在原文信息在译文中的再现，可以不保留原文的表达形式。

对等还必须是顺其自然的对等，译文不能有"翻译腔"，理想的译文好像是原文作者用目的语的写作。

虽然没有绝对的对等，但是，为了译文能最大限度地传递原文的信息，译者必须在目的语中寻到道地的并且是最贴近原文的对等语。

原文与译文的灵活对等的中心是不能拘泥于形式，对等不是词语的同一，在保证原文的信息量最大限度地传递到译文中的前提下，译者可以灵活运用目的语，以达到语义信息、风格信息和文化信息的最大限度地对等。

一、原文的风格信息与译文的风格信息对等

翻译的风格论所关注的重点是源语风格意义的所在。

此处所指的"风格"实际上是指不同的文体。现代语言文体学将风格的研究分为三个层次，其中的基础层次重点研究语体。

风格信息是作为信息的传递载体——语言所传递的信息之一。风格信息的传递在翻译中不可忽视。翻译中若忽略了原文的风格信息，不仅使译文信息大量流失，而且使译文显得不得体。语言好像服饰，不同的场合穿戴不同。不同的语言文体就像不同场合的服饰。国际商务英语涉及不同文体的语言形式，如公文、法律、广告（有时具有文学语言特点）。所以，翻译者必须特别注意不同风格信息的传递。例如：

These Rules shall govern the arbitration except that where any of these Rules is in conflict with a provision of the law applicable to the arbitration from which the parties cannot derogate, that provision shall prevail.

本规则应管辖仲裁，但若本规则任何条款同适用于仲裁而为当事人各方所

不能背离的法律规定相抵触时，则该规定应优先适用。

以上例子原文是具有法律意义的条款，译文也必须是法律语言，否则，译文读上去不像法律条款。例如，"These Rules shall govern the arbitration..."若翻译成"这些规则将管制仲裁……"听上去让人费解，很不自然。另外，"that provision shall prevail"中的"prevail"一词实在不好翻译。若不熟悉法律语言，很难找到确切的词语。一般的词典所给的释义，如"胜过""优胜""普遍"等在此显然不合适。又如以下例子是一产品说明书，汉译文必须让人感觉是说明书。

Instant Full Cream Powder

This instant full cream powder is made from the Premium Grade A milk. To prepare it you simply mix the powder with water and instantly you have nutritious, natural full cream milk.

This milk powder gives you the same nutritional value as fresh milk because it contains vitamins A，B1，B2，B6，B12，C，D，E，K，PP，carotene，protein， and milk fat， plus enrichment with vitamins A and D.

速溶全脂奶粉

本速溶全脂奶粉选用优质 A 级牛奶精制而成，加水即可调成营养丰富的天然牛奶。

本奶粉含有维生素 A、B1、B2、B6、B12、C、D、E、K、PP、胡萝卜素、蛋白质和乳脂，以及强化维生素 A 和 D，其营养价值与新鲜牛奶相同。

不难看出，该译文读上去像汉语说明书语言。例如，将"This"翻译成"本"而不翻译成"这"或"该"。此外，原文的"... is made from the Premium Grade A milk"若翻译成"由……制成"也未尝不可，但译文"选用优质 A 级牛奶精制而成"明显更胜一筹。

二、原文的语义信息与译文的语义信息对等

语义信息是基础。没有语义信息就没有风格信息或文化信息，因为风格信息和文化信息必须通过语言的基本含义表现出来。语言是信息的载体，语言若没有传递信息，风格信息和文化信息就无从谈起。风格和文化只有通过语义信息才能反映出来。

语义信息包括表层结构信息和深层结构信息。我们划分表层结构信息和深层结构信息主要是要说明表达意思和传达信息的两种不同方式。表层结构信息

指的是话语或语篇的字面意思。例如：

The New York Port Authority stipulates that barium carbonate should be packaged in fibre drums instead of in bags. The leakage was attributed to your failure to effect shipment according to the packing terms as stipulated in the contract.

纽约港务局规定碳酸钡应用纤维材料制成的桶装，而不应袋装。泄漏是由于贵方未按合同规定的包装发货所致。

此例是关于贸易运输中货物出现问题时的函件。原文字面意思十分明确，译文已将原文的表层信息传递出来了。

深层结构信息指的是表层结构语言所蕴含的意思。换言之，是"字里行间"的意思，这种意思要通过上下文揣测出来。要了解深层结构信息，译者需要运用他对源语社会、历史、文化、艺术、专业知识等方面的知识能力，去感受、体会和挖掘原文所蕴含的深层结构信息。例如：

It works just as well on the dash

Just because you're on the move doesn't mean your business has to come to a standstill.

The new F-series is a quality business tool designed to keep you in touch both in and out of the car.

It's one of the smallest and lightest portables around. And, if size does make a difference to you, it even has two different batteries. A large one for longer use and a small one to avoid unsightly bulges in your pocket.

Back in the car you can't get a better phone. It clips easily into place giving you a powerful class 2 mobile phone. Thanks to Panasonic's advanced acoustic engineering, it then gives you the best possible hands-free performance.

So whether you're on four wheels or two feet you can always keep your conversation moving.

For more details on the F-series, cut out the coupon or dial 100 anytime and ask for Freephone Panasonic.

风驰电掣　传话依然那么清晰

您在旅途并不意味着您要停下业务。

新F系列是一种高质量的生意工具，是专为您在车内或车外时保持联系而设计的。

它是目前体积最小、重量最轻的手提式电话。如果体积在您看来举足轻重的话，这种电话可使用两种电池。大的一种使用时间较长，小的放在您的口袋里，外面没有一丝凸起的痕迹。

在车里使用，您找不到比这更好的电话。它能很方便地放置在固定部位，成为一台高功率的二级汽车电话。多亏松下先进的制造工艺，才给您最好最省事的服务。

所以，不论您坐四个轮子的车，还是两足步行，您的谈话总能够继续下去。

若要索取 F 系列详细资料，请剪下附表或随时拨打 100，获得松下免费电话服务。

以上是一则手提电话的广告。广告语言不复杂。汉译文基本上传达了原文的表层结构含义。有几处译者根据上下文，在原文的基础上，把深层结构的意思传递出来了。

首先，标题不能按照表层结构含义直接翻译出，只能根据该广告的内容将广告设计者所蕴含的意思翻译成"风驰电掣 传话依然那么清晰"。

其次，原文中 "a quality business tool" 中的 "quality"，不能只按其基本意思翻译成"质量"，若翻译成"质量生意工具"，中文读者会不知所然。其实，原文作者的意思是：本产品质量上乘、可靠。所以，将 "a quality business tool" 翻译成"高质量的生意工具"，就把原文的深层结构含义翻译出来了。

最后，原文的 "if size does make a difference to you"，也不能仅按照表层结构翻译，如果将这句子翻译成"如果体积对您有所区别的话"，虽然勉强可以理解，但这种译文肯定不是原广告设计者想要表达的意思。因此，将其翻译成"如果体积在您看来举足轻重的话"，便把原文字里行间的意思翻译出来了。

三、原文的文化信息与译文的文化信息对等

文化是什么？文化的定义比较复杂。《现代汉语词典》的文化的定义是：人类在社会历史发展过程中所创造的物质财富和精神财富的总和，特指精神财富，如文学、艺术、教育、科学等。

在英语中，culture（文化）同样是一个很难阐释的单词。人类学家泰勒早在 1871 年的《原始文化》一书中提出的定义颇具有代表性。

所谓文化和文明乃是包括知识、信仰、艺术、道德、法律、习俗以及包括作为社会成员的个人而获得的其他任何能力、习惯在内的一种综合体。

综合上述及其他各种观点，"文化"可以简洁地定义为"一个社会的信仰和时间的总和"。

既然文化是一个社会的信仰和时间的总和，语言就成为最重要的东西了，

因为通过语言，社会的信仰能得以表达和传播，人们之间的交流才能实现。语言与文化不可截然分开。语言是文化的一部分，同时又是文化的载体，对文化起着重要的作用。此外，语言又受文化的影响，语言反映文化。使用某一语言的群体形成了该群体特有的文化，因而两种语言的翻译势必涉及两种文化的传递。所以，语际翻译不仅是两种语言的互相转换，也是两种文化的传递。要做好翻译工作，熟悉两种语言的文化是非常重要的，因为词语在特定的文化中才会有一定意义。文化在翻译中是不可忽视的因素。奈达说："要真正出色地做好翻译工作，掌握两种文化比掌握两种语言甚至更为重要，因为词语只有运用在特定的文化中才具有意义。"

要做到文化上的对等，就必须对两种语言的文化进行对比，这种对比体现于在目的语中寻找"对等语"的过程中。例如，译者若不了解美国具体情况，将美国的大商店或国际机场的"restroom"译作"休息室"就会出笑话。殊不知"restroom"指的是"厕所"。

暂且不说两种文化的翻译。一个精通两种语言的人在进行跨文化交际时，必须注意两种文化的异同。否则，他将常常遇到意想不到的障碍，使自己处于一种尴尬的境地。例如，同性之间手挽手或有时表示亲昵抱成一团，在中国是司空见惯的事，而在西方国家却可能显得不自然，甚至会有同性恋之嫌。又如，西方国家家庭成员之间的关系与中国家庭成员之间的关系由于文化、习俗、传统不同，在交际过程中也有所不同。在英语国家，儿子帮了父亲一个忙，父亲随口道一声"Thank you！"，是非常正常的事，可在中国情况却不是如此。如果妻子帮了丈夫一个忙，丈夫说声"谢谢"，妻子可能感到不高兴，以为丈夫把她当外人。翻译是跨文化交际中沟通思想的手段。尽管各民族文化互相渗透、影响，但一个民族由来已久的文化是永远不可能被另外一种文化取代的。所以，进行翻译工作时，永远不能忽视文化的因素。

那么，文化在翻译过程中应该怎样传递呢？文化是否能通过另一种语言传达出来呢？回答是肯定的。前文说过，文化与语言密切相关，语言是人类所特有的一种东西，人们的思维离不开语言。尽管不同民族的人使用不同的语言进行思维活动，但人类的活动有很大的共同点，思维方式上有很大的共性。所以，当把一种文化传递到另一种文化中时，很有可能找到对等的表达方式，即使找不到对等的表达方式，也可以通过其他方式传递文化信息。尽管文化信息传递过程中可能会出现这样或那样的错误，但是，翻译家对不同文化的传递、介绍起了至关重要的作用，只有通过翻译才有可能使一国的文化遗产为全世界的人所用。文化信息的传递是完全可能的。我们之所以了解他国文化，主要是通过翻译。文化信息的对等也是可能的，人类文明发展到今天，除了本民族文化的自身发展，还有一个很大的因素就是不同民族文化的互相渗透，加上人类思维的共性，使我们对周围的大千世界的认识有不谋而合的相似点。

翻译过程中的文化因素十分重要，为了达到文化上的对等，译者必须在翻译中做些调整。在以下几种情况下，文化上的差异可以做出调整：①原文可能引起读者误解；②原文在读者看来可能毫无意义；③译文"语义过载"而不能为一般读者看懂。

例如，在西方神话传说中，dragon（龙）不是中国人心中那样的吉祥动物，而是表示邪恶的怪物。在中世纪，dragon 是罪恶的象征，圣经故事中恶魔撒旦（Satan）就被认为是 the great dragon。另外。dragon 还有"泼妇"的意思。由此可知，dragon 在英语国家人民中所引起的联想与中国人的"龙"完全不同，所以，翻译时要特别小心。东亚的韩国、中国台湾、中国香港及新加坡，被称作"亚洲四小龙"，将其翻译成英语"Four Asian Dragons"恐怕不太妥当，有人建议翻译成"Four Asian Tigers"，不失为一种较好的文化信息的对等。因为 tiger（老虎）在西方人心中是一种强悍的动物，至少不会让人联想到某种可恶的动物。再者，tiger 一词在1993年版的《牛津英语词典增补本第二卷》中的释义为："A nickname for any one of the more successful smaller economies of East Asia, esp. those of Hong Kong, Singapore, Taiwan, and South Korea."（译文：任何一个在经济上较为成功的东亚小国或地区，尤其指中国香港、新加坡、中国台湾和韩国。）所以说，将"亚洲四小龙"翻译成"Four Asian Tigers"在文化信息方面基本达到了对等。另一种观点认为，从宣传中国文化的角度出发，还是用 dragon 一词。笔者认为，既然权威的牛津英语原版词典已经收入 tiger 的新意指亚洲四个发达的工业国家或地区，说明英语读者已经接受了这种译法，就没有必要再更改了。笔者认为，为了宣传我国民族文化，在最初的汉译外时，就应该直接推出反映中华民族文化的翻译。假如我们在"亚洲四小龙"的英译中一直使用 dragon 一词，同时通过加注，让西方人逐步改变 dragon 在他们心中的不好的联想，也许，英语词典也会给 dragon 增添新意指"亚洲四小龙"。

再举一个大家熟知的例子，我国著名的"白象"牌电池，翻译成英语"White Elephant"，语义信息虽然对等，但从文化信息对等来看却是糟糕的翻译，因为 white elephant 在西方国家中意思是"笨重而又没有用的东西"。这源自一个传说。相传有个国王讨厌下面的一个大臣，为了惩罚他，国王送给该大臣一头白色的大象，这头大象使该大臣非常棘手，因为是国王送给他的，他既不敢转送给他人，更不敢宰杀，只好小心地伺候它。由此可知，将"白象"牌电池翻译成英语"White Elephant",英语国家的人恐怕不会买,因为消费者不愿买"没有用的东西"。那么,"白象"牌电池应怎样翻译成英文呢? 我们可以考虑用 lion(狮子)一词。该词在西方人心中象征着强大、有力的动物。我们可以将"白象"翻译成"Brown Lion"。如果买来的电池威力无比,何乐而不为呢?

文化差异有可能造成不可译性。文化信息有时很难传递到目的语中去。这样,就不能完全达到对等的标准。文化差异会引起几种不对应的情况:

①源语中的指称对象在目的语文化中根本不存在或罕见或被忽视。

例如,汉语里有许多用数字开头的词语,像"三心二意",这些数字通常不能按字面意思翻译。

②源语文化在概念上有明确的实体,而目的语文化不加以区分;或恰恰相反。

例如,英语中的 armchair 指任何有扶手的硬的或软的椅子,但在汉语中我们却区分为"扶手椅"和"单人沙发"。

③源语和目的语中同一个指称对象可能由字面意义不同的词语加以指称。

例如,英语的 black tea 翻译成汉语是"红茶"而不是"黑茶",这是因为中国人注意的是茶水的颜色,而英国人重点放在茶叶的颜色上。再例如,brown sugar 是中国人所指的"红糖",而不是"棕糖"。Brown bread 是"黑面包"而不是"棕面包"。

正是由于中西文化有相当大的差异而造成翻译过程中文化信息的丢失,由此便影响原文读者的反应与译文读者的反应对等。中国人有时喜欢用花草名称作商标,但是,文化上的差异,花的象征性很难对等,有时甚至出问题。如我国生产的"紫罗兰"男装,若用 Pansy(紫罗兰)作为商标,在英语国家则销路不会太好,因为 Pansy 这个单词指的是"女性化的男人"。我们需要了解意大利人喜爱玫瑰花,但讨厌菊花。日本和拉丁美洲许多国家忌讳用菊花做商标,日本人将菊花用于葬礼。

再例如,中国名酒"杜康",翻译成英语只好接音译。英语国家读者看到英语商标"Dukang"时,只会把它与酒联系起来。而不会想到中国历史上酿造酒的高手杜康,也不会像中国人那样把"杜康"(Dukang)与"好酒"联系起来。所以"杜康"作为商标,文化信息对等不理想。不过,我们不妨可以用希腊酒神的名字 Bacchus 作"杜康"酒的英语商标,这样,文化信息的对等肯定比"Dukang"要好得多。因为,Bacchus 会使西方人联想到酒。英语中有成语为证:a son of Bacchus(酒鬼)。

又例如,Nike 作为商标能使英语国家的人联想到胜利、吉祥,因为 Nike

一词指的是胜利女神,传说中 Nike 身上长有双翅,拿着橄榄枝,给人们带来胜利和诸神的礼物,她是吉祥、正义和美丽之神。Nike 作为体育用品商标,我们可以把它音译为"耐克",暗示 Nike 牌体育用品经久、耐用,使用 Nike 牌体育用品能在比赛中"克敌"。"耐克"可以说是不错的翻译。但中国人对英语 Nike 所蕴含的文化信息,不可能像英语国家的人那样想起 Nike 女神。翻译中的文化信息还是丢失了。

不过,有时即使文化信息只是源语所特有的,在译文中也有必要保留。这正如前文所说是引进外国文化的一种方式。例如,"十字架"的文化含义已被我国人民接受。对于这种源语中文化信息的传递,译者必须采取加注的方法以让译文读者理解。至于在什么情况下需要将外国文化通过翻译引进本国,这就要看译者的判断水平了。

四、原文读者反应与译文读者反应对等

原文读者的反应与译文读者的反应对等是国际商务英语翻译的最终目的。以上所述 4Es 中的前三个 E 的对等都是为了满足第四个 E——原文读者反应与译文读者反应的对等。

然而,百分之百的对等是不可能的,我们只能做到最大限度的对等。不仅如此,评测读者的反应是件不容易的事。但是,不能因为这种原因就放弃读者反应对等原则。国际商务英语翻译者必须认识到:①译文读者对译文的理解应当达到能够想象出原文读者是怎样理解和领会原文的程度;②译文读者应当能够基本上按照原文读者理解和领会原文的方式来理解和领会译文。译者在翻译过程中必须想象原文读者对所翻译的文本的反应,译者本人既是原文读者又是译文读者。但译者还必须想象以英语为母语的读者的反应。我们说"想象",是因为实际上要做到验证这两种译文读者的反应有时是非常困难的。至于译者能想象到什么程度,这取决于译者的判断力。例如:

If any provision of this agreement shall be determined to be unenforceable, void or otherwise contrary to law, such condition shall in no manner operate to render any other provision of this Agreement unenforceable, void or contrary to law, and this Agreement shall continue to be operative and enforceable in accordance with the remaining terms and provision hereof.

如果裁定本协议项下的任何规定无法强制执行、无效或在其他方面与法律冲突,在此情况下不会造成本协议项下其他规定无法强制执行、失效或与法律

冲突，则本协议其余条款和规定可以继续实施和强制执行。

  这一段文字来自具有法律规定意义的"协议书"。译者翻译时必须首先彻底理解原文，然后用道地的汉语法律语言表达原文的意思，否则，译文读者的反应肯定会与原文读者的反应有差别，有时甚至会有很大的差别。例如，原文的"this agreement""determined"若翻译成"这个协议""决定"，语义信息虽被传递，读者也能看懂，但风格信息没有得到传递。结果，译文读者的反应是：这不像协议书语言。以上译文可以说基本把握住了原文的风格信息从而让译文读者的反应与原文读者的反应更接近。

  以上例子说明了语义信息传递了而风格信息传递没有完全到位造成了译文读者的反应与原文读者的反应没有达到理想的对等。同样道理，如果语义信息在翻译过程中丢失或错误传递，译文读者的反应也会与原文读者的反应不能对等。例如：

  Check for a " ditch or smile" around the coin on the product side. A " smile" in the path of the scoreline will produce leakers.

  检查罐盖内侧硬币区是否有"沟渠和微笑"。在刻痕线上出现"微笑"则会产生渗漏。

  译文中的"沟渠"和"微笑"以及"硬币"让读者感到费解，其反应自然就会有悖于原文读者的反应。其实，原文中的"ditch""smile""coin"使用了修辞手法。ditch 是一种比喻，沟是凹进去的，所以，ditch 比作凹面；smile 用的是拟人的手法，人笑起来脸部肌肉凸起来，所以 smile 意思是"凸"；coin 用的是拟物手法，意思是"合区"。以上的例句的汉译文可以修改为：

  检查罐盖内的合区是否有凹痕和凸起。如果刻痕线上出现凸起，则会产生渗漏。

第五章　基于文化视角转换下的国际商务英语翻译

第一节　英汉商务语言对比

一、英汉商务语言的相同之处

在一般情况下，我们学习英语总会受到汉语这一母语的影响。事实上，英汉两种语言存在的某些相似性有助于我们学习和理解英语，这在商务语言上也不例外。这种相似性主要体现在词类划分、句子要素以及基本句型上。

（一）词类划分相同

英汉两种语言在词类划分上是基本相同的。一般情况下都把词汇分为实词和虚词两大类。其中实词主要有名词、动词、形容词、副词、数词、代词等，虚词有介词、连词、语气词、助词等，两种语言的相似性主要体现在二者的语法功能上。

（二）句子成分划分相同

从句子构成成分上来说，英语和汉语两种语言都包含主语、谓语、宾语或者表语、定语、状语等这几大类。其中最突出的是主语和谓语的作用，从本质上来说这两个成分构成了英汉语言的主要句子结构框架，如最简单的"主语+谓语+宾语"结构，以下例句足以说明这一问题。

He prefers coffee.
他更喜欢咖啡。
This book sells well.
这本书销量很好。

（三）基本句型相同

从以上两个例子可以看出，两个句子除了句子要素存在着相似性，还可以看出二者的基本句型也没有太大的差别两种句子都是按照主谓结构排列的。在众多的商务文体或者科技文章中，句子结构相互对应的情况是比较普遍的。例如：

According to *the Joint Venture Law* of China, a joint venture shall take the form of a limited liability company...

根据中国《合资企业法》，合资企业应该以有限责任公司的形式出现……

As requested in your letter of 15 July, we are enclosing our check for $ 500.

按照你方 7 月 15 日的来信要求我方附上 500 美金的支票。

从上边两个例子我们可以看出，译文的结构其实和原文相差无几，只是在个别用词上要遵从商务英语的习惯翻译方法。

二、英汉商务语言的不同之处

（一）词汇的不同

1. 词汇含义不同

商务文章中的词语除了具有本民族文化色彩之外，往往具有很强的专业性，一个词语往往有很多不同的意思，在翻译时除了要看一般含义外，还要结合具体商务文化背景来推测其真正含义，同时还要注意目的语的专业性。词语的对比翻译主要遵循的原则是：从词语的字面含义中筛选出符合词语所要表达意思的准确含义，这个含义同时也要符合译入目的语的语言和文化特征。如下面一段话：

It seems that the more traders try to predict, the more it cannot be done. Just as we cannot predict future life events, we cannot predict future market events. The fantasy or "holy grail" that many traders believe in is that we can predict the future of price activity. The reality is that we just cannot! I hope I am not bursting any bubbles out there, but better to hear it now than lose a ton of money later!

一般看来是这样的：交易者越试图预测得更多，那么预测的结果就越不可行。就像我们无法预测未来生活事件一样，我们无法预测未来的市场情况。幻想或很多交易者相信"圣杯"的结果是：我们能够预测价格走势的未来发展方向。现实是恰恰相反，我们做不到。我希望大家不要认为我是在突发奇想，而最好是现在听一听，总比日后失去大量金钱要好些。

（注：根据中世纪传奇，耶稣在最后的晚餐使用的杯子或盘子，后来成为很多武士追寻的对象。这里指神圣器物。）

英文中的"holy grail"具有很强的西方文化特色，汉语中没有对应的文化内涵词语相对应，除了按照字面意思翻译成"圣杯"外，还要进行相应处理，如用加注的方式予以解释，这样我们就可以基本理解"圣杯"的含义了。

因此翻译时在理解原文词语意思的基础上，要根据具体商务背景来选择合适的汉语词语进行准确的专业性表述也是不可忽视的一个方面。

2. 词汇形态变化不同

从词汇形态变化上来说，英语词汇有形态的变化，但是汉语基本是没有的。具体来说，英语的词汇变化主要体现在几种词上，其中动词有人称、时态、语态、语气、情态、不定式或分词的变化；名词有修辞格、数量的变化；形容词和副词有比较级、最高级的变化；个别词汇还有加词缀的变化；词汇意义的变化等。英语商务语言因为有这些变化，使句子的语法关系和逻辑关系更加丰富多彩。例如：

I will accept your invitation.

我将要接受你的邀请。

I have been working here for ten years.

我在这儿已经工作满十年了。

从上面两个例子可以看出，因为英语词汇形态的变化，汉语不得不通过增加一些词语来表达准确的意义，如"将要""已经"等。同时需要注意的是，汉语没有词汇形态的变化，它主要是依靠词语顺序以及逻辑关联词来表达整个句子的实际意义。

（二）句子的不同

1. 句子被动语态应用的不同

在英语句子中，尤其是具有信息性和文体性的商务文件中，一般被动结构的应用比较广泛，而汉语句子往往不使用被动结构也可以表达被动的意义。将英语翻译成汉语时，商务文件的被动形式大多都会翻译成主动形式。例如：

This problem should be resolved in good time.

这个问题要及时加以解决。

Three days are allowed to their company for making the preparations.

我们给予他们公司三天的时间准备。

将汉语翻译成英语的时候，很多汉语中存在的隐蔽的被动形式需要在英语中翻译出来。例如：

这份合约应该予以足够的重视。

This contract should be paid enough attention to.

付款条件将要在下次谈判加以讨论。

The terms of payment will be touched upon during the coming negotiation.

2. 句子叙述先后顺序的不同

英汉两种语言在安排句子和建构句子各个小句的顺序上存在着某些相似的地方，但是也存在着一些差别，尤其是在信息编排的顺序上。关于陈述重要信息，英语习惯将其放在句首的位置，这就是英语国家习惯的开门见山，而汉语中一般将最重要的信息放在最后的位置。汉语一般选择自然语序，而英语两种语序都有。

英语是一种注重主语的（subject-prominent）语言，它的基本形式是主语和谓语的一致。这个基本架构的扩展机制，在于从属成分与它的有序挂靠。汉语是注重话题（topic-prominent）的语言，它的主语和谓语不一定具有英语中那种严格的形式关系。因此，在翻译时，我们应该根据英汉句子的语言结构特点对原语言的句子结构进行相应的调整，以符合目的语的结构文化特征。句子结构的调整主要是语序的变化，也就是句子成分和句子之间排列次序的变化。句子的调整还可以是句子成分的变化和增减。如下面的例子就是将英文中的主语翻译成汉语中的动词来处理，当然词义的顺序也必须做相应的调整。

The installation should be commenced as soon as all the remaining problems have been cleared up.

待剩下的问题都解决之后就应立即开始安装。

英汉翻译过程中对句子的处理方式存在很多逻辑上的重组现象。根据篇章中句子的排列特征，我们可以把篇章中句子结构从空间结构、时间顺序和时空共构三个方面进行划分，下面一句话的翻译就是在空间结构上进行了较大的调整。

Since World War Ⅱ, the American economy has been on a "throwaway" basis, making shoddy-products that break or wear out quickly on the theory that the sooner a product wears out, the sooner the need for purchase.

按照商品耗损得越快消费品就越需要更新的理论，美国在第二次世界大战以后将经济建立在"用过就扔"的基础上,生产出很快就破损的次品。

下面就从几个层面对比一下英汉句子层面语序的差别。

(1)英语先表态后叙事,汉语先叙事后表态

主句句子中既含有叙事成分,也含有表态成分的时候,英语通常会将表态放在前面,而后是叙事,其中表态的部分比较短,叙事的部分比较长。例如:

It is regrettable that the aggressive market strategy of Japanese colleagues and their apprentices in Korea has resulted in destructive price erosion for consumer electronics goods.

我们的日本同行和他们的韩国"徒弟们"以其野心勃勃的市场战略破坏性地降低了民用电子产品的价格,这是令人感到遗憾的。

从这个例子可以看出英语国家总是首先表达个人的感受、观点、态度以及结论,因为英美国家的人们认为这是最为重要的,然后才开始将事实和理由一一道来,形成一种头短尾长的结构形式。值得注意的一点是,英语中比较习惯采用 it is...to 的形式来表达,这也是为了英语先表态后叙事而准备的。

汉语的句子一般叙事在前,将叙事部分叙述清楚之后才会进行表态,因为汉语国家的人们认为叙事起到的是铺垫的作用,两者是前因后果的关系,符合汉语国家人们的一般性思维方式。例如:

It was a real challenge that those who had learned from us now excelled us.

过去向我们学习的人,现在反而超过了我们,这对我们来说确实是一个鞭策。

(2)英语先结果后原因,汉语先原因后结果

在英语中,因果关系主要体现在复合句中,因果哪个先说哪个后说,英语中都存在对应的句子,但是从总体上来说,英美人更偏重的是先说结果,后提及原因,这可能是由于他们认为结果要比原因更重要。例如:

It is a good thing that we have reached an agreement on the price.

我们能够在价格上达成一致是一件非常好的事情。

从上面的例子可以看出,英美人习惯将信息的重心放在句末,通常来说,翻译成中文的时候将语序进行了变动放置到了最后。这就符合了中文的习惯,即先原因后结果。

(3)英语先焦点后背景,汉语先背景后焦点

所谓"背景",是指事件发生的时间、地点以及伴随的情况等一些不重要的信息或者细节。而焦点可以理解为信息的焦点,因此英美人先焦点后背景,即习惯将最重要的信息放在句首来说。例如:

It was a great disappointment when I had to postpone the visit which I had intended to visit China in January.

我原来打算一月份访问中国，后来不得不推迟，这使我深感失望。

上述句子中，"感到失望"是本句子的焦点，因此英美人将其放在句子的最前端，而后叙述"感到失望"的原因、时间、地点以及相关的事情。而翻译成汉语后，则明显将这些原因、时间等放在前面而后得出问题的焦点。可见在背景和焦点问题上，英汉语言存在着明显的差异。

3. 句子主谓省略的不同

主语是句子的主要成分，是句子陈述的对象。主语可以作为施事者，也可以作为受事者。在英汉两种语言中，主语的位置是基本相同的，一般都位于句首。但是在某些特殊的情况下也存在着一些明显的差异，尤其是在施事主体为物的情况下。施事主体为没有生命的事物的情况其实是很少的，这些句子的存在主要是由于修辞的存在主要分为拟人化、半拟人化以及无拟人化三种。

（1）拟人化

拟人化的修饰手法不仅能够使句子更生动形象，而且可以带给人一定的联想。例如：

A strange peace came over her when she was alone.

她独处时感到一种特殊的安宁。

The company's name slips my mind.

我不知道这个公司的名字。

以上两个英语句子通过运用拟人化的修饰，使整句话更加生动。

（2）半拟人化

半拟人化是指有些句子的拟人化色彩已经淡化，常常与 see、witness 连用来表达某一种经历。例如：

History witnessed it all.

历史见证了这一切。

The house saw more unhappiness.

很多不幸发生在这间房子里。

（3）无拟人化

有些词语已经丧失了拟人化色彩，在这类句子中常见的动词有 strike、kill、seize、know、find、bring 等。例如：

A good idea suddenly strikes me.

我突然想到一个好主意。

The house reminds me of my poor life.

看到那间房子，使我想起了贫穷的生活。

综上所述，拟人化的句子使英语结构更加严谨、句子更加流畅、语气更加含蓄幽默。但是汉语还是注重将这些转化成以人为主语，这更符合汉语的表达习惯。

4. 句子使用虚词的不同

虚词有介词、连词、语气词、助词等，英语中的这些虚词往往只具备语法的功能而且使用的频率也非常高，但是汉语中一般使用的频率比较低。因此，在将英语翻译成汉语的时候往往把这些虚词省略。例如：

We have reached an agreement on the style of the trousers.

我们在裤子的样式上达成了共识。

I hope that we can cooperate happily.

希望我们合作愉快。

The dress cost me two hundred and sixty dollars.

这件裙子花费了我两百六十美元。

（三）篇章的不同

翻译活动所处理的不是一个个孤立的词句，而是由互相关联和制约的词语和句子，为一定的交际目的，按一定的格式，有机地组合在一起的语篇。实际上语篇的研究主要体现在语篇的结构和语篇的语境研究上。就语篇层面而言，译者必须了解商务领域的行业规范和背景知识，熟悉商务运作各个环节所使用的成套术语和各类商务语篇的表述模式与结构，不说外行话。要确保译文的专业性、整体性、礼貌性，并努力使译文的语气与原文一致，传达相同的功能。下面是一篇英文商务信函，文章表达简洁明了，句子衔接紧密、连贯、紧凑，又不失专业性的表述和规范，礼貌得体。

Dear Sirs,

We learn from Thomas H. Pennie of New York that you are producing hand-made gloves in a variety of artificial leathers. There is a steady demand here for gloves of high quality at moderate prices. Will you please send us a copy of glove catalogue, with details of your prices and terms of payment? We should find it helpful if you could also supply samples of these gloves.

Yours faithfully,

Tony Smith

与原英文的篇章结构和专业表述一样，下面的译文也展现了相应的汉语商务信函规范和礼貌模式。

尊敬的先生：

我公司从纽约的托马斯·H.彭涅公司处敬悉贵公司生产各类手工制人造皮手套。本地区对中等价位的高品质手套一向有稳定的需求。

请惠寄贵公司的手套目录一份，详述有关价目与付款条件。希望贵公司顺带惠赐样品。

采购部主任
托尼·史密斯

基于英汉语言文化的不同，上述译文并不是按照逐字对应的方式翻译的，而是按照中文的商务信函用语把英文的意思完整不漏地表述出来。因此，商务篇章的翻译需要在对比英汉不同语言文化的基础上进行。

（四）语用的不同

翻译研究无论在理论上或实践中都离不开语境和对语境的研究。翻译活动中的语境可以是文化语境，即语篇外的文化背景；情景语境，即源语读者和目的语读者作为共享的语境知识；文本语境，即语篇内的信息内容。语用学是研究语言使用的科学，无论哪种语用学理论都是以语境为核心研究内容。语用翻译对比研究实际上就是翻译过程中在对比源语言和目的语的各种语境（文化语境、情景语境和文本语境）后所做出的即符合源语言语境又符合目的语语境的目的语优选结果。在英汉商务翻译中对比不同的商务、语言、文化环境，然后总结出符合目的语语言文化的语言，使目的语读者能原汁原味地体会原文的语用目的。如下面一段英文：

Mr. Soros' Quantum fund is reputed to have made a billion dollar profit speculating against Sterling during the most recent EMS crisis. The Malaysian national bank, whose then governor is now otherwise occupied, lost more than that betting the other way （Ironically, Mr. Soros himself admitted to losing $ 600 million in speculation, notably in the Yen, early in 1994）.

这段英文虽然不长，但其中有很多专业术语和特定的文化背景，其中 EMS 在我们的印象中是特快专递，但这里的语境显然不是这个意思，在翻成中文时应该进行说明，以让中国读者明白这个词的确切含义。下面译文就使用了希基在他的言后等效翻译理论中所提及的翻译过程中的解释的方法。

索罗斯先生的量子基金就因为在最近 EMS（European Monetary System，欧洲共同市场货币体系）危机中投机英镑挣取了数十亿美元而声望鹊起。当时由政府控制现在已改换门庭的马来西亚国家银行却在另一场赌博中输掉了更多的钱。（具有讽刺意味的是，索罗斯本人承认在有名的1994年日元投机风波中输了6亿美元。）

语用翻译的研究涉及语用学的方方面面，无论是什么方面的研究，我们在翻译时都应考虑不同语境的存在，根据原文语境来翻译，这样才能不失原文的根本含义。

第二节 文化差异对商务英语翻译的影响

一、商务英语翻译中的文化错位现象

众所皆知，文化意象蕴含了各个民族的集体智慧和漫长历史文化的结晶。不同民族的传说、宗教诸神和图腾崇拜都代表了某种文化意象，两者之间的关系密不可分。在各个民族的历史长河中，它们对本国哲学、文学、艺术、语言文字等众多文化领域产生了重要影响，进而渐渐形成了一种文化符号，具有了相对固定和特有的文化含义。可见，中西方独特的文化对文学翻译带来重重困难和挑战，翻译中的文化意象错位现象亦不可避免。

（一）文化意象错位

在国际商务交往中，东西方消费群体在不同的自然和人文环境下形成了语言、信仰、人生观、价值观、思维方式、风俗习惯等方面的不同。不同的民族在自己的生活环境下，创立了自己特有的文化体系。东西方文化上的差异，导致了人们对同一事物或同一理性概念的不同理解和解释，有时，甚至引起误解。语言是打上民族文化烙印的符号系统，不同的语言之间不可能所有词汇一一对应。不同民族由于文化背景的差异而对相同的物象可能赋予不同的文化内涵，因此在翻译过程中，如果仅仅找对应词做到字面意义上的对等，就很可能导致文化意象的错位。

例如，中国的许多企业都选用"玉兔"作为商品名。我国古人一直视"兔"为吉祥之物。晋代桓温在《贺白兔表》中云："臣闻至德通玄则祯祥降，灵和所感则异物生。今白兔见于春谷县，白质纯素，然殊观。"古人把白兔的出现看作吉祥之兆。由于古人发现月亮上的阴影形状像桂树下一只立兔捣药，白亮形状像蟾蜍，故称月亮为玉蟾或蟾宫，但更多的是称之为玉兔。汉刘向的《五经通义》上也载有月上玉兔捣药的传说。至西晋，傅咸在《拟天问》里明言："月

中何有？玉兔捣药，兴福降祉。"可见玉兔是能兴福降祉的吉祥之物。那么将有中国传统意象的"玉兔"译为"Jade Rabbit"就不太妥当。原因在于："玉兔"乃我国神话中陪伴吴刚生活在月宫桂花树下的兔子，因此，它又成为月与吉祥的代称。将它译成 Moon Rabbit 方能体现出其文化内涵，不会被误认为单纯是玉做成的兔子。

在宽泛的意义上，商务英语翻译并不注重文字层面的等值，而更关注符号形象的传递，译者应尽全力译出待译事物的形象效果，增强译名的感性魅力。但是商务中文化意象的传译仍应视特定语境加以适当取舍，采用变通的方式处理。除了赏析原名的意蕴外，还需关注异域消费者的期待价值取向，这一取舍之间绝无明确界线，全仗译者的水平和经验来判断。即所谓运用之妙，存乎一心而已。在国际商务翻译中，译者应以关联原则为导向，从而转入形而上的层面进行思考乃至翻译。

语言是文化的一部分，又是文化的载体，它对文化起着重要的作用。语际翻译不仅是两种语言的互相交换，也是两种文化的传递。文化在翻译中是不可忽视的因素，正如美国著名翻译家尤金·奈达所说："要真正出色地做好翻译工作，掌握两种文化比掌握两种语言甚至更为重要，因为词语只有运用在特定的文化中才具有意义。"在中国文化中，荷花的象征意义是非常丰富的，诸如生命起源与生命再生的象征，人性中神性或某些不朽精神的象征，两性完美组合——两性精神结合、和谐、融洽的象征，子孙满堂的象征等。荷花还是美丽女子的象征，是出淤泥而不染、纯洁、高雅的象征，神圣的象征，夫妻美满的象征。但如果要把产品销往日本便不能使用"荷花（Lotus）"这个商标，亦不能采用荷花之类的图案，因为在日本，荷花是死亡的象征，一般只在举行葬礼时才使用。再则，中国出口的一种农机产品商标为"东风"，原取意于温暖的、生机盎然的风。其英文译名是 East Wind。由于中英地理环境不同，英国的东风是中国的西风或朔风，而英国人笔下的西风则相当于中国的东风。译者如果不了解这种地理环境的差异，其译文自然就不会受到英国人的欢迎。

（二）文化意象错位的原因分析

上述关于文化意象的错位问题，其原因在于各民族之间文化传统的差异，特定民族的文化色彩还体现在成语和谚语中作为喻体的意象或明显或隐晦。文化意象错位现象的原因分析如下。

1. 文化意象的表现形式各异

文化意象的表现形式丰富会引起文化意象传递的歧义。现实或者传说中的动物就可以成为一种文化意象，例如，汉民族语言中的龙、凤、鸳鸯、乌鸦，欧美民族语言中的熊、海燕、山羊、猫头鹰等；或是一种植物，比如汉民族语言里的"梅、兰、竹、菊"四君子，欧美民族语言里的橄榄树、玫瑰花、郁金香等；还可以是一句成语、一则典故或某一喻体，比如"画蛇添足""条条道路通罗马"等；甚至可以是某一个数字，比如"七上八下"等。在民族文化差异背景下，文化意象的表现形式丰富多彩，但因为有些情况下词相同但联想意义不同便会引起文化意象的歧义。即使同一种形式中，同种事物的描绘和表达也不一定能准确传递同等的文化意象。

2. 文化意象的传递不对等

区域民族文化个性的差异阻碍了文化意象传递的准确性。文化意象作为一个术语用来概括文学作品中一些具有意象特征的文学现象，同时文化意象的传递也被学术界作为文学翻译中的一个专门问题而进行讨论。国内的学者对于文化意象传递这个问题的探讨主要有以下三个方面：一是把文化意象传递视为一种翻译技巧问题展开讨论，主要着眼于成语、谚语、典故等的翻译研究；二是从心理语言学的角度谈形象词汇的翻译，此类研究提出，任何语言的形象词汇都是一种修辞手段，目的是使读者产生深刻的印象，即要提高对读者心理活动的影响力度；三是从文化对比的角度对一些文化概念、典故和谚语等的深层次含义做进一步研究，比如谭载喜在《文化对比与翻译》一文中就提到了不同民族文化个性的差异导致"词汇空缺"和"词汇冲突"等现象。比如说中国人的"白喜事"在欧美人的语言中是没有概念意义的，欧美人挂在嘴上的"上帝"也不等于中国人语言中的"玉帝"或"阎王"。

3. 译者文化素养的影响

译者的文化素养直接影响译文的质量。从事英美文化研究的王兴艳认为，在跨文化翻译中，避免文化错位现象，实现文化等值，主要的应对策略是增加译者的中西方文化差异知识，提高译者文化转换水平。各民族在人文地理、历史背景等方面的不同而产生的文化差异可导致对词的联想意义的不同，因此译者在选词时，既要重视词的基本含义又必须准确把握翻译中语境因素的影响。许渊冲在其《翻译中的几对矛盾》一文中曾分析过下面这句话："John can be relied on. He eats no fish and plays the game."这句话直译为："约翰是可靠的。他不吃鱼，还玩游戏。"这样的直译明显是一种误译，一个人的"可靠"与"不吃鱼"或者"玩游戏"有何关联？但如果一个译者对西方文化有较深了解，便知这种说法的缘由，英国旧教规定斋日只许吃鱼，新教徒拒绝在斋日吃鱼，以表示忠于新教，故"不吃鱼"就获得了"忠诚"的意思；"玩游戏"必须遵守游戏规则，故也等同于"遵守规则"的意思。因此这句英文表达的真正含义为"约翰既忠诚，又守规矩"。同一个词在不同的语境中，其含义与词义的广狭、感情色彩、文体色彩、文化色彩等不尽相同。所以译者在翻译时必须将语境纳入考虑之中，才能真正取得好的翻译效果。

二、商务英语翻译中的文化意象丢失

（一）文化意象的丢失

在翻译的过程中，如果极力地把源语纳入译语（如在英译汉时千方百计地汉化，汉译英时则不遗余力地英化），即用"归化"的方式将会导致源语生动的文化意象产生失落，失去其民族性、直观性。某些翻译只注重一种文化意象是否能在另一种文化中产生相同或相似的效果，译入语读者是否能够理解和接受，却对依附于语言而存在的文化及文化现象重视不够。或者说，在翻译时只考虑语义层次上的对等，却没有从语用、文化的角度予以考虑，忽略了翻译的文化传播功能。

关于商标翻译的许多论文中都指出中国人对红色情有独钟，因为红色在中国代表着喜庆和祥和，但是英文中"red"却象征着"暴力"与"危险"，西方人是不会使用红色做其产品商标的。毋庸置疑，西方人对红色是有忌讳的，比如，霍克斯在翻译红楼梦时就将其中不少的"红"字译成了"绿"字，于是，"怡红园"成了"怡绿园"（Green Delights）。因此我国多数带有"红"字的品牌名称在英译时都做了"归化"方式的处理。如"红星"牌电熨斗原译为"Red Star" Electric Iron，然而这个"红"字不符合英语文化习惯和文字表达方式，后来改译为"Bright/Shining Star" Electric Iron，这一译名基本传递了原品牌的含义，但却不能引起西方人的文化共鸣。

商务翻译虽是企业发展的一小方面，但它所附带的价值却是无形的。如今经济全球化已达到一个新的高度，商务翻译不仅是为了识别和提示相关信息，更成为对外展示企业文化的关键所在。因此，在国际商贸翻译过程中，译者应制订恰当的文化翻译策略，讲究语言的文学艺术性，即讲究译文的语言艺术，使译文准确、生动、流畅，从而有效地传译商务活动中蕴含的文化要素，尤其是文化意象的再现。这样，才有助于国外消费者领略华夏文明的深厚魅力，有助于推动企业在海外市场的发展。

（二）文化缺失的原因

1. 民族文化造成的文化缺失

不同国家和民族都拥有不同的历史，处于不同的地理区域，在宗教信仰和风俗习惯上存在一定的差别，因此都带有独特的民族文化背景。不同民族的人长期受到其独特的民族文化背景的熏陶与影响，导致他们对于事物的认识也截然不同。例如，在中国传统文化中，龙代表着神圣和至高无上的权利，被人们认为是吉祥的神物。因此中国古时候历代帝王都称自己为真龙天子，中国人也视自己为龙的传人。而在西方的神话中，龙往往代表着邪恶与罪恶，一般认为会给人们带来灾难与黑暗。

2. 民族语言造成的文化缺失

国际商务语篇的翻译或多或少会受到交易双方民族语言所拥有的独特性的影响。翻译者如果想要在文化缺失的情况下做到对等翻译，就必须努力增加中英文阅读量，扩大自身知识面，全面了解各民族语言。因为每一种民族语言都包含了一个民族文化智慧的结晶，都反映了这个民族的历史演变和文化沉淀。由民族语言的独特性带来的在翻译时的语义空缺或抵触，在商业广告中屡屡可见。

3. 思维方式和沟通方式造成的文化缺失

一个民族独特的思维模式的定型，是受到了该民族长期以来的生存环境、所经历的历史时期和该民族一直以来的价值观的长时间影响。人们之所以对世间万物会产生特有的认识与感受，是因为每个民族的思维方式大相径庭。在商务语篇的翻译中，思维是翻译者翻译的原动力，以汉语为母语的中国人在与以英语为母语的英语国家的人进行话语交流的时候，他们的说话方式、交际风格都体现出了自己固有的思维方式和处事原则。西方人的思维方式是从小在线形思维的影响下形成的，特别重视事物与事物之间最本质的逻辑关系，偏向于从具体事物上进行归纳和总结，最终得到结论。相比之下，中国人更擅长于以辩证思维，从整体出发来看待事物，更加偏向于形象思维和综合思维，通常情况下，会习惯性地将事物的属性、联系等各方面结合起来思考。在商务语篇的翻译中，由于思维方式的不同而导致的在翻译上造成偏差的情况也是数不胜数的。

三、商务英语翻译中的文化用语失误

（一）礼貌用语失误

礼貌是商务交流中必不可少的一部分，这不仅是对交流方的尊重，也是一个国家素质的重要体现。在商务英语翻译中如果翻译者并不知晓英语国家的文化，也不能从说话人的语言中知晓其要表达的礼貌态度，必然造成其礼貌用语的翻译失误，而且会造成听者的不满。例如，中国人的客套话一般是"吃了吗？"或者"你去哪了？"，要是将其直接翻译成"Have you had the meal？"或者"Where are you going？"，这会让西方人觉得很不高兴。在西方人看来，这并不是客套的话，而是在过问自己的私事。另外，当西方人对于拒绝对方的请求或者建议时一般为了礼貌会选择用积极的词语。因此，翻译人员如果不知晓对方的文化，很容易造成误解。

（二）合作性用语失误

合作性用语失误现象在商务英语翻译中也是比较常见的，尤其体现在商务信函上。商务信函一般是公函语体，因此在措辞上比较委婉，注重礼节。例如，汉语中一般会使用"贵公司""谨""承蒙""敬请"等，英语中常常会使用please、thank you 等。

再如，在进行参观或者拜访的时候，中国人习惯用比较谦逊的词语，如"请多多关照"或者"请提宝贵意见"，但是如果翻译人员缺乏两种语言差异的相关知识，必然导致对方对这一客套话的尴尬和误解，最后导致合作失败。

四、商务英语翻译升级的途径

教育学的专家认为，培养合格的商务外贸人才，需要切实加强实践教学，培养学生实际运用语言的能力。这样才能够使学生更好地参与商务活动，提高自己的综合素质。这就要求英语教师能够将教学理论和实践有机结合起来，教学计划中更多地使用各种互动活动和社会实践来帮助学生学习，安排学生进入有关的外贸进出口公司进行实习，把所学的知识应用在实践之中，并在实践中得到升华。作为实践活动的发起者和指导者，教师需要协助学生设计出切实有效的学习方案，打破传统的课堂教学和教材限制，拓宽学生的知识面，培养学生的创新思维和运用语言进行交流沟通的能力。

由于商务英语专业在我国还是比较新兴的专业，从事商务英语教学的教师很多只具备普通英语的教学经验，没有系统正规地接受过商务英语，尤其是商务专业知识的培训。即使有些教师学习过有关商务专业的知识，具有教学经验和能力，但从未参加过商务实践。提高商务英语师资力量，需要加强与国外的联合办学，选送优秀教师出国进修，邀请国外权威专家来举办师资培训讲座，鼓励年轻教师继续在职深造，攻读更高学位，聘用高素质的外籍教师等。

由于商务文本往往涉及的领域较多，语言的跨度较大，因此不能以一套单一的标准来涵盖所有商务文体。商务文本的翻译需要具备多元化的标准，根据不同的商务文体采用不同的翻译标准，同时注重翻译原则和技巧的灵活使用，保证译文的准确性。译者要充分结合中西方文化特点，将音译、意译以及直译的方法有机结合起来，促进双方的合作。在准确理解原文含义的基础上还要更加深入探寻隐藏在原文中的文化内涵。

第三节 商务英语翻译中的文化视角转换策略

一、文化视角转换翻译的归化策略技巧

归化策略是把一种文化中的异质成分转化为目的语读者所熟悉的另一种文化的内容，以目的语文化为归宿，也就是从与源语相异的角度传达同样的信息，使读者领略到不同语言文化之间不谋而合、异曲同工的妙趣，同时使译文更加符合读者的阅读、表达和欣赏习惯。在翻译实践过程中，由于文化背景和思维方式的差异，遇到源语语言文化因素与目的语的语言文化因素相差悬殊的时候，为了使译文更加符合目的语的表达习惯和思维方式，同时为了更好地体现目的语读者的语言价值观和文化意识，使译文达到语用等效，我们可以对原文采用归化处理，对语言中的某些成分和句式进行目的性的改变。这样，在进行翻译时依据目的语的语言文化规范，采用了与源语相异的角度来表达源语信息，反而可以使目的语读者更明了、更易接受。

由此可见，归化法要求译者向译入语读者靠拢，采取译入语读者习惯的表达方式来传达原文的内容。

在实际的翻译过程中由于语言文化的差异经常导致译者碰到种种障碍，有些障碍甚至是难以逾越的。如果选择方法错误势必导致译文的晦涩难懂，影响读者的接受效果，因此译者需要采用归化法进行翻译。刚刚已经提到，归化法是以译入语文化为归宿的，它要求顺应译入语读者的文化习惯，强调读者的接受效果，力求译文能被译入语读者接受并确保通顺易懂。

归化的一般做法是抓住原文的语用意义，从目的语中选取与原文语用意义

相同的表达来翻译。也就是说归化法是将原文独具特征的东西采取"入乡随俗"的方法融入目的话中的转换方法。归化是语言形式上或者语言形式所负载的文化内涵倾向于目的语的翻译策略。总的说来，就是反对引入新的表达法，使语言本土化。例如：

Sure, Bob, everyone talks about empowerment, but when the rubber bits the road, the bosses demand to have the last word.

当然，鲍勃，每个人都在谈论放权，但真正开始执行总要等老板的最后决策。

在这个句子中，"the rubber bits the road"原意是"橡胶碰到地面"，在英语里可以喻指"行动的开始""理论的检验"等，但是在汉语中却没有这一层寓意，因此为了便于读者接受，译者将其换成"真正开始执行"，这样的译文能够令汉语读者体会到原文所要表达的真实含义。

从上述例子中可发现归化从目的语出发，更为读者考虑，其长处就是能使译文表达更为通顺、地道，能给读者带来一种亲切感。

归化法具有一定的优点即它不留翻译痕迹。由于英汉语言在社会环境、风俗习惯等方面存在一定的差异，导致文化也有很大的不同。由于同一种事物在不同的文化中有着不同的形象意义，因此翻译时需要将这些形象转换为译入语读者所熟悉的形象进行翻译。尽管归化中的形象各异，但是却有着相似或对应的寓意，这样的译文也能保持所描述事物固有的鲜明性，达到语义对等的效果。

然而，归化译法也存在着一定的缺陷，即它滤掉了原文的语言形式，只留下了原文的意思。这样一来我们有可能失去很多有文化价值的东西。如果每次遇到文化因素的翻译，译者都仅仅使用自己熟悉并习惯的表达方式，那么将会给译文读者带来一定的阅读障碍导致译文读者无法了解源语文化中那些新鲜的、不同于自己文化的东西。长此以往，则不利于不同文化间的交流与沟通。

二、文化视角转换翻译的异化策略技巧

异化，是以源语文化为归宿的一种翻译理论，在英语中可称作alienation或foreignization。异化理论的主要代表是美籍意大利学者韦努蒂，他是结构主义思想的主要倡导者。他在作品《翻译的策略》中将异化翻译定义为"偏离本土主流价值观，保留原文的语言和文化差异"。

《翻译研究词典》将"异化"定义为：在一定程度上保留原文的异域性，故意打破目标语言常规的翻译。

由此可见，异化法要求译者向作者靠拢，使译文的表达方式相当于作者使

用的源语表达方式。

对于赞成异化理论的译者而言，翻译的目的是推动文化交流，是让目的语读者理解和接受源语文化，所以译者不需要为使目的语读者看懂译文而改变原文的文化意象。相反译者应将源语的文化"植入"到目的语的文化中，以使译文读者直接理解并接受源语文化。

异化法一般出现在存在文化差异的语境中，其特点就是鲁迅提出的"保留异国情调，就是所谓的洋气"。在翻译中，译者传递给读者的源语文化信息越多，其译文越忠实于原文。

综上可发现，异化法的翻译具有以下几个优点。

①可以提高源语表达在译入语中的固定性和统一性，有利于保持译入语表达与源语表达在不同语境中的一致对应。

②异化法的翻译可以实现译入语表达的简洁性、独立性，保持源语的比喻形象。

③异化法的翻译还有助于提高表达语境适应性，提高译文的衔接程度，同时也有利于不同语言之间的词语趋同。

三、归化与异化的关系

某些研究翻译基础理论的专家表示，在实际翻译过程中无法将归化与异化有机整合到一起，同时使用。但实际上，在具体翻译时，这种说法过于绝对。翻译工作需要翻译人员充分尊重原文本内容的理念与风格，而这些与目的语言文化存在着一定的差异性。对此，在翻译实践中异化方法无疑是最佳选择。与此同时，所翻译的文本还要顾及目的语读者的理解能力与接受程度，要考虑翻译后文本的通顺性，这时就需要选择归化方法进行翻译。当选择某个翻译方法时，完全摒弃其他翻译方法的行为是不可取的，也不符合实际要求。归化与异化这两种翻译方法，有着各自的优势与不足，只考虑一种方法是无法顺利完成整个文本翻译的。既然在翻译过程中始终要思考选择归化还是异化的问题，就需要翻译人员做出准确的选择，让所翻译的文本内容在靠近作者与读者之间，找到平衡点。但该点并不是特指作者与读者的中间点，而是要坚持以下原则来确立真正的平衡点。即当靠近作者时，不能与读者产生较大的距离；当靠近读者时，也不能与作者保持太远距离。换句话讲，在具体翻译过程中，选择异化方法，就要确保译文的通顺、便于理解。选择归化方法时，应体现出原文本的相应特点。此外，由于不同语言之间的相通性与差异性，还需要翻译人员对所翻译内容中的语言表达形式运用归化翻译方法，而对同一篇文章中的文化类要素，则要运用异化翻译方法。只有这样，才能有效规避归化与异化各自的不足，发挥这两种翻译方法的优势与长处，使其在实际翻译中能够共同存在。通过上述分析能够看出，在翻译过程中，归化与异化是相互衬托、相互影响的辩证统一关系，翻译人员应进行科学选择。

（一）归化与异化互补

作为翻译的两大主要翻译策略，归化法和异化法二者之间是对立统一的，都有其各自的适用范围，然而在很多语境中，仅仅使用归化或者异化是无法传达出原文的真实内容的，这就需要采取归异互补策略。

归异互补策略的概念得到郭建中博士的支持，他曾指出，"翻译中的归化和异化不仅是不矛盾的，而且是相互补充的，文化移植需要多种方法和模式"。翻译过程中采取"归异互补"的策略有利于中国文化的繁荣与传播。

可见，好的翻译即是在异化和归化之间找到一个合理的折中点。这需要译者仔细研究原文，弄清原文的意蕴，遵循在对翻译目的、作者意图、文本类型和读者对象等因素分析的基础上谨慎地做出选择，准确把握好"化"的分寸。

在处理归化法与异化法的关系时，孙致礼曾指出应将异化法作为首选的翻译方法，归化法作为辅助方法。也就是说，"可能时尽量异化，必要时尽量归化"。具体包括以下几个方面的内容。

①一般情况下，尽量采用异化法。要让译文达到"形神兼备"的效果通常需要异化法来完成，因此在翻译过程中，如果异化法能够令译文晓畅达意，则应坚持使用异化法。

②如果单独使用异化法不能令译文完全达意，或者译文不能完全通畅，那么需要综合采用归化法和异化法。

③如果异化法完全行不通，译者也不必勉强，而应采取归化译法，舍其表层形式，传达其深层含义。

译者在处理异化法与归化法的关系时必须掌握适度原则。也就是说，异化时不影响译文的通顺易懂，归化时不改变原作的"风味"，力求做到"文化传真"，避免"文化失真"。从这个意义上说，归化法主要表现在"纯语言层面"上，而异化法主要表现在"文化层面"上。

（二）归化与异化均衡

在实际翻译过程中，翻译人员通常会倾向于原文本作者，或是倾向于目的语言的受众群体，或是处在不同语言之间的尴尬位置。翻译人员始终都在努力寻找两种语言、文化之间的和谐点，想要实现彼此的共存。翻译人员在具体翻译当中所做出的选择以及所表现出来的偏向，都将成为决定翻译增与减的关键性因素。相关研究人员认为，翻译属于选择性的艺术。确实如此，翻译人员在工作过程中，无时无刻不在面临着各种各样的选择，通过异化与归化，来更加贴近原作者与广大读者之间的距离，在其中寻找到合适的融合点。因此，在整个翻译当中，归化与异化这两种不同的翻译方法是相辅相成、相互影响的，是彼此理解的辩证统一关系。习语翻译的归异均衡便是一种最为理想的途径。当翻译某些具有浓厚文化色彩、暗喻明显、道理深刻的习语时，中英喻体无法顺利地进行转换。针对这种情况，刘法公研究出了一种全新的方法，即异化归化有机结合法，也就是说在形式上学习我国歇后语的短句结构，构建不仅能够完整保留汉语暗喻的文化喻体，同时还能准确传递深刻含义的翻译方法。简单来说，就是将汉语暗喻的文化喻体进行直接翻译，而将其中蕴藏的深刻道理进行间接翻译，将所有文化类的暗喻翻译成两部分，并将前后部分用破折号衔接起来，构成前后相互烘托、寓意相互补充的翻译文本模式。

第六章　商务信函翻译

第一节　商务信函的要素与格式

国际商务活动中存在着口头与书面等多种交流方式,其中,以商务信函(包括电子邮件)为主的书面交流是最主要的方式。商务信函是国际商务活动中使用的各种函件的总称。作为商务活动进展情况的专业性书面记录,商务信函是商家、厂家与客户之间用于联系业务、沟通商情、咨询答复的主要沟通方式。根据相关国际公约,通过电话、商谈等口头方式展开的业务活动,通常还需要用书信做最后的证实。从法律上讲,这些书面记录是对商务活动双方权利、义务的规定和解决争端的法律依据。

商务英语信函属于正式文体。虽然它与私人信函有着同样的基本结构,而且现代商务信函也有非正式化的趋势,但二者仍有显著区别。商务信函注重语言的信息功能,商务目的性是其显著特征,而私人信函更重视语言的表情功能。商务信函的重要作用与特定文体特征都对翻译工作提出了较高要求。译者必须首先透彻了解商务信函在写作形式和词汇、句式方面的特征,然后才能进行翻译。

一、商务信函的定义与运用

(一)商务信函的定义

商务信函属于一种特殊类型的信函,它不仅具有普通书信的一般特点,还兼具公务和法律文书的性质。在商业往来和沟通中,商务信函得到了普遍运用,主要应用于联络、交流、沟通和洽谈等方面。

就专业的角度而言,每个行业的商务往来都离不开商务信函,需要借助商务信函实现沟通和交流。

就贸易流程而言，当交易双方询价、订购、发盘、还盘、签订合同等时通常会选择使用商务信函。一方面，商务信函为双方提供一个正式联系、交流、洽谈的平台；另一方面，人们也可以通过这些信函提供产品性能、价格、装运等各方面信息。如果商务信函使用得正确而得体，不仅有利于双方的沟通，还能建立良好的商誉和保持永久的贸易联系。

（二）商务信函的运用

在信息和科学技术发展的大背景下，尽管电子邮件和电话等联络手段得到普及，成为商业交往活动中最快捷、便利的途径，但是它们并不能完全替代商务信函，这主要是基于以下两方面的原因。

第一，商务信函是法律认可的依据之一，其仍然广泛而频繁地应用于国际商务的各个环节，扮演着不可替代的重要角色。这类信函不仅详细记载着贸易活动，而且也是明确交易双方权利和义务的依据。

第二，商务信函有着很强的目的导向性。通过商务信函，企业可以与客户建立良好的关系，同时向他们介绍自己的产品和服务，直接或者间接地向收信人灌输自己的商业理念等，涉及的范围十分宽泛。

二、商务信函的构成要素

通常，每个国家和地区的英文商务信函所构成的要素基本上都是一致的，大都包括以下三个大部分：开头部分、主体部分和结尾部分，其中各部分又包括若干小项。下面就对这三大部分进行具体分析。

（一）开头部分

商务英语信函的开头部分主要由以下几部分构成。

①信头（Letter head），主要包括发信人公司的名称、地址、传真或电传号码等信息。

②写信日期（Date line），包括写信的年、月、日。

③编号（Reference/File number），是便于业务活动的分类和进程记录存档而进行的自定义编号。一般译成"档案号""文档号""引证号"等。

④封内地址（Inside address），即收信人的公司名称和地址。

⑤主办人（Attention），信件处理人。写信人表明希望某个部门或某个具体人员来办理此事，因此常译成"经办人"或"烦交……办理"。

⑥称呼（Salutation），它是对收信人的尊称。最常见的称呼有 Dear

Gentleman/Dear Gentlemen，或 Dear sir（s）。

英语商务书信中"Dear"只是一种尊称。一般来说，第一种和第二种称呼可以回避不译，也可以简单地译作"先生"，或译成旧式的"敬启者"或"谨启者"。

Dear Mr. ×××可译成"某某先生：您好"，或"尊敬的某某先生"。如果所译的信件是给年纪大或港台地区的人士看，也可套用汉语旧式的称呼，译成"某先生台鉴/惠鉴/大鉴/尊鉴"等。

Dear ××× 一般是出现在较为熟悉的老客户或朋友之间，可视情况译成"×××"或"亲爱的×××"。

⑦事由（Subject line），表明写信的主要内容和目的，翻译时要使用简洁明快的语言。

（二）主体部分

商务英语信函的主体部分通常主要由正文（Body of the letter）组成，正文即该信函的主要内容。

（三）结尾部分

商务英语信函的结尾部分通常主要涉及以下几个方面的内容。

①结尾敬语（Complimentary close），它是书信结束时的礼貌用语。常见的结尾敬语有 Yours faithfully、Yours truly、Yours sincerely、Yours cordially 或 Best wishes、Warmest regards 等。同称呼语的表述方式一样，结尾敬语是程式上的要求，同样不能按字面直译。对英语商务书信的结尾敬语，大多数情况下都可以略去不译，或者译时套用汉语公函中相应的礼辞，如 Best Regards 译为"此致敬礼"，"Yours Sincerely"译为"×××谨启""×××敬上""×××谨复"（回信时使用）等。

②签名（Signature），即写信人的署名。

③职务（Position），即写信人的职务。

④首写字母（Initials），即拟稿人或打字员姓名的首写字母。

⑤附件（Enc.），即 enclosure，随信所附的文件。

⑥抄送（c.c.），即 carbon copy，说明此信还要送给其他有关部门。

⑦附言（P.S.），即 postscript，补述部分。

表 6-1　商务信函示例

商务信函格式示例	信函构成要素
Maxwell Laser Systems 7259 Orange Blossom Boston，MA 02174 Tel：0816-623-6643	信头（letter head）
September 23，2018	写信日期（date line）
Your Ref：No. 1000	对方编号（reference/file number）
Our Ref：No. 2000	己方编号（reference/file number）
Tony Blumenthal，Realtor The Winstead Building，Suite 400 P. O. Box 46876 Boston，MA 02180	信内地址（inside address）
Attention：Marketing Manager	主办人（attention）
Dear Tony，	称呼（salutation）
Subject：	事由（subject line）
	正文（body）
Sincerely yours，	结尾敬语（complimentary close）
Signature	签名（signature）
Joan McAllister	打印姓名（printed/ typed name）
Credit Manager	职务（position）
LZX	打字员或拟稿人首字母（initials）
Enc.：	附件（Enc.）
C. C.：Mary West	抄送（c. c.）
P. S.：	附言（P. S.）

三、商务英语信函的格式

虽然不同地区商务信函的格式略有差异，但是在具体运用中，商务英语信函的格式基本上是固定的。比较常见的商务英语信函的格式有以下几种。

（一）缩进式

缩进式，具体指的是地址及其他需分行的地方，下行比上行缩进2—3个英文字母，日期位于右上端，签名位于中间偏右下方，每段开始一般缩进4个英文字母，段与段之间采用双行距。如图6-1所示。

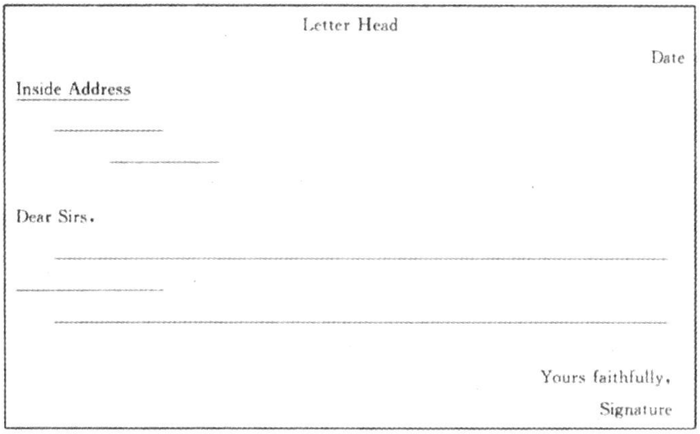

图6-1　商务英语信函缩进式示例

（二）半平头式

半平头式，又被称为"半齐头式"。这种信函格式也是商务英语信函中常用的格式之一。如图6-2所示。

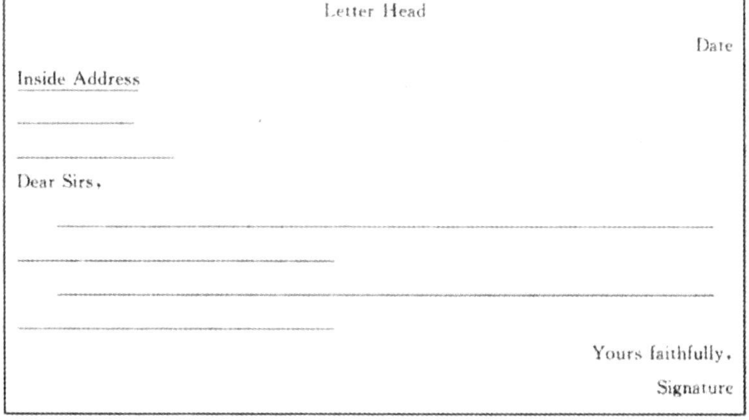

图6-2　商务英语信函半平头式示例

（三）平头式

平头式，又被称为"齐头式"，这种信函格式具体是指每段均从左边开始，每行对齐。如图 6-3 所示。

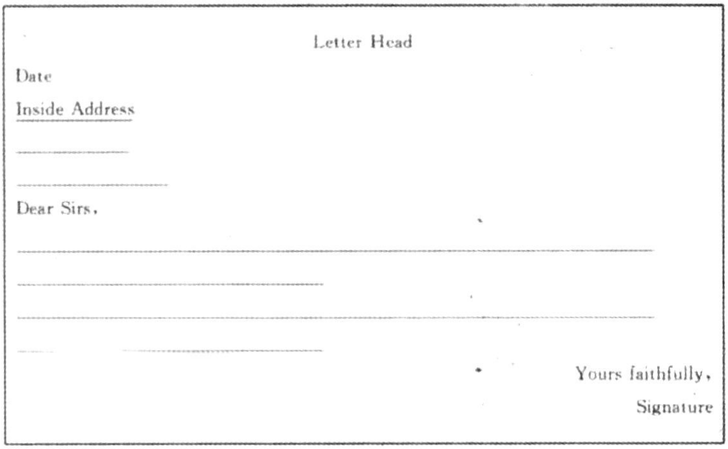

```
Letter Head
Date
Inside Address
_____
_____
Dear Sirs,
_____
_____
_____
_____
                                    Yours faithfully,
                                    Signature
```

图 6-3　商务英语信函平头式示例

四、商务英语信函主要的几种类型

根据不同的划分标准，商务英语信函可以分为多种类型。在此不再对商务英语信函进行具体分析，而主要结合几种比较常见的商务英语业务类函和社交类函进行简要分析。

（一）商务英语社交函

1. 邀请函

邀请函是一种商业信函，它涉及正式邀请函、非正式邀请函以及请柬。企业或机构因业务需要邀请外国客户、其他机构参加商务事件如庆祝活动、各类展事、交易会、宴请等都需用到邀请函。

在一些特殊情况下，有些邀请也往往通过电话或口头的形式发出，比如邀请熟悉的客户参加娱乐活动或家庭聚会等往往属于非正式邀请，这种邀请的语气相对较亲切，且语言更为随意并倾向于口语化。

2. 祝贺函

在商务交往中，除因具体业务需要和客户进行信函往来外，还往往通过祝贺函等来增进联系，促进和客户的合作关系。这类信函是借一些特别的场合来表达对客户和对方公司的祝贺、感谢等，并在企业间起润滑剂的作用。

祝贺函的内容主要涉及升职、新部门或新公司的成立、与客户签约、企业盈利、季节性祝贺等方面对客户的祝贺。从语气来看，这类信函应体现热情、真诚的态度，语言表达也应自然、简练。且从行文上来看，这类信函往往简单直接、开门见山地点明写信原因，并清晰地阐述祝贺内容和对未来的憧憬。

3. 感谢函

在商务社交中，感谢函主要用于受到客户热情招待、得到别人帮助、收到别人赠予礼物或别人提供的机会时表示感谢。这类信函的语气应友好、亲切，大体来说不必太正式，但正式的程度还要取决于交往双方的关系。

4. 道歉函

道歉函也是商务英语社交信函中常见的一种，它是因自己的不当行为而使收信人受到某种感情和经济上的伤害而写的一类信函。

（二）商务英语业务函

1. 建立业务关系函

建立业务关系函通常用来表达与对方建立某种业务关系的愿望。一般而言，建立业务关系函可包含以下内容。

①介绍己方如何获得对方公司的信息。

②向对方介绍己方的业务性质与内容。

③主动提出寄送己方产品资料。

为使建立业务关系网达到预期目的，在语言表述上应做到言简意赅、礼貌得体、情真意切。这样才能给对方留下良好的第一印象，为将来可能的合作打下基础。

在商务贸易活动中，出口商和进口商分布于全球不同的国家和地区，因而建立业务关系的信函就显得十分重要。最为常见的建立业务关系的途径有以下几种。

①展览、展销会。

②大使馆商务参赞处的信息。

③银行提供的信息，包括进、出口商的名称及其所在城市的地址等。

④互联网、杂志或其他媒体。

2. 询盘函

询盘函用来向对方了解产品、服务的有关信息，如产品目录、价格单、样品、报价等。

为使对方能做出有针对性的答复，询盘函的语言通常具有简单明了、详细具体的特点，将自己想了解的信息明明白白地表达出来。

3. 发盘函

发盘函又称"发价"，它是用来向对方报价，通常会随函附上报价单，具体包括货物名称、可供数量、商品规格、单位价格、包装条件、付款方式、交货日期、有效期限等。

发盘一般由出口商在收到进口商的询盘之后发出，是对询盘的正式答复。发盘函要求完整、清楚和具体，以给对方留下好印象。发盘有实盘和虚盘之分。

①实盘指的是发盘人对受盘人提出的内容完整、明确、肯定的交易条件。内容完整要求其应涉及商品的品质、数量、包装、价格、支付条件、有效期等；内容明确肯定就意味着不能使用 about、reference price 等不确定的词语，也不能有保留条件,如 subject to our final confirmation、subject to goods being unsold 等。

②虚盘是指发盘人所做的不肯定交易的表示，没有法律效力，仅表示交易的意向。虚盘无须详细的内容和具体条件，也不注明有效期。可以说，凡不符合实盘以上特征的发盘都是虚盘。若报盘中出现 without engagement、subject to prior sale 等词句即为虚盘。

4. 还盘函

还盘函又称"还价"，它是指买方对卖方的发盘函所做的修改。若卖方对买方的还盘需进一步提出修改，则称作返还盘。一笔交易从开始询价到最终达成，往往要经历多个还盘与返还盘的循环。由于发盘函与还盘函的内容一经确定就具有法律效力，因此其内容一定要准确无误。

5. 订货函

订货函是购买商品或服务的常用信函，即买方向卖方提出的确定购买该商品的订单。订货函既可用语言来叙述，也可直接采取表格形式。订购函的内容必须"准确""清楚"，并包含商品的名称、规格、数量、编号、价格、交货日期、装运方式、付款条件及方式、包装、保险等信息。

6. 信用证商务信函

信用证是国际贸易中最常用的付款方式。它是银行的一个书面承诺，代表买方向卖方付一定金额的款项，前提是卖方遵从信用证上所述条款。有了信用证，出口商就可以在他履行了销售合同之后拿到货款，即使此时买方还没有收到货物，进口商也可以在他付款前得到产品的所有权。

根据不同的划分依据，又将信用证进行不同的分类。

①以效力为标准，信用证分为可撤销和不可撤销两种。

②以时间为标准，信用证又可分为即期和远期两种。

即期信用证指的是仅凭单据付款或凭单据和受益人签发的以指定银行为付款人的即期汇票付款的信用证。

远期信用证指的是在信用证规定的确定日期凭提示单据而不是汇票付款的信用证。到期日的确定通常是装运日后或单据提示后一定日期内。

7. 索赔函

在买卖过程中，若卖方延期交货、拒绝交货、延期装运或出现产品质量问题以及数量短缺等使买方蒙受损失的情况，买方可向卖方发出索赔函。

一般来说，索赔函应注明原合同条款，然后指出对方违反合同之处，最后提出自己的索赔要求。

8. 理赔函

收到买方的索赔函后，卖方应及时、认真地调查情况，并向买方发送理赔函。若己方确实存在过失，应向买方表达积极处理问题的态度，以使对方相信己方以后会努力避免类似问题的再次发生。若责任不在己方，则应向对方表示积极配合的态度，以继续保持双方的合作关系。

第二节 商务信函常见表达方式的翻译技巧

一、商务英语信函的语言特点

商务英语作为普通英语的一个分支，它既具有普通英语的语言学特征，又有自身的独特性。商务英语信函是一种商务活动下使用的英语，它具有如下特点。

（一）频繁使用人称代词 you 和 we

频繁使用人称代词 you 和 we 是商务英语信函词汇使用的一大特点，这类人称代词的使用不仅能使收信人感到被重视，感到写信人是在为自己（收信人）考虑，也可使写信人自身的表达更加礼貌，避免给人以自我为中心的印象。

例如：

We are sorry that we cannot accept your counter-offer as the price quoted by us is quite realistic.

报给贵公司的价格已很实际，很抱歉不能接受你方还盘。

然而，值得注意的是，虽然商务信函中这种"你方态度"非常明显，但其使用也不是绝对的。当涉及对方的过失或答复对方抱怨信时，为避免引起对方的不满，应尽量避免使用这类语言表述形式。

（二）措辞表达模糊化

通常情况下，商务英语信函要求使用表意清楚的书面语，以使内容清楚、结构清晰。然而，在某些特殊情况下，出于留有回旋余地、给对方面子或表达弦外之音等目的，需要恰当地使用模糊措辞。

这类模糊措辞有机地将词汇内涵的有限性、可塑性和外延的无限性、模糊性巧妙结合起来，而并非词义的歧义或模棱两可。因而，尽管在表达上较为模糊，但是，由于没有明显的目的性，反而既可以为双方以后的合作提高可能，又可以在一定程度上缓解双方在表达时的尴尬。例如：

As for goods Article No. 120, we are not able to make your orders because another supplier is offering us the similar quality at a lower price.

本例隐晦地使用了"another supplier"（另一供货商）这一委婉表述，借此来暗示对方价格偏高。虽然不清楚"another supplier"到底是谁或"lower price"到底是多少，但是将写信人的明朗态度寓含在模糊的表达之中。

（三）用词准确，专业性强

商务英语信函最重要的目的就是要将贸易双方的真实意图清晰地表述出来，同时由于贸易活动经常涉及诸如经济、法律、财会、金融、货运等众多的专业学科领域，因此商务英语信函在词汇的选择上的重要特点就是用词准确、专业性强，并具有相当的行业背景。在商务信函中微小的用词不当或使用代词来省略，都有可能造成贸易双方的分歧和误解，给双方带来不必要的麻烦。同时很多平时在普通英语中使用的词汇，在商务信函中常用来表达专业性的词汇，词义也发生了较大的改变。例如，balance 在英语中常见的词义是"平衡"，但在商务信函的贸易术语中它表示"差额"或"余额"；reference 在英语中常见的词义是"参考"和"查阅"，但在贸易词语中它指的是"担保人"或"证明人"；trimming charges（平仓费）、freight（运费）、coverage（险别）、underwriter（保险人）、FOB（离岸价格）等数不胜数的词汇都来源于普通英语，但它们在商务英语信函中的内涵特定，意思清楚明确，能够实现信函信息的准确表达。因此在商务英语信函的翻译中必须保证词汇的专业性和准确性，以达到与原文对应的语用效果。

（四）缩略词的大量使用

缩略词在商务英语信函中出现的频率很高，其中缩略词主要以首字母缩略和截短词居多，代表特定的贸易、金融、法律、财会等方面的专业词汇。例如：首字母缩略，FOB（Free on Board 装运港船上交货）、W.A.（With Average 水渍险）等；截短词，CTN（carton 纸箱）、MAX（maximum 最大）等。这些缩略词和专业词汇一样，它也有明确的含义，译者必须结合具体语境，才能完整、准确地表达出其所代表的含义。例如："US$600 per metric ton CIFC2％ Qingdao."其中 CIFC2％是缩略词，表示 CIF including 2％ commission。可以翻译为"青岛港全额到岸价每吨 500 美元，含 2％佣金"。

（五）句式以被动句、长句和陈述句为主

商务英语信函中的句式不仅和汉语句式差别显著，同普通英语也有很大的差别，被动句、长句和陈述句使用的频率较高，因为商务信函所传达的信息往往关乎贸易双方的各项权利和义务，代表双方正式、正规的态度和意愿。被动句的特点是行文严谨；长句的特点是表述完整；陈述句的特点是针对性强、叙事清晰。因此大量使用这样的句式能够保证信函的行文流畅、叙述清晰和文体严谨，避免因歧义而产生误解，影响双方的顺利合作。

（六）文体正式规范，措辞礼貌庄重

在国际商务活动中，贸易双方是平等和互相尊重的，同时在跨文化的环境下，商务信函必须要遵守礼貌原则，以便让对方能够感受到发函方的友好和尊重。例如：

Please kindly send us your price list and catalogue.

恳请寄给我方贵方的价格单和产品目录。

In reply to your enquiry of June 7, 2018, I respectfully offer my latest quotation herewith.

兹回复贵方 2018 年 6 月 7 日来函，特随函奉上我方最新报价。

上述例子中就使用了"kindly, respectfully"等敬辞和谦辞，因此符合一定的社交规范。文体正式、措辞礼貌庄重是商务英语信函的一大特征。

二、商务英语信函的翻译原则

商务英语信函通过商务英语的表述来达到特定的商务目的，因此其翻译同样符合语用学所遵循的原则——会话合作原则，这也是译文能否实现成功交际的准则。今天，合作原则已经被广泛应用于商务英语的翻译工作，在商务英语信函的翻译中，译者可以通过合作原则对译文加以规范，最终实现贸易双方的有效交流。会话合作原则是美国哲学家格赖斯提出的，他认为语言交际活动是为了达到某种特定的目标，会话双方存在着一种默契，并应该共同遵守一定的原则。他仿效德国哲学家康德范畴体系中的"数量""质量""关系""模态"四个范畴，划分了"数量""质量""关系""方式"四个范畴，并提出了四个相应的准则。将合作原则下的四条准则贯彻在商务英语信函的翻译中，是能否实现成功翻译的关键。

（一）数量准则

数量准则指的是会话者所提供的信息含量，它要求译文应当包含原文想表述的实际信息量，但不能有多余的信息，做到翻译内容的恰如其分。在数量准则下，商务英语信函的翻译必须保证原文信息的完整传递，以便让对方明白信函想要表达的真实意图。信息传递中的缺失或增加了多余的不该有的信息，都会导致信函接受方的迷惑和误解。

（二）质量准则

质量准则指的是要实话实说，并且所说的话都要有依据，能够有足够的证据和理由说明己方说话内容的真实性。在质量准则下要求商务英语信函的翻译人员，必须在保证原文信息真实的前提下，用准确、恰当的词汇来表述原文的主旨，这样才能够使读者信服。同时商务英语信函具有专业性和行业特征明显的特点，其行文往往用到一些约定成俗的行业套语，这些都要求译者在译文中必须如实表达，使译文更加准确和忠实。

（三）关系准则

关系准则指的是话语间传递的信息之间应该存在一定的联系，在商务英语信函的翻译中，要求译文通顺、上下文之间联系紧密，所表达的内容应该与信函的主题相关，冗余的内容不必赘述。由于商务英语中的很多词汇在不同的语境下有不同的含义，当译文上下文不通顺时，即违背了关系准则时，很可能就是词汇被错译的缘故。关系准则有助于译者在翻译信函的过程中发现问题。

（四）方式准则

该准则要求话语必须清楚明了、语言简明，同时条理清晰不产生错误理解。遵照这一准则，翻译商务英语信函就应尽量避免使用陈腐、晦涩的语言，不使用容易让读者产生歧义的词汇，使译文结构清晰、逻辑清楚。例如，商务英语信函中经常出现长句，用汉语直译很难让中文读者看懂，因此恰当的拆分长句，能够保证译文的层次清楚、概念明确。

三、商务英语信函的常见表达方式及翻译

（一）惯用语

商务信函在长期实践中形成了特有的一系列表达方式。这些特定表达方式的翻译需要有一定技巧，也就是一定的翻译套路。下面主要谈谈商务信函中惯用语的翻译技巧。

国际商务英语信函是带有公对公性质的正式信函，因此常带有一些古体用语来显示信函的礼貌和正式。这些词语在长期的使用实践中逐渐地固定下来，被广泛使用于各类商务信函中。在译成汉语时要采用汉语中常用的古雅词汇、委婉词语、文言句式或介词结构来表达，以保持信函的正式文体风格，使译文显得既简洁顺畅，又庄重老练。

常见的惯用语及其翻译如下：

We are pleased to inform you ... 特此奉告……

Notice is hereby given ... 将此函告……

We acknowledge （ the ） receipt of your letter 贵函敬悉

Have the kindness... 惠请……

We hereby offer ... 兹报盘……

Enclosed we provide ... 同函奉上……

Your letter/favor 贵函

Our letter/ This letter 此信 / 本函

The last letter/ mail 前函

The next letter/ mail，the following 次函

Your telegram/fax/e-mail 贵方来电 / 传真 / 电子邮件

Advice/Notice/To let... know 告知

We are pleased to inform you 特此奉告

In reply/ answer to your letter 贵函收悉

We are glad to answer 兹答复

Your kind reply will greatly oblige us 如蒙答复，不胜感激

We confirm 特此确认

We regret to inform you that... 非常遗憾，今奉告您有关……

We are very sorry to hear/know... 当我方获悉……甚为遗憾

As stated below/ above 如下／上所述

We thank you for... 对……致谢意

We advise you that 特此通知

We offer you 兹报盘

We send you 兹寄上

An early...will be appreciated 恳请速……

We would greatly appreciate it if you would... 若贵方……我方将感激不尽

We are/I am writing concerning 今来函有关

Thank you for your letter dated... ××日来函收悉，致谢

Your early reply will be appreciated 即复为盼

You are requested to kindly look into the matter 敬希查明

It is gratifying to note that ... 欣悉……

（二）日期

信函前一般都会涉及日期的表达。在日期方面，美英的表达方式是有差别的。英式以日为先，月份为后，美式则与此相反。如1996年3月2日的写法：2nd March，1996（英）；March 2，1996（美）。由于日期书面表达不同，读法也不一样。如1987年4月20日，英式的写法是20th April，1987，读成the twentieth of April, nineteen eighty-seven；美式的表达是April 20，1987，读成April the twentieth, nineteen eighty-seven。同样，全部用数字表达日期时，英美也有差别。如1998年5月6日按照英式应写成6/5/98，而按照美式应写成5/6/98；01.08.1998是英国式的1998年8月1日，按照美国的表达方式却是1998年1月8日，美式的1998年8月1日应写成08.01.1998。因此，这对翻译来说是一个不容忽视的问题。如果是汉英翻译，应避免全部使用数字来表示日期。如果英译汉时遇到全部使用数字的情况，就要特别注意原文采用的是英式还是美式的表达。

（三）以"here-, there-, where-"开头的复合副词

在商务应用文中常见以"here-, there-, where-"开头的复合副词，其中 here 可以理解为 this，there 理解为 that，where 可以理解为 what 或 which，都是用来指代前文出现过的词，并作与其组合成为复合副词的介词的宾语，从而构成一个完整的意思。这些词通常用于正式文体中，传统的商务信函中常常出现这类词，其常见翻译方式如下：

hereafter 此后，在将来

herein 于此处，于此文件中

hereto 至此

herewith 随同（此函）

thereby 借以，从而，由此

thereinafter 在下文中，在（文件）的下部分

thereto 随附，随之

hereby 以此方式，由此

hereof 关于此点

heretofore 直至此时，在此之前

thereafter 此后，其后

therein 在那方面，在那一点上

thereof 由此，由是，它的，在其中

thereunder 在其下，在那部分之后

thereupon 于是，由此，随即

whereby 凭（那个），借以

wherein 其中，在那里，在那方面

whereupon 在这以后，然后，于是

对于这类副词，要求必须准确把握其在原文中的指代关系，并结合具体语境来正确理解其含义，翻译时才能做到准确无误。

商务英语信函在国际贸易中被频繁使用，对促进和促成贸易双方的成功合作，起到了至关重要的作用。今天我国急需大量的高水平的商务英语信函翻译工作者，从而保障贸易交流的顺利进行。而我国的翻译人员要完成高质量的翻译工作，就必须下苦功，更多地掌握和积累贸易专业词汇，掌握一定的翻译技巧，拥有高超的翻译技能，才能圆满地完成翻译工作。

第三节　商务信函翻译实例

一、商务信函的类别

商务信函的分类因国际商务活动领域的广泛性、业务发展的动态性而呈现开放性，并且随着国际商务活动的发展而不断变化。我们可以按照信函内容、功能以及传递信息的性质来进行基本分类。

①按信函功能分类，常见的有请求信、拒绝信、道歉信、建议信、感谢信、慰问信、邀请信、祝贺信等类别。

②按信息性质分类，可分为正面信息函、中性信息函、负面信息函和劝说函。

③按信函内容分类，常见的有求职信、雇用信、销售信、投诉信、核查信、确认信、通知信、解释信等反映业务活动各个步骤与环节内容的信函，依国际商务活动的内容不同而不同。以国际贸易中常用商务信函的种类为例，信函基本类别有资信调查函、建立交易函、询盘函、报盘函、还盘函、订货函、付款函、催款函、装运函、保险函、索赔函、理赔函等。这些信函反映了国际贸易开展业务的各个环节，可以作为业务活动进行的有效记录。

二、商务英语信函中的文化因素

商务英语信函作为一种特殊的语言应用方式，也在不同程度上受到文化的影响。下面就从以下几个方面对商务英语信函中的文化因素进行分析。

（一）商务英语信函中的面称文化因素

"面称"是将听者视为其对象，表达者对对方直接称呼。面称在具体的沟通交流过程中有着多样化的表现形态。例如，亲朋好友间、领导与下属间等。但是，英汉两种语言中的面称却存在着诸多不同。

就英语文化下的面称来看，具体表现为以下两种情况。

①名和姓。

②对男士的敬称。例如，Dear Sir、gentleman 等。

③对女士的敬称。例如，Ms.、Miss、Mrs. 等。

就汉语文化下的面称来看，具体表现为以下几种情况。

①对对方名字、姓名直接称呼。

②姓／名＋先生／小姐／主任／董事／所长等。

英汉两种文化中的面称文化因素都在商务信函中得到了广泛的使用。虽然两种语言中的面称文化存在着一些相似之处，但是在具体运用时还是存在着明显的不同。例如，在商务英语信函中，经常使用 Sir、Your 等表达，中文商务信函则通常使用某某先生、某某董事长、我公司等表述。

总之，由于商务信函力求实效等特点，在面称语的使用上相对比较固定，并且具有简洁、易懂的特点。

（二）商务英语信函中的背称文化因素

"背称"具体是指一种间接性的称谓语，是表达者称呼第三方的用语。为了更好地理解"背称"这一概念，笔者将结合具体的例子进行分析。例如：

本公司在某某贸促会那儿了解到你方是某某生产商。

本例是一个用来汇报价格的中文商务信函，"背称"具体指的是"某某贸促会"，由此不难看出，"背称"旨在对第三方进行称呼。

在汉语文化的商务信函中，背称主要被运用于合同或保险的赔偿事宜以及采购等业务中。

在商务英语信函中，"背称"则得到了广泛的运用。例如：

The L/C requires direct shipment, we will need to transit in Hong Kong.

本例中，Hong Kong 是"背称语"，其使用目的在于指明第三个地方。

事实上，在英汉商务信函中，面称语和背称语通常仅在文章开始或对第三方进行简述时才使用，并且这两种语言文化下的商务英语信函很少使用和社会交际表达相关的、工作职务阐述繁杂的面称语和背称语。

（三）商务英语信函中逗号的使用问题

在商务英语信函中，各种标点符号也得到了广泛的应用，这些标点符号的使用旨在便于读者更畅通地阅读文本，并对文本的信息行更深入的理解和更清晰的认识。尽管标点符号非常微小，但是如果位置放置不当，就会造成对文本内容的理解障碍，甚至会给公司带来巨大的经济损失。

商务英语信函使用了诸多句号、逗号、引号等标点符号，众多标点符号中，逗号可以说是使用最为频繁的标点。为了对逗号的使用有更加清楚的认识，下面就先对逗号的作用进行分析，然后再结合具体事例探讨其用法。

1. 逗号的基本功能

在各类文本中，逗号出现的频率可以说非常高。逗号在商务英语信函中的运用也是如此，其用法和在普通文本中的用法基本一致。这一标点符号最为常规的用法就是将应放在一起的词组连接在一起，将不应放在一起的词分隔开来。如此一来，读者在阅读文本信息时，就会依照逗号的提示作用放慢速度并进行适当的停顿，以辅助于对文本信息的理解。但是，如果逗号放置不当，则无形中会给读者带来理解上的困难或产生歧义。

2. 逗号的具体运用

为了对上述逗号的功能有更系统的认识，下面就结合逗号在商务信函中的具体运用进行分析。

（1）逗号在人名或企业名称中的运用

在商务英语信函中，经常会提及外国人名，这些外国人名的书写习惯和我们中国人名的书写习惯存在着很大的不同，并且名字中经常会使用到逗号这一标点符号，借助逗号来分隔开名字和名字中的缩写。并且不同的公司往往在书写习惯方面也存在着诸多不同。例如，如果名字中存在 Jr., Sr. 之类的人称、企业名称等信息要素，并且对方又希望你在其名字中使用逗号，就应遵循以下几项具体原则。

①名字与 Jr. 处于同一行时，就应使用逗号分隔开。例如：

Peter Passaro, Jr.

②当名字是以所有格的形式结束时，那么，第二个逗号就应省略不用。例如：

Peter Passaro, Jr.'s promotion ...

③当名字后面紧跟的有其他词汇，就应使用两个逗号。例如：

Peter Passaro, Jr., director of ...

（2）逗号在地址中的运用

商务英语信函中通常都会提及地址这一关键的信息，对于这类信息，必须确保其精确无误，以免产生不必要的误会。在地址信息的具体书写中，也会涉及逗号的运用。假如一个城市或城镇的后面跟着其国家或市区的名称，往往需要用两个逗号分隔开。例如：

Five years ago I was transferred from Bartlesville, Oklahoma, to Bern, Switzerland.

当地址的名称是以所有格形式结尾时，逗号可以省略。例如：

Washington. D. C.'s transportation system has improved greatly since I left there.

再看下面一个例子：

During the month of December you can send all documents directly to me at 502

Woodbury Road, Pasadena, CA91104, or you can ask my assistant to forward it.

通过对上述句子进行分析，不难发现，逗号被放在了邮编的后面而不是前面，主要是因为逗号用在此处是为了更好地表明前面整个独立句子的结束。通常情况下，在商务英语信函中，应该按照以下格式进行书写：

Xi'an Textile Import & Export Corp.

108 Lian Hu Road

Xi'an, Shanxi, China

（3）逗号在插入句子成分时的运用

当单词、词组、从句对整个句子的构成产生影响时，可使用逗号将其分隔开，将其当作一个插入语进行使用。例如：

We can deliver the product on Sunday or, if you wish, on the Saturday before then. Let's take advantage of the special price and order, say, 200 reams of this quarter instead of our usual quantity of 75.

通过对本例进行分析，不难发现，句中的 if you wish, say 这些成分的前后都放置了逗号，如此使用，使整个句子的语气恰如其分。

三、商务信函分类翻译实例

下面笔者选取了若干商务活动中有一定难度的信函翻译实例，并对参考译文进行了点评。

（一）销售信

销售信分为三类：直销信——这是最常见的销售信；零售信（或传真）和促销信（或传真）。

直销信是在销售人员没有直接出面的情况下完成销售任务，因而有别于其他两种销售信。此类销售信（亦称"邮购"，mail order）最为常见。

零售信和传真的意图不是推销某种产品，而是向对方介绍某一项廉价或特价销售活动。

促销信和传真是先把产品介绍给未来的顾客，并鼓励他们做进一步询问。

销售信的作用有六点：

①发布新产品或服务；

②维持或改善现有市场地位；

③更新产品或服务；

④维持或改善客户对产品的认知度；

⑤支持促销活动；

⑥改进公司形象。

下面这封销售信本质上是以推销为目的的广告，采用了现代商务信函趋于日语化的交谈式风格，语气非正式，类似于面对面的交谈。以疑问句开头，以便吸引读者注意力。在说服性言语中，大量使用措辞简洁的祈使句，对读者产生心理暗示作用，易于说服读者采取行动。

表6-2　销售信示例及译文

销售信示例	参考译文
Dear Sir/Madam,	尊敬的先生/女士：
Do you have what it takes to be a wine-tasting connoisseur? Our free Taster Talent Test can help.	你知道如何成为一名品酒行家吗？我们开办的"品尝师技能免费测试"能帮助你。
Many people are interested in being wine experts, but few have the drive or the taste buds. Few are willing to taste enough wines. Few are prepared for the commitment to world travel necessary to reach famous and beautiful vineyards.	很多人都对成为酒类专家感兴趣，但是很少有人具有成为品酒师的愿望和味蕾，很少有人愿意品尝大量的酒，很少有人做好到处奔波的准备，去那些著名的美丽的葡萄园。
But maybe the rewards sound good to you. Find out your status with our free Taster Talent Test. Simply complete the enclosed questionnaire and return it to us. Within three weeks, we'll send back a full analysis of your answer that will help you decide whether wine tasting is your future!	但是这一行的回报也许对你来说听上去很诱人。那么到我们的"品尝师技能免费测试"中来找到你在这一行的位置吧。只要编写随附问卷并寄给我们就可以了。在三周内，我们将寄给您一份对您答案的全面分析，帮助您决定能否将品酒作为您未来的工作！
All of this is absolutely free. So send in your questionnaire today.	所有的一切都是免费的。那么，今天就寄出你的问卷吧！
Sincerely, ×××	×××　敬上

翻译评价：本文中除业务名称外并无其他商务术语，而再现推销信的诉求功能应是译文的首要任务。译文采用第二人称"你"，而不是敬语"您"，显得与读者没有距离，并再现了原文亲切、平易的风格。采用"……吧"等语气词来进行了不露痕迹的劝说，使读者易于接受，实现了功能对等。

（二）还盘信

双方在进行贸易谈判时，讨价还价是其中关键的步骤，也是最能体现语言表达技巧的部分。还盘信的写法和译法向来是令人关注的。本信中运用礼貌与体谅原则，陈述了全部理由和背景后，才提出还价要求，语气缓和，易于使对方接受。译文中商务术语运用准确，表达严谨而简洁，充分体现了原文积极而真诚的态度。

表6-3　还盘信示例及译文

还盘信示例	参考译文
Dear Sirs,	敬启者：
Thank you very much for your letter and quotation of May 6, 2018. We also have received the sample of the answering machine 070 which you sent us under separate cover.	感谢你方2018年5月6日的来信和报价。我方也收到了你方另包寄来的答录机070的样品。
While we are impressed by the excellent features of your answering machine, we regret that the price you quote is still too high to be competitive. As you know, the answering machines which have similar functions made in Japan, Germany, and France are now commanding stable sales in the market here. We therefore worry that it will be very hard for us to market your product with so high a price.	你方答录机的良好性能给我方留下印象，遗憾的是，我方认为你方的价格过高，没有竞争力。如你方所知，在本地市场日本、德国、法国制造的具有同样功能的答录机一直销路稳健。我方因此担心如此高价使你方产品难以推销。
In order to enable us to capture a part of the market for you, we sincerely hope that you are able to provide us with a further concession. A discount of 15% instead of 10% as you planned to give us on an order worth approximately US \$ 10,000 is reasonable.	为使我方能替你方打开一片市场，真诚希望你方能给予我方更多优惠。订单总值在1万美元左右，给予我方的合理折扣应是15%，而非10%。

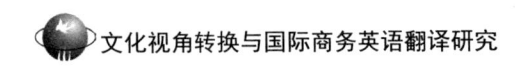

还盘信示例	参考译文
We would like to point out that it will be in your best interest to make this concession. We hope we can enter thereby into a lasting business relationship with you. I look forward to receiving your reply soon. Faithfully yours, Wang ××	我方愿意指出，这种让步是符合你方最大利益的。我方希望双方能够由此建立一种长久的业务关系。 静候佳音早至。 王×× 敬上

翻译评价：本文中商务术语较多，翻译必须准确理解和表达。传统英文信函套话的翻译要遵从汉语公文的表达方式。

①商务术语：

under separate cover 附另包；

quote 报价；

commanding stable sales in the market 销路稳健；

capture a part of the market for you 替你方打开一片市场；

a further concession 更多优惠，更低的价格；

discount 折扣；

in your best interest 符合你方最大利益。

② Dear sirs：可译为正式的"敬启者"，或较为现代的"尊敬的先生"。

③ you：此信中，买卖双方在地位上是平等的，所以可译为"你方"。有时也译为"贵方"，显得更正式有礼。但无论哪种译法，都应在全文中统一，而不可随意换用。

④ thereby：是复合副词，此处译为"由此"，理解准确，表达恰当。

⑤"I look forward to receiving your reply soon."此句为信函结尾套话，译为"敬候佳音早至"较为亲切友好，或者译为常见的"盼早日答复"。

（三）资金不足告知函

这类信函是典型的负面信息函。对方账户资金不足是一件令商家感到气愤的事，但将此事告知对方时所写的信函仍需保持彬彬有礼的风度，要将事实陈述清楚，并且将可能产生的不良后果转化为正面方式的积极表达。译文应采用积极的建设性词汇，充分再现原文的礼貌语气和体谅态度，使用准确无误的商务术语，并保持信函书面语的古雅风格。

表6-4 资金不足告知函示例及译文

资金不足告知函示例	参考译文
Dear Mr. Blackwell,	尊敬的布莱克威尔先生：
Thank you for your July 28 Payment, check #1429 for $200. Unfortunately, it was returned by your bank because of insufficient funds.	感谢贵方于7月28日所支付的200美元（支票号1429），但该支票遭到了贵方银行退票，原因是账户资金不足。
I am returning the check to you for your review. Please send a payment this week after you reconcile this matter with your bank. If we receive your payment by August 31, you will avoid accruing additional interest charges on your outstanding balance with us.	现将支票退还贵方，敬请核对。待贵方与银行协调妥当后，请于本周内付清款项。如能于8月31日前结清，贵方即可避免因为未结款项而导致的额外利息支出。
Your continued patronage is important to us. We appreciate your good payment record during the past year. We know that you, too, will be happy when this situation is resolved. If I can help, just call me at 800-555-1234.	欢迎继续惠顾本公司。贵方在本公司的付款记录一向良好。我们也知道，贵方也同样希望问题能够早日得到解决。如有需要我协助之处，请拨电话800-555-1234与我联系。
Sincerely, （Signature） Jackie Quentin	您真诚的 （签名） 杰奇·昆汀

翻译评价：原文中商务术语较多，译文理解和表达准确无误。信函套话的翻译运用得当，并通过一系列古雅用语使译文风格简洁而正式，并能体现出委婉礼貌的语气。

①商务术语：

return 退票；

insufficient funds 资金不足；

send a payment 付清款项；

additional interest charges 额外利息支出；

outstanding balance 未结清款项。

②"Dear Mr. Blackwell"译为"尊敬的布莱克威尔先生"，是现代常见译法之一。

③"for your review"译为"敬请核对"，多一个"敬"字体现了译者的积极策略运用。

④"Your continued patronage is important to us."原文字面意义为"你的继续惠顾对我们来说很重要"，译为"欢迎继续惠顾本公司"，既译出其深意，又符合商务表达习惯。

⑤"be happy when this situation is solved."原文字面意义为"当问题解决时会很高兴"，但译为"希望问题能够早日得到解决"更准确，且符合实际情况。

（四）索赔信

货物出现问题是令人很不愉快的，因此索赔时也难以保持心平气和。这封索赔信以平和、简洁的方式道出了事实原委与己方要求。译文用语与结构再现了原文的简洁风格，并着意突出了礼貌的语气。

表6-5　索赔信示例及译文

索赔信示例	参考译文
Dear Mr. Liu, Our Order No. 639	刘先生台鉴： 我方639号订单
Our order mentioned above reached us today. We regret that the slippers you sent us are poor in quality and design. They do not match the samples you sent us.	我方所订上列货物已于今天送达。遗憾的是，贵方寄来的拖鞋品质和设计都很差，与贵方寄来的样品不符。
As these goods are not suited to the needs of our customers, and since it would be difficult to find market for them, we regret that we have no choice but to send them back to you for replacement.	这批货物不符合我们客户的需求，我方销售困难，因此，很抱歉，不得不将此批货物退回换货。

续表

索赔信示例	参考译文
We look forward to your advice concerning this matter. Faithfully yours, Zhang ××	等候贵方关于此事的指示。 张×× 启

翻译评价：索赔信的译文是较难处理的，因为读者对语气和态度都较为敏感。如果直译来信人的态度，可能使读者感到难以接受。因此译者在其中可以起到调节双方关系的作用。本文来信措辞仍不失礼貌，而译文则加强了这种礼貌语气，使译文读起来较为温和，体现了译者的策略运用。

①商务术语：

match 与……相符，相匹配；

find market for 寻找销路。

② "Dear Mr. Liu"译为"刘先生台鉴"，是中国港台人士的译法，非常正式。

③ "We regret that"文中两处"regret"，都可译为"遗憾的是"，但译文将第二个处理为"很抱歉"，则加强了委婉客气的语气。

④ "We have no choice but"译为"不得不"比"别无选择"更委婉，更强调客观性，避免生硬。

⑤ "look forward to your advice"译为"敬候贵方指示"，表示礼貌尊重，从而使全文风格一致。

（五）理赔信

同上述信函一样，如何理赔也是一件棘手的事。这封理赔信较好地体现了体谅原则与建设性原则，运用积极求实的态度化解对方的不满，达到解决问题的目的。译文古雅而简洁，并成功地通过真诚而谦逊的措辞再现了原文的体谅原则与建设性原则。

表 6-6 理赔信示例及译文

理赔信示例	参考译文
Dear Mr. Zhang, Your Order No. 639	张先生大鉴： 贵方 639 号单
We regret to learn from your letter of May 23, 2018 that the slippers are not up to the standard you require.	收到贵方 2018 年 5 月 23 日来信，知悉拖鞋不合标准一事，深以为歉。
Judging from what you said, we think it possible that we have made a mistake in our selection of the slippers meant for you. To correct the situation, we are sending Mr. Ou of our company to inspect the goods on June 1. We shall be happy to replace the slippers if he finds that our selection is faulty. We shall take the goods back at our own expense if we are unable to supply you the right things for the time being.	根据贵方所述，我方在选寄贵方所购拖鞋时谅必有错，为谋求补救，我方将派本公司欧先生于 6 月 1 日前往查看货品。如果他发现我方在货物选取上确有疏漏，我方对换货毫无怨言。如果我方目前无法供应贵方所要货物，我方将自费运回该批不合格货物。
We would like to say again how very sorry we are that you have been put to so much trouble in this matter.	此事给贵方造成麻烦，谨此重申歉意。
Faithfully yours, Liu ××	刘 ×× 启

翻译评价：此信是一封理赔信，译时要准确理解和表达商务细节用词，更重要的是表达出原作者对商务伙伴的歉意。汉语中这类信函颇为讲究措辞和语体正式，译文遵从了汉语文体的风格要求。

①商务术语：at our own expense 我方自费。

②"Dear Mr. Zhang"译为"张先生大鉴"，是港台人士的一种译法，非常正式。

③ you：写信人对对方抱有歉意，因此译成"贵方"更能表现其谦逊态度。

④ regret to learn：一般可能误译为"遗憾地得知"，而此处译为"知悉……深以为歉"，将"regret"理解为抱歉而非遗憾，是非常准确的。

⑤"possible that we have made a mistake"译为"谅必有错"，措辞简洁而严谨。

⑥ "happy"译为"毫无怨言",比译为"乐于"更加准确地表达了写信人的诚恳态度。

⑦ "would like to say again how very sorry we are"译为"谨此重申歉意",简洁而正式。

(六)求职信

求职信主要用于向某个单位或机构推荐自己以获取工作的机会。

求职申请信实际上是一则申请人自我推销的广告,它推销的是申请人的才智,是申请人在职场竞争中迈出的第一步,同推销任何产品一样。

求职信的主要目的有三个:自我推荐、展现优势、争取面试。

求职信的格式一般都较为刻板,而这封信却采用了交谈式的写作风格,突破了传统求职信拘谨正式的模式。信函结构较为新颖,能够以轻松自然的语气和叙事方式讲述个人经历和求职意愿,体现了求职人擅长与人沟通的能力和一份平和的自信,将给雇主留下深刻印象。译文要求既能保留原文的优点,同时又对措辞风格稍加调整,使之从汉语表达角度不失正式与礼貌。

表 6-7 求职信示例及译文

求职信示例	参考译文
Dear Sir/Madam,	尊敬的先生/女士:
If you want to hire a manager who knows how to work with people, knows hotel management like the back of his hand, and knows what it takes to be a team player, you might just want to hire me.	如果您想雇用一名经理,他必须知道如何与人合作,对酒店管理就像对他的左右手一样熟悉,知道什么才是团队精神,那么我可能正是您想雇用的人。
I moved up through the ranks of hotel management while in high school. I answered the phones, supervised the front desk and, eventually, decided hotel management was for me. As you can see from the enclosed resume, I now have a degree and six years of experience managing hotels in medium-sized markets.	我从高中时期就在酒店工作,做遍了酒店各阶层的管理岗位。我接过电话,当过前台经理,最终进入酒店管理层。正如您从我随附的简历看到的那样,我现在拥有学历,以及六年管理中型酒店的经验。

续表

求职信示例	参考译文
Franklin Inn's policy of allowing managers to keep learning and moving up would really motivate me to keep performing at a high level. You'd find me a valuable employee now, and an increasingly valuable one in the future.	富兰克林酒店允许经理继续深造和发展的政策确实能激励我保持高水平的工作状态。您会发现我现在是一名有价值的员工，今后更是一名能增值的员工。
Do you have any positions opening up in the next few months? I'd be happy to come in at your convenience to discuss your staffing needs and my qualifications. I will phone you early next week to see if a meeting would be possible.	贵酒店在下几个月是否有公开招聘的岗位？我很乐意能在您方便的时候拜访您，谈谈您对员工的要求以及我的能力。我将在下周早些时候给您打电话，看是否能安排一次会面。
Thank you for your consideration. Sincerely, ×××	感谢您能考虑我的申请。 ××× 敬上

翻译评价：本文中商务术语和求职信套话出现较少，而翻译技巧运用灵活，译文流畅自然而不失礼貌，较好地保持了求职信的风格。

① you：根据文中指代不同，分别译为"您"或"贵酒店"。虽然英语中的第二人称并不体现敬语与非敬语的差别，但在商务场合中，汉语要通过"您"和"贵（方）"这种表达来体现礼貌和尊敬。这种翻译既体现英汉两种文化和语言的差别，更是英汉商务翻译的常见方式。

② the back of his hand：根据归化翻译方法，译为"左右手"，便于汉语人士理解。

③ to be a team player：运用从具体到抽象的转译方法，从"做一个团队运动者"的字面意思改译为"具有团队精神"，更能把握事物本质，并符合汉语表达方式。

④ "moved up through the ranks of hotel management"译为"做遍酒店管理层"，简洁明了。

⑤ "supervised the front desk"译为"当过前台经理"，比"管理过前台"更自然而明确，符合汉语规律。

⑥ hotels in medium-sized markets：此处的 market 指酒店业，按汉语习惯译

为"中型酒店"。

⑦ keep learning and moving up：原文措辞较为随意，是欧美人士的现代风格，但若译为"继续学习和进步"，在汉语中稍显不正式，因此灵活处理为"深造和发展"。虽然在此细节上未保持原文风格，但却使全文整体风格一致，并符合中国商务交际对身份要求的特点。

⑧ staffing needs and my qualifications：此处对 staffing 理解准确，指的是"招聘员工"。而 qualifications 既有"资格"，也有"能力证明"之深意，可以理解为求职人的"资历背景"。

综观上述示例，商务信函的英汉翻译既要充分把握原文的语言与文体特征，还要根据汉语商务交际的特点进行灵活的翻译。译者得根据不同信函的不同目的，本着促进双方业务关系的原则而选用不同的策略，不同策略的选择将带来不同的读者反应，可见译者的作用是很重要的。

第七章　商业广告翻译

第一节　商业广告的功能及语言特点

一、广告的概念与分类

（一）广告的概念

广告，顾名思义，就是广而告之，向社会广大公众告知某件事情。广告就其含义来说，有广义和狭义之分。广义广告是指不以营利为目的的广告，如政府公告，政党、宗教、教育、文化、市政、社会团体等方面的启事、声明等。狭义广告是指以营利为目的的广告，通常是商业广告，或者称经济广告，它是工商企业为推销商品或提供服务，以付费方式通过广告媒体向消费者或用户传播商品或服务信息的手段。商品广告就是这样的经济广告。

本质上，广告是一种信息传递的载体。借助特定内容以及传播形式，推销商品信息、功能，实现消费者对商品态度的转变，引起消费者的购买欲望，提高广告主的经济利益。当前，为减少广告投放成本，实现资源的高效利用，一般采用艺术化、新颖化的传播途径，促使特色化、精炼化的广告信息充分展现其经济价值。事实上，广告的作用不单是吸引消费者，从更高的层面来说，广告推动市场、拓展消费需求，市场呈现出多元化特征，有助于保证市场商品质量。

广告一词，据考证是外来语。它首先源于拉丁文 advertere，其意为注意、诱导及传播。中古英语时代（约公元 1300—1475 年），演变为 advertise，其含义衍化为"使某人注意到某件事"，或"通知别人某件事，以引起他人的注意"。直到 17 世纪末，英国开始进行大规模的商业活动。这时，广告一词便广泛地流行并被使用。此时的"广告"，已不单指一则广告，而指一系列的广告活动。静止的物的概念的名词 advertise，被赋予现代意义，转化成为"advertising"。

汉字的广告一词源于日本。

在现代，广告被认为是运用媒体而非口头形式传递的具有目的性信息的一种形式，它旨在唤起人们对商品的需求并对生产或销售这些商品的企业产生了解和好感，或告之提供某种非营利目的的服务以及阐述某种意义和见解等。

根据《辞海》的解释，广告就是向公众介绍商品、报道服务内容或娱乐节目等的一种常见的宣传方式。具体来说，这一定义包含以下两层含义。

①广告需要通过一定的媒介来进行宣传。

②广告是告知社会各界广大公众的一种宣传活动。

美国市场营销协会（American Marketing Association，即AMA）给广告下的定义是：Advertising is the impersonal communication of information usually paid for and usually persuasive in nature about products, services or ideas by identified sponsors through the various media.（广告是由特定的广告商以付费的方式借助各种传播媒体对产品、劳务或观念等信息的非个人介绍及推广。）

尽管上述定义不尽相同，但都反映出广告的以下几个特点。

①广告以广大消费者为服务对象。换句话说，广告的服务对象不是某个特定的人，而是社会公众。

②广告为促使消费者采取购买行动，常常需要借助一定的传播媒介来对其心理活动产生影响。

③广告可以传达某种信息。广告所传达的信息既可以是有关非商业领域的，如宗教、政治、观念等，也可以是有关商品领域或服务领域的。

④广告具有明确的目的性，是由特定的人或组织为了实现某种目的而发起的。

（二）广告的主要形式

通过报刊、广播、电视、电影、路牌、橱窗、印刷品、霓虹灯等媒介或者形式，在中华人民共和国境内刊播、设置、张贴广告。具体包括：

①利用报纸、期刊、图书、名录等刊登广告；

②利用广播、电视、电影、录像、幻灯片等播映广告；

③利用街道、广场、机场、车站、码头等的建筑物或空间设置路牌、霓虹灯、电子显示牌、橱窗、灯箱、墙壁等广告；

④利用影剧院、体育场（馆）、文化馆、展览馆、宾馆、饭店、游乐场、商场等场所内外设置、张贴广告；

⑤利用车、船、飞机等交通工具设置、绘制、张贴广告；

⑥通过邮局邮寄各类广告宣传品；
⑦利用馈赠实物进行广告宣传；
⑧利用网络进行广告宣传，数据库营销的一种。
⑨呼叫中心，数据库营销的一种
⑩利用短信（sms）、彩信进行广告宣传，数据库营销的一种。
⑪利用其他媒介和形式刊播、设置、张贴广告。
⑫现在还有人用口头广告。

（三）广告的分类

依据的标准不同，广告的类别也就不同。一般来说，广告可依据以下几项标准进行分类。

1. 以媒介为标准

以媒介为标准，广告可分为报纸广告（newspaper advertising）、电视广告（television advertising）、杂志广告（magazine advertising）、广播广告（radio advertising）、电影广告（cinema advertising）、户外广告（outside advertising）、包装广告（package advertising）、网上广告（web advertising）等。

2. 以对象为标准

以对象为标准，广告可分为产业广告（business advertising）、消费者广告（consumer advertising）、服务业广告（service advertising）等。

3. 以地区为标准

以地区为标准，广告可分为地方广告（local advertising）、地区广告（regional advertising）、全国广告（national advertising）、国际性广告（international advertising）等。

4. 以是否营利为标准

以是否营利为标准，广告可以分为以下两个类别。

①商业广告（commercial advertising）。商业广告以促进商品、服务的销售与推广为根本目的。

②非商业广告（non-commercial advertising）。非商业广告是政府部门、慈善机构等非营利组织的公告、启事等广告，不以营利为根本目的。

5. 以诉求点为标准

以诉求点为标准，广告可以分为以下三个类别。

①情感广告（emotional advertising）。情感广告重在传达产品给消费者带来的附加值或者是情绪上的满足，因此它注重消费者的情绪或情感反应，目的是使消费者形成对产品积极的品牌态度。

②理性广告（rational advertising）。理性广告通常展示与产品事实性有关的信息，如商品特性、用途、使用方法等，以使消费者形成一定的品牌态度。

③情理混合型广告。情理混合型广告则介于理性广告和情感广告之间。

6. 以表达方式和语言色彩为标准

以表达方式和语言色彩为标准，广告可分为以下两个类别。

①说明性广告。说明性广告又称"硬卖"（hard sell），是一种理由诉求广告。它常常向潜在消费者客观介绍有关商品的功能、制作过程等，以此来诱发广告对象对商品信息的注意力，从而促成广告对象的购买行为。

②描述性广告。描述性广告又称"软卖"（soft sell），是带有劝诱性和激励性的广告。描述性广告常常通过生动活泼的形式、新奇独特的语言来对产品外观进行描述，以此来唤起一种好感或美感，并最终促成消费，而广告信息本身已被降到了次要的地位。

二、广告的组成要素及功能

（一）广告的组成要素

以广告活动的参与者为出发点，广告的构成要素有广告主、广告公司、广告媒体、广告信息、广告思想和技巧、广告受众、广告费用及广告效果；以大众传播理论为出发点，广告信息传播过程中的广告构成要素主要包括广告信源、广告信息、广告媒介、广告信宿等要素。因此，一则完整的书面广告是由标题、正文、口号、商标、插图五个部分组成的。当然，并非每个广告都必须具备上述五个部分，其中商标和口号有其相对的独立性。

广告要求形式新颖、构思奇特、语言通俗。广告经过发展已经在词汇、句法和修辞上形成了其特有的规律。

（二）广告的功能

广告通过传递情报，改变人们对于广告商品的态度，达到推介商品或服务、诱发人们采取购买行动的目的。根据这一定义可分析出广告的几种基本功能。首先，广告具有信息功能，它是生产厂商向消费者传递商品信息的主要渠道；其次，广告具有美化功能和表情功能，能对所介绍的商品进行美化，做出有利的宣传和推介；最后，广告还具有呼唤功能，能使广告受众做出广告主所预期的反应，并最终促进对该种商品的消费。作为一种具有很高商业价值的实用文本，广告的价值主要体现在其呼唤功能上，其余功能都为其呼唤功能服务，以最终达到诱发消费的目的。

广告通常通过两种表达方式来实现其目的和功能，即说理和移情。说理类广告又称为"硬销"类广告，这类广告通过客观的、令人信服的产品介绍来促成消费者的理性购买行为，大多数高科技产品、医疗产品都会通过说理来说服消费者。移情类广告又称"软卖"类广告，大多以优美的图文来吸引消费者，给广告受众美的感觉，从而促使其采取购买行为，移情类广告通常用于化妆品等日用品或汽车等奢侈品。

三、商务英语广告的语言特点

商务英语广告具有特定的目的。为此，商务英语广告常常在语言使用方面表现出自身的一些特征。下面就从词汇、句法以及修辞这三个层面展开分析。

（一）商务英语广告的词汇特征

1. 使用缩略词

由于广告花费的费用较高，为了降低广告成本，往往采用缩略语的形式节省一定的篇幅，从而有效地节约广告成本。因此，在广告英语中缩略语的使用现象就变得较为普遍。例如：

To Let or For Sale

Furnished Edinburgh Court, 426 Argyly St., 2nd floor, 1, 630 sq. ft. 4 bedrooms and dining and living room, private garage. Sale at 130, 000. Rent 1, 400. Tel. 38954 office time or 823748.

本例是一则房屋售租广告，其中多次运用了缩略词，如 St.=street, Sq.=square, ft.=foot, Tel.=telephone 等。再如：

Help Wanted Waitresses Exp. Only

P/T and F/T Openings. M/F Day and evenings.

Apply in person. 525 3Av NYC（btwn 24 & 25 Sts）。

只限经验丰富的女服务员，现需兼职和全职服务员若干名。

星期一至星期五的白班和晚班。

要求本人前来申请。

地址：纽约市第三大街 525 号（在第 24 和第 25 大街之间）。

本例是一则招聘广告，虽然篇幅短小，但却使用了 Exp.（experience），P/T（part time），F/T（full time），M/F（Monday-Friday），Av（Avenue），NYC（New York City），btwn（between），Sts（Streets）。这些缩略词的使用使得广告语言的表达精炼之至。

一般来说，商务英语广告中使用的缩略词主要包括下面几种。

①首字母缩略词。这类缩略词主要用于表示国家、专门机构或习惯搭配的名词。例如：

HK（Hong Kong）香港

PR（public relation）公关

JV（joint venture）合资企业

PRC（the People's Republic of China）中华人民共和国

P. O.（Post Office）邮局

②去元音缩略词。例如：

rm（room）房间

pls（please）请

hr（hour）小时

③去尾缩略词。例如：

ed（education）教育

prog（program）程序；项目

sal（salary）薪水

④混合缩略词。例如：

mgmt（management）管理

bldg（building）建筑

除上述几个类别的缩略词之外，下面的缩略词也常出现在商务英语广告中。

doz.（dozen）一打、十二个

gal.（gallon）加仑（容积单位）

gm.（gram）克

ltd.（limited）有限的

pd.（paid）已付

recd.（received）已收到、收讫

abt.（about）大约

acc.（account）账目、账户

ave.（venue）大街

inc.（incorporated）股份有限的

2. 使用人称代词

人称代词的使用可以增强消费者的参与感、受重视感，并很快拉近与消费者的距离，因而常在广告英语中使用。具体来说，第一人称常指代广告商，第二人称指代消费者，第三人称指代读者熟悉或能理解的人。例如：

I'm More satisfied. Ask for More.（摩尔香烟广告）

摩尔香烟，我更满意。再来一支，还要摩尔。

As we seek to understand, we create, we enhance, we progress. And as we do so, we make the world a better place.（某品牌汽车广告）

当我们寻求理解，我们创造，我们提高，我们前进。正如我们这样做，我们使世界更美好。

We made this watch for you to be part of your life, simply because this is the way. We always make watches. And if we may draw a conclusion, it would be this: Choose once and choose well.（手表广告）

我们制造这款手表，只希望它能成为你生活的一部分。我们一直在制造手表。如果要下个结论，那就是：一次选择，好好选择。

She usually complains about my anniversary gifts, but this year she is going to smile.（香水广告）

她常常抱怨我的周年纪念礼物，但今年她该笑了。

以上广告中，I、our、you、we 等人称代词的使用能使消费者有与商家面对面交谈的感觉，也能使消费者感受到商家处处为消费者考虑。

3. 使用单音节动词

由于单音节动词具有短小、精练的特点，这与广告英语的通俗、朗朗上口、精练的要求是一致的，因此在广告英语中会经常使用单音节动词。通常在广告英语中常用的单音词包括 be、buy、make、go、feel、let、come、do、taste、love、keep、get、need、like 等。例如：

Nike, just do it.

耐克，想做就做。

简简单单的三个词和八个字母，充分体现出耐克品牌的独特个性。

Make dreams come true！

让梦想成真！

迪士尼乐园的这句广告词高度概括了它在孩子们心中不可替代的形象。

The colorful world doesn't stop when it's nighttime.

夜晚时分，这里的世界依然五彩缤纷。

上述广告语言简短却极富感染力，动词 stop 对消费者具有很强的吸引力。

BUY 2 GET 1 FREE.

买二送一。

上述是某品牌酸奶广告，其中 buy 与 get 在广告英语中搭配使用，表示"买二送一"，对消费者来说具有很强的鼓动性。

4. 使用不定代词

消费者普遍存在着从众心理。广告英语巧妙地利用了这一心理，常通过 everyone、all、none、nothing 等表示"全体"范畴的不定代词的使用来展现产品的普遍使用性或独特的优势。例如：

Give a Timex to all, to all a good time.（手表广告）

None is more amazing than Alba Quartz.（钟表广告）

5. 使用复合词

复合词的意义较为紧凑、浓缩，与其他表达方式相比具有言简意赅的优势，用于广告英语中既能吸引消费者的注意力，又可体现广告的创意精神。概括来说，广告英语中使用的复合词主要包括以下几种类型。

①形容词＋名词，如 top-quality、high-fashion。

②形容词＋现在分词，如 fresh-tasting、best-looking。

③名词＋名词，如 state-of-art。

④名词＋形容词，如 feather-light、brand-new。

⑤名词＋现在分词，如 record-breaking。

⑥名词＋过去分词，如 honey-coated、home-made。

⑦副词＋现在分词，如 best-selling、fast-foaming。

⑧副词＋过去分词，如 perfectly-textured。

⑨副词＋名词，如 up-to-the-minute。

请看下例。

Evergreen, round-the-world service.

长青，环球的服务。（Evergreen Marine Corp. 的广告）

本例使用复合词"round-the-world"来修饰"service"，既能够使表达更加简洁，又较好地展现了该公司的实力。

Sophisticated sweet-to-drink Pink Lady.

高级可口的红粉佳人。（Pink Lady 广告）

本例中使用了复合词"sweet-to-drink"，在增加广告美感的同时也使广大消费者感受到产品的独特效果。

复合词在广告英词中的使用非常常见。例如：

Soft sweater with an easy-going attitude.（某品牌运动衫广告）

柔软的运动衫，舒展的姿态。

Fresh-up with Seven-up.（七喜饮料广告）

提神醒脑，喝七喜。

6. 使用新词

商家有时为了尽可能地吸引消费者的注意力，激发消费者的购买力，往往采用各种手段宣传自己的产品，创造新词就是其中的一种。新词是在原词的基础上创造的，虽然与原词有着不同的拼写形式，但是却有着相似的神态与意蕴。在广告英语中通过创造一些新词，有利于增强语言的感染力，从而有效地提升广告的魅力，实现良好的广告宣传效果。一般而言，创造新词的方法主要包括模仿造词、简化拼写、词组创新、错拼创新等。例如：

OIC

上述是一则很经典的广告语，是由美国一家广告公司创作的。该则广告中，三个大写字母放在一起从形状上看酷似一副眼镜，这样首先在外形上就吸引了消费者的注意力。其次，广告语的读音恰好与"Oh, I see."的读音类似，可译成"哇！我看见了！"可见，这则广告不仅生动、简洁、形象，而且巧妙地使用了谐音，表达了戴上此眼镜之后给消费者带来的欣喜之情。

We know eggsactly how to sell eggs.

我们怎么不知道怎样卖蛋？

上述是一则很经典的广告语，其中的 eggsactly 是一个故意拼错的单词，它由 eggs 和 exactly 两个词结合而成。正因为这样，该词在形态上与句末的 eggs 遥相呼应，起到了生动形象、加深读者印象的效果。

Drinka Pinta Milka day.

一日请喝一品脱牛奶。

上述是一则牛奶广告，广告中的前三个单词后面都加了一个字母 a，这样的错拼能有效吸引读者的注意力，提高广告的宣传效果。

The Orangemostest Drink in the world.

本例是一则橙汁饮料的广告，其中的"Orangemostest"由 Orange、most 和 est 三部分构成，most 和 est 均为最高级的表现形式，将二者组合起来并与 Orange 连接，就将这种橙汁饮料口感纯正、品质上乘的形象成功地展现在消费者面前。

7. 使用形容词

广告英语力争在消费者心目中刻画出产品的良好形象，因此常使用一些具有褒义色彩的评价性形容词或描绘性形容词，以使广告生动、鲜活，并在消费者心中留下美好印象。根据英国语言学家利奇的统计发现，广告中使用频率最高的十个形容词依次为 new、crisp、good、fine、big、fresh、great、delicious、real、full。此外，当适用于不同商品时，商务英语广告所选用的形容词又常常有所区别。例如：

化妆品：smooth、soft、lovely、exciting、gentle；

食品广告：fresh、tender、juicy、delicious、great；

汽车广告：trigger、torque、sleek、subdued；

其他广告：new、super、sure、full、wonderful、supreme、free、ideal、special、amazing、satisfying、unbelievable、bright、easy。

请看下面的例子。

Tender tailoring. Feminine but far from frilly. Gentle on your budget, too.

做工精巧细致；式样娇美自然；价格低廉宜人。（某品牌女性服装广告）

本例通过"tender, feminine, frilly, gentle"等形容词的使用来巧妙地迎合广大女性读者的兴趣，吸引她们的目光。

Innovative decor, well-equipped guest room, elegant dining venues, attentive services and friendly smile ... all these can be found when you visit the Windsors.

"innovative, well-equipped, elegant, attentive, friendly"五个形容词连续出现，从不同方面全面地描绘了酒店的风格、环境和服务，具有极强的诱惑力。

值得一提的是，除直接使用形容词外，形容词的比较级与最高级也常用来突出商品的独特性和唯一性。例如：

Our philosophy is simple. To give you the most important things you want when you travel: the best location, the best standards and the special attention a businessman needs.

我们的宗旨很简单。让您在旅行中得到商务人士最想要的一切：最好的地点、最高的标准和特别的服务。（某宾馆广告）

本例通过一次"the most important"和两次"the best"来表现商家对自己的商品和服务的绝对自信。

（二）商务英语广告的句法特征

1. 使用省略句

为了节省广告语言的篇幅，广告商在广告英语中常使用省略句的形式。句式简洁精练、信息量丰富，非常有利于增强广告的传播效果。例如：

Can't beat the feeling.

挡不住的感觉。（可口可乐广告）

广告省略了主语 You 或 We，使产品的魅力更加突出。

A mild way. Make it a mild smoke. Smooth, rich, rewarding.

柔柔地吸一口，给你柔柔的烟香，无限的温柔、满足、享受！

本例是一则香烟广告，将香烟给人的"mild"感觉充分地体现了出来。

2. 使用分离句

广告英语中经常使用分离句，主要是通过使用分号、句号、破折号等将句子进行切割，从而在节约成本的同时，实现广告的宣传效果。例如：

Paintex gives you a smooth and shining finish that lasts. And lasts.

本例是一则油漆广告，"And lasts"被一个句号与前面的内容分离，这就使该油漆效果持久的优良品质更加突出。正规的英文表述应为"Paintex gives you a smooth and shining finish that lasts and lasts."。

And travel in B747-400 comfort from the major cities in the Far East and the South Pacific to the Gateway to Europe. With increased non-stop services. Most days of the week.

本例是一则航空公司的广告语，分离句的运用突出了本公司的特点。

3. 使用引语

为了更好地宣传产品的功效，广告商经常会选用一些消费者的评语作为广告语，以消费者的口吻介绍该产品的特征，让消费者更容易信服，从而有效地增强了广告的可信度。通常而言，使用的引语大多形式新颖、语调活泼，具有很强的说服力。例如：

"I absolutely refuse to have damaged hair! And now I don't have to. I have handfuls of shiny healthy-look hair. Because I finally got my hair dresser to tell me his secret—Infusium 23."

这是一则护发素广告，通过使用引语，拉近了消费者与该产品的距离，仿佛是在听自己的朋友讲述他们的使用心得一样，亲切、自然，容易让消费者接受。

4. 使用简单句

简单句具有句式简短、节奏紧凑、便于记忆的特点，因此在广告英语中，广告商普遍使用简单句以吸引消费者的注意，从而不断地激发消费者的购买欲望。例如：

Going East. Staying Westin.

到东方，住 Westin 宾馆。

这是一则设计巧妙的宾馆广告，由两个单句组成。选词对称，紧凑明快，节奏感十足，读来朗朗上口，易于记忆。

Our finest time.

共度美好时光。

这是一则酒广告。广告直接以短语作句子，似乎一对情侣正在共饮世界名酒，精练通达，引人入胜。

商务英语广告中的简单句还有很多。例如：

Be inspired.（西门子广告）

Coke adds life.（可口可乐广告）

Fresh up with Seven-up.（七喜广告）

Good to the last drop.（咖啡广告）

It's for a lifetime.（手表广告）

Let's make things better.（飞利浦电子公司）

Obey your thirst.（雪碧广告）

海尔，中国造。（海尔广告）

从以上的广告中可看出，虽然使用了简单句，篇幅小，但是很好地突出了产品的性能，有利于充分地吸引消费者的注意力，同时也能充分地发挥广告的功效。

5. 使用疑问句

在广告英语中使用疑问句能够有效地激发消费者对该产品的好奇心，通过提出问题的形式引发消费者思考，从而使消费者对该产品印象深刻。因此，商家在广告中经常使用疑问句。例如：

Dinner? Done.（某品牌比萨广告）

What makes the finest tasting coffee in the world? The roaster's art.（某品牌咖啡广告）

上述两则广告一方面向消费者提出问题，吸引其注意力；另一方面又给消费者提供了答案，使其得到信息。

Do you have it today?

今天你吃了没有？（保健产品广告）

Wouldn't you really rather have a Buick?

难道你不愿拥有一辆别克车吗？（别克汽车广告）

Are you going grey too early?

你的乌发是否过早白了？（乌发乳广告）

Have you driven a Ford lately?

你最近开过福特牌的车吗？（福特汽车广告）

上述广告都在开头使用了疑问句，借此引起读者的思考与共鸣。

6. 使用一般现在时

为了使广告的宣传内容更具有真实性，在广告英语中经常使用一般现在时，意味着该产品的性质、功能、信誉都具有长久性。例如：

Without our new E-ticket, all you have to bring is yourself.

选用我们新的电子客票，阁下不需携带任何东西，只要带着自己。（英国航空）

The taste is great.

味道好极了。（雀巢咖啡广告）

America spells cheese, K-R-A-F-T.

奶酪的美国拼法：K-R-A-F-T。（卡夫奶酪广告）

To me, the past is black and white, but the future is always color.

对我而言，过去平淡无奇；而未来，却绚烂缤纷。

7. 使用祈使句

为了增强广告的宣传效果以及说服力，商家在广告中经常会使用祈使句来表达请求、建议、敦促等内容，从而迎合消费者的消费需求，激发消费者的购买动力，这是陈述句无法比拟的。例如：

Let you in a world of wonder：*Pictorial of Science.*

让你生活在一个奇异的世界里：《科学画报》。

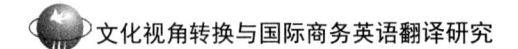

这是一则《科学画报》(*Pictorial of Science*)的广告，寥寥数语便使万千世界呈现在读者的眼前，读来令人神往。

Get the feeling.

身临其境。

本例是《运动画报》的广告，该广告仅由三个词构成，但祈使句的效果却使该广告极富感染力。

Come and sit with me a while.

过来和我坐会吧。

这是一则景点广告，该广告以拟人的修辞手法带有请求的口吻进行宣传，体现出该景点的内在美感，富有亲和与温柔之情，令人神往，读者看完这则广告会有难拒其盛情邀请之感。再如：

Be one of the 1,200 fastest families in America.（汽车广告）

Catch that Pepsi spirit. Drink it in.（百事可乐广告）

For more of America, look to us.（信息咨询广告）

Go for the sun and fun.（旅游公司广告）

Imagine your child in a work of art.（照相机广告）

Obey your thirst.（雪碧广告）

8. 使用并列结构

并列结构可使语言流畅、连贯，语句工整、对称，甚至会比完整的句子更具有说服力和号召力，令人印象深刻，所以很受商家的喜爱。在广告英语中经常采用并列结构。例如：

The choice is yours; the honor is ours.

您的选择，我们的荣耀。

上述广告句式并列，语义相连，不仅说明了顾客选择的明智，也表现了产品品质的卓越。

In the East, it's one of the best-known companies; in the West, it's one of the best-kept secrets.

在东方人尽皆知；在西方无不称奇。

这则广告内两个并列句构成，从东方人与西方人对该产品的称赞中体现出该产品的卓越性。

（三）商务英语广告的修辞特征

为使广告独树一帜、引人注目，广告撰写人往往使用一些修辞手法，以增强广告的吸引力。广告中常用的修辞手法有明喻、暗喻、双关、对偶、押韵等。例如：

Featherwater: light a feather（眼镜广告）

法泽瓦眼镜：轻如鸿毛（明喻）

EBEL: the architects of Lime.（手表广告）

伊贝尔——时间的缔造者。（暗喻）

Make your every hello a real good buy.（电话广告）

亲切问候，自始至终。（双关）

Sea, sun, sand, seclusion, and Spain! You can have all these when you visit the new Hotel Caliente.（旅店广告）

大海、阳光、沙滩、幽静——西班牙！只要您住进新旅馆"客恋塔"，您就能享受这一切。（抑制）

Hi-Fi, Hi-Fun, Hi-Fashion, Only from Sony（音响广告）

高保真，高乐趣，高时尚——只来自索尼（押韵）

第二节 商业广告翻译的原则和基本方法

一、商业广告翻译的原则

（一）遵循文化语言风格

广告内容设计的初衷是为了打动市场消费者，深化、转变受众对商品的印象，带动涉及商品的市场销售量。然而，受到英语与汉语语言色彩以及表达方式差异的影响，尽管英语广告内容也具备一定的文学表达能力，但转换为汉语语言的过程中，无法将通俗易懂、相对直接的文本信息提升为富含押韵、修辞等特色的艺术表现形式。仅注重广告传播内容的实用性，缺乏对汉语语言风格的有机融合，并不能得到预期的效果。因此，跨文化广告翻译需参考汉语的风格、特点，升华广告的传播内容、传播理念，打破广告翻译的固有思维定式，基于广告原作，实现整体性的创新、优化。

（二）符合大众审美特点

根据威廉·阿伦斯建立的商业广告跨文化交际模型，一条广告信息的传播，不仅仅依赖广告渠道，在此之前、之后都存在着编码机制（如图7-1），由此不难看出，所谓"翻译"的价值，就是对原信息重新展开理解、定义，以满足编码两端信息内涵的一致性。从这个角度出发，生活在不同文化环境中的受众，对于文字元素的表述方式、意境传达有着不同的喜好。一句话对于不同对象，可能是"金玉良言"，也可能是"不经之谈"。同样，针对同一事物差异性的看法，导致广告内容的翻译结果并不能达到预期的传播效果，不符合大众审美特点，严重者则与社会文化传播正方向相对立，导致受众产生抵触心理。

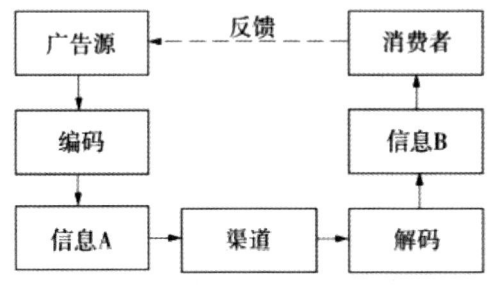

图 7-1　商业广告信息跨文化交际过程

翻译者应注重广告受众的文化环境，选择合理的翻译方式，确保广告翻译内容符合受众的审美情趣，以提高广告市场的影响力。如果翻译者仅将广告内容直接翻译，则无法体现一定的文化内涵，不符合汉语语言的表达方式，而将英语原文核心理念借助汉语表达的方式体现，则会起到意想不到的效果。例如，戴比尔斯钻石广告语为"A diamond is forever"，直译为"钻石是永恒的"。而为了迎合中国消费者的审美习惯，将广告语翻译为"钻石恒久远，一颗永流传"，则利用对联的形式，将钻石产品的价值、特性充分说明，也加强钻石与爱情之间的紧密性，是一个相对成功的营销案例。

（三）灵活增添和摒除内容

翻译者在保持广告中心理念不变的前提下，可对广告原有内容的表述手法、表达风格等因素实现灵活的增加或者删除。基于汉语语言的特点，不断改善、调整广告内容，增加广告的新颖度，同时可以充分结合现阶段消费市场的流行元素，吸引消费者对于广告内容的关注度。值得注意的是，翻译者在对广告内容进行调整时，应当做到利用最少的文字，传达最多的信息，以实现广告语结构的工整性。

二、商业广告翻译的基本方法

（一）广告语句的翻译方法

在信息社会，广告主题句是否能给人留下深刻的印象，是衡量广告是否成功的关键。成功的广告主题句具有简洁明了、朗朗上口、感召力强的特点。很多广告主题句简洁生动、广为流传。例如：

A diamond is forever——戴比尔斯钻石；

Just do it——耐克体育用品；

Good to the last drop——麦氏咖啡；

Let's make things better——飞利浦电器。

广告翻译是一种再创造的过程，译者应尽量挖掘产品的特点与译语文化的共同特征，使译文符合目的语习惯。常用的广告翻译方法有以下几种。

1. 广告直译法

作为跨文化交际理论的奠基人，爱德华·霍尔的研究基础即为"文化差异问题"，在20世纪50—70年代的研究中，跨文化交际的研究范围涉及社会学、时间学、身势语言等，最突出的贡献在于"高低语境文化理论"。霍尔认为，高语境文化体系的信息传播中，语言符号所发挥的传达功能很小、对语境环境依赖性大，一个字或一个肢体语言，都具有大量的含义；低语境却恰恰相反。相对而言，中文环境是典型的高语境文化环境，这就容易导致跨文化交际下广告翻译的信息、载体的不对称性，并较为直接地表现在"广告直译法"之上。

广告内容直译就是不做任何改变，通过在译语中寻找与广告原文相对应的词语，完成广告语的翻译工作。借助直译法，能将广告内容的原有含义向市场传播。但是，假设翻译者所选用的翻译词语不能被受众接受，则也会影响广告的传播效果。例如，国内服饰品牌李宁，其广告语为"一切皆有可能"，而通过利用直译法，则可以转换为"Anything is possible"；丁家宜化妆品的广告语为"The secret for perfect skin"可以直译为"拥有完美肌肤的秘诀"；又如嘉亨印务的广告语为"给我一个机会，还你一个惊喜"，可以直译为"Give me a chance, and you have a surprise"。基于对上述例子的表述，广告直译法运用阶段，对于跨文化交际视域下的消费者，很难给予直观的印象，尤其是对商品的定位难以有清晰的认知，进一步需要充分考虑翻译对应语言环境的文化特色，最大程度避免因文化传播偏向化而造成消费者对产品出现反感，甚至抵制的思想以及行为，进而消除广告产品在消费市场中实现广泛性、深入性的推广目标。

结合现状而言，我国商品在走向世界的过程中，品牌效应之所以较弱，很大程度上与过度采取广告内容直译方式有关，而就语境角度来说，中文属于高语境语言，在直译过程中容易丧失掉大量文化成分，导致广告内容丧失魅力。

2. 广告音译法

参考"遵循文化语言风格"的原则，谭卫国在《英汉广告修辞的翻译》一文中指出，早期的中外跨国商业视域下的广告翻译行为，都比较侧重翻译技巧的运用，其重心落在修辞学层面，通过对比中文、英文之间的文体风格差异，以达到平衡的效果。但随着功能主义语言学、语用学、跨文化交际学的发展，广告翻译开始深入民族、历史、区域等层面，更加重视不同民族观察事物的视角，以及独特的审美观念，以此规避广告翻译实现语言等效、社会语用等效的弊端。

这一理念在广告音译法上有着重要体现，所谓"音译"，是直接将英语发音翻译为汉语文字的表达形式，音译法的主要作用对象为广告品牌名称，不仅能够保留品牌的原有名称，实现同一品牌在国内以及国际市场的统一性，同时也增加消费市场国外品牌的出现频率，促使消费市场产品呈现出多元化的现象，有利于提高消费者在消费阶段的体验性。翻译者在音译阶段，充分满足中国人追求吉祥如意、美好生活的心态，将商标语句转换为积极乐观的词句。以碳酸饮品百事可乐为例，将"Pepsi Cola"音译为"百事可乐"，其中"百事"可以理解为一百件事，也可代指任何事情；"可"代表可以，能够；"乐"则是快乐、乐观。整体来说，可以理解为"祝福消费者任何事情都可以开心快乐"。

再如，以口腔护理产品高露洁为例，将"Colgate"翻译为"高露洁"，其中"高"可理解为中国的姓氏，并包含着"高效化"的含义；"露"则代表了每天清晨的露水，也可认为清晨应做好口腔保养；"洁"则说明此产品提供口腔清洁的功能。"高露洁"三字既点明了产品的使用时间，又表述了产品的自身功能，方便消费者直观化了解产品的功能特性，有利于加深消费者对其良好的印象。

基于广告商标音译途径，要求有较高的跨文化交际词汇掌控能力，否则很容易出现贻笑大方的现象，甚至完全不被消费者理解。一个最典型的案例，在20世纪30年代可口可乐进入中国时，其广告名称被翻译为"蝌蚪啃蜡"，这一名称在中文语境下令人充满了疑惑、不解。后期可口可乐公司通过悬赏征稿的方式，最终得到了"可口可乐"这一中文广告名称，而这一名字的赋予者，是拥有深厚中国文化底蕴的蒋彝教授。这一事件也说明，跨文化交际下的广告翻译工作，不仅仅是一个简单的翻译命名，也需要很强的文化融合能力。

3. 引申翻译

在广告翻译中，由于语言和文化背景的差异，要通过直接翻译达到两种语言音、形、意的完全统一是很难的。这时译者可以提取原文中最具有表情功能和呼唤功能的部分，加以引申、发挥后用地道的译入语表达出来。翻译时突出广告在译入语中的宣传、移情、感召和信息传递功能，而不拘泥于原文的形式，充分发挥译入语的语言优势，大胆突破，创造性地翻译广告语。

例如，国际香烟知名品牌万宝路，其香烟包装盒表面的广告语为"Come to where the flavor is, Come to Marlboro Country"，将广告语采用直译方式，则得到"来到味道的地方，万宝路世界"。虽然从表面上理解可以得出万宝路香烟味道良好的结论，但不易引起消费者的购买欲望。而将传统翻译模式灵活转变，忽略广告语内容、发音等直接因素，领会广告语精神内在，将其翻译为"光临风韵之境，万宝路世界"，将单一化直译翻译的结果整体提升到较高层次，语句优美、思想升华，给予消费者艺术感、期待感。

再如，麦斯威尔咖啡广告语为"Good to the last drop"，直译为"好到最后一滴"。而为了迎合中国消费市场，将其创新性翻译为"滴滴香浓，意犹未尽"——不仅告知消费者喝咖啡阶段人们的口感体验以及内心的感受，也将咖啡本身浓厚、醇香的特点与消费者的情感构建联系，从而提升了消费者对该产品的认同程度。

以下是使用引申翻译时遇到的几种情况：

①当涉及中英文的词序、语法结构和修辞手段存在很大差异时，译者应摆脱英文在句法与文体上的束缚，以中国的文化与接受心理为中心来选词。例如：

The unique spirit of Canada.（酒类）

品加拿大酒，体会加拿大人的精神。

分析：原文成功运用"spirit"一词构成语义双关，既宣传了该酒的优良品质，又弘扬了加拿大的民族精神，具有很高的审美价值。译文也努力表达出原文的双重意义，但要做到像原文一样一语双关非常难。

Good to the last drop.（麦氏咖啡）

滴滴香浓，意犹未尽。

分析：译文在原文的基础上加以发挥，充分展现了汉语语言的优美，让人读后"意犹未尽，浮想联翩"。

The contentment tea room

Come in.

You'll find a cheerful company, a teaming cup, dainty cakes and a restful atmosphere.（茶座）

一杯热茶，一份温馨。

分析：译文将原文信息高度浓缩，语言更符合中文广告四字句的特点，广告的宣传效果也保持不变。

What we do, we do well.（真空吸尘器）

我有我品质。

分析：对口号内容进行了恰到好处的引申和发挥，使译文富有哲理，容易给读者留下深刻的印象。

The Who, What, When, Where and Y of basketball shoes.（康瓦士 Y 型篮球鞋）

译文：康瓦士篮球鞋——想你所想！

分析：原文列举了 5 个 W（用 Y 代指 Why，又点出该款产品的型号），这五个词涵盖了任何事情的五个构成要素，这里表示"任何你能想到的，康瓦士鞋都能帮你实现"。

②当广告人为了节省篇幅、体现广告语的干练，而采用省略法时，译者可根据实际情况将省略的部分补译出来。

Elegance is an attitude.（浪琴表）

优雅态度，真我性格。

Anytime（快递公司）

随时随地，准时无误。

Start ahead.（飘柔洗发水）

美丽从头开始。

For Rent：1bdrm. mod. furn. 210/mo. A/C avail after Xmas.（房屋租赁）

出租：卧室 1 间，设施现代，家具齐全，有空调设备，每月租金 210 美元，圣诞节后可入住。

③广告文本以简洁为贵，对于那些写得不够简练的广告，翻译时译者可将原文中那些多余的信息省略。例如：

Wherever you are. Whatever you do. The Allianz Group is always on your side.（安联集团）

安联集团，永远站在你身边。

The men who have achieved success are the men who have dared, who have had the courage to act upon their convictions.（招商）

译文 1：敢想又敢做，成功机会多。

译文 2：成功永远只青睐敢于冒险的人。

分析：上述两例的译文都剔除了原文中冗余的信息，翻译后的广告简洁明了、重点突出。

4. 套用名言警句

英语广告中常常套用脍炙人口的名言佳句、俗语典故，让熟悉该国文化的人不禁会心一笑。在翻译时如果也能结合本国特色，套用名言警句常常会收到较好的效果。

Not all cars are created equal.（三菱汽车）

译文 1：不是所有的汽车都有相同的品质。

译文 2：古有千里马，今有三菱车。

分析：日本三菱汽车在美国的广告词套用了美国《独立宣言》中"All men are created equal."这一美国人妇孺皆知的警句，使美国人读来亲切，同时也突出了产品的与众不同。但在中国市场，将这句广告词直接进行翻译（如译文1）会使汉语读者觉得莫名其妙，也失去了原广告创意者的良苦用心。但如果根据中国文化，将其做另一番处理（如译文2），则会收到不同凡响的效果。

Tasting is believing.（食品）

百闻不如一尝。

分析：原文套用中国人也非常熟悉的英语谚语 Seeing is believing（百闻不如一见），直译也能收到相同的效果。

Where there is South, there is a way.（南方科技）

译文：有南方，事竟成。

但有些套用的名言警句，在汉译时很难找到相应的句子。这时候就应当抛开原文的束缚，根据中文的表达习惯进行翻译。

Love me tender, love me true.（绿世界化妆品）

爱您一辈子。

The Globe brings you the world in a single copy.（《环球》杂志）

一册在手，纵览全球。

分析：以上两例都巧妙地模仿了家喻户晓的名句。"Love me tender, love me true"是对猫王歌词的借用；第二例模仿 Stokely 唱片公司的广告词"Stokely brings you the world on a platter"。从以上译例不难看出，尽管译文在形式上与原文有所出入，但做到了与原文功能相似、效果相同，是成功的广告翻译。因此，在翻译广告时应允许充分发挥译入语的优势，从译文受众的角度出发，确保功能相似，收到良好的传播效果。

5. 采用四字词组

英语广告一般简明扼要，讲求变化；汉语广告则喜欢采用四字词组，言简意赅、朗朗上口，充分体现了韵律美和平衡美。故而在英译汉时，应该考虑如何利用汉语四字词进行翻译。例如，下面一些广告常用语可以译为汉语的四字词组。

Finest food, most attractive surroundings, and friendly disposition.

译文1：最好的食物，最吸引人的环境，友好的接待。

译文2：风味独特，环境幽雅，服务周到。

分析：这则广告充分迎合了顾客的心理需求，但译文1显得不够简洁，在一定程度上损害了广告的效果。译文2更符合中文广告的语言特点，也更有感染力。

Beautiful in pattern, elegant in style, matching in colors, and skillful in workmanship.

式样优美，款式雅致，色泽和谐，做工考究。

Quality first, advanced technology, scientific management, and the best service.

质量一流，技术先进，管理科学，服务上乘。

Rich human and material resources, advanced technology、great variety、high prestige.

实力雄厚，技术先进，品种繁多，声誉卓著。

（二）广告文本的翻译方法

广告正文的翻译跟广告语的翻译一样，在翻译时不应拘泥于原文的遣词造句，而应以文本为翻译单位，以达到广告宣传效果为最重要目的，在谋篇布局上可以对广告原文的结构进行调整，使其更符合中文广告文本的语篇特征。例如：

The perfect companion for 2001

Since you depend on a diary everyday of the year,

Pick the one that's perfect for you.

Bright, attractive, colorful, always good for a smile...（日记本）

既然你每天都离不开日记本，就请您选用这种吧，它对你再合适不过了：

印刷鲜明，装帧精美，让您称心如意……

分析：这则广告包括广告标题和正文。英语和汉语广告都力求用词简练。原文中"bright, attractive, colorful, always good for a smile"几个形容词和词组并列使用，言简意赅。中文使用四字词，符合中文广告用词的特点。同时原文短小精悍、结构清晰，因而在结构上也无须调整。再看以下两例：

Sharp Z-20 Smallest Plain Paper Copier

It's more than just new. It's smaller, it's lighter, and it fits almost anywhere. It starts automatically. "Goes to sleep automatically." Even sets exposure automatically. It's not only affordable to buy, it's also economical to run. It's also simple to maintain. It uses a replaceable cartridge for copies in red, blue, or black. It also has a copy quality that is truly unsurpassed. In fact, it's the plain paper copier that's anything but plain. It's the new Sharp Z-20. So incredibly small, it's the only plain paper copier that makes any place your workplace.

From sharp minds come sharp products.（夏普复印机）

最小的复印机夏普 Z-20 型

更新、更小、更方便。

自动启动、自动关机、自动曝光。

物美价廉、经济实惠、保养简便。

可替换色带，红、蓝、黑三色任选。

质量卓绝、无与伦比。

事实上，这就是普通白纸复印机，这就是夏普新型 Z-20。

精英人士打造精英产品。

100% COTTON

GENTLE AND SOFT enough for a baby's skin.

A NATURAL WAY to remove makeup, cleanser, nail polish, lotion, cream, etc.

PERFECT for any use where a soft absorbent applicator is needed.（化妆棉）

本品采用 100% 天然棉精制而成，品质柔软贴切，适合化妆使用。经特殊化学高温杀菌、脱脂处理，品质清洁，卫生可靠。棉质柔软细致，能彻底清除油垢残妆，让你的肌肤更具健康活力。适用于上妆、卸妆；拭除面霜、唇膏、指甲油；清洁贵重物品。

分析：以上两例都对译文的结构甚至内容做了较大的调整。第一例中的英文广告正文以段落形式出现，译文则进行了调整，将其拆分成 8—9 个独立成行的省略句，使广告更加一目了然、条理清晰。译文既具有相当地道自然的汉语语言特色，又满足了广告的宣传功能。同时，原文正文中"So incredibly small，it's the only plain paper copier that makes any place your workplace"重复了前面"it fits almost anywhere"，译者进行了灵活处理，将其省略没有翻译。

第二例的英文广告正文以形容词短语构成的省略句出现，言简意赅，产品特色优点突出。但在中国市场，很多消费者对化妆棉的选择和用途并不熟悉，因而有必要对这种产品进行详细说明。译文保留了对产品优势的介绍，但在一定程度上又脱离了原文，增加了产品功能的介绍。如果说原文更注重以情动人，译文则偏重客观介绍，但两者实质上是以不同的方式来达到广告功能的一致。

（三）广告翻译中的主要问题

商务英语广告翻译时应注意以下几个问题：

（1）准确传递广告中的"硬"信息

广告翻译虽然可以在"功能对等"的前提下，不必完全忠实于原文，但有些信息是必须准确传递的，如产品性能、特点、公司名称、联系方式等。

（2）根据广告性质采用不同的翻译方法

说理类广告多采用直译的翻译方法，移情类广告则倾向于采用较为自由的翻译方法，或增补，或删减，或重新改写。无论采取哪种方法，广告的目的始终只有一个：实现广告宣传、促销和劝购的功能。

需要注意的是，译者在采取任何翻译方法之前，都应当仔细体会原广告的创意和良苦用心，因为这通常是该广告的生命所在。因而，译者如能保留原广告在字词上的特别用意、句式上的有意安排，应尽量保留。

Tide is in，dirt's out.（洗衣粉）

汰渍放进去，污垢洗出来。

分析：原文结构对称，内容前后对比。译文也尽量保留了原广告的这一特点，是很成功的广告译文。

Double Star Takes You Afar.（双星运动鞋）

穿上双星鞋，潇洒走世界。

分析：译文以短句押韵的形式体现了原广告词形式简短而读来朗朗上口的特点。

（3）考虑译入语的社会文化因素，注意译入语读者的审美需求

广告商针对某一地区、国家对某一商品的促销广告，译者翻译时应充分考虑到该地区、该国家独特的文化因素。日本三菱汽车公司针对美国和中国的不

同市场、不同受众而对其广告的不同翻译就是一个成功的例子。

在美国发行的中国历史人物的纪念币,其英文广告是"A voyage to the labyrinth throughout China's centuries."(通往中国历史迷宫的神秘之旅),而针对中国人的这一广告词却是"使您分享历史荣耀的珍贵纪念品"。可想而知,这一巧妙处理将引发多少中国人的共鸣。

雀巢咖啡的一句广告词"It's the taste."在中国内地的翻译是"味道好极了"。这句地道的中国普通话,使雀巢咖啡在中国这个有着"复杂的社会习惯"的国家妇孺尽知,其成功之处就在于用一句典型的中国民族性的广告语,消除了中国人与西方人在喝饮料习惯上的心理差距,投中国人所好。

(4)译文要符合译入语的广告文体

广告英译汉时,要根据中文的表达习惯,考虑使用言简意赅、节奏感强的四字句。

Safe, Easy, Quick and with fun!(蔬菜加工机)

使用安全,操作简单,高效快捷,乐在其中!

分析:译文采用四字词组,既保留了原文的工整对称,又符合中文广告的文体,读来朗朗上口。

第三节　广告翻译实例

一、广告的类别

①按广告内容分类,常见的有产品广告、品牌广告、观念广告、公益广告。

②按广告目的分类,常见的有告知广告、促销广告、形象广告、建议广告、公益广告、推广广告。

③按广告策略分类,常见的有单篇广告、系列广告、集中型广告、反复广告、营销广告、比较广告、说服广告。

④按广告传播媒介分类,常见的有报纸广告、杂志广告、电视广告、电影广告、网络广告、包装广告、广播广告、招贴广告、POP广告、交通广告、直邮广告、车体广告、门票广告、餐盒广告。随着新媒介的不断增加,依媒介划分的广告种类也会越来越多。

⑤按广告表现手法分类,常见的有图像广告(图片为主)、文字设计广告(文字编排为主)、幽默广告(幽默情景为主)、人物肖像广告(各行业代表人物)、视听广告(声音、影像、音乐、节奏)。

⑥按广告传播范围分类，常见的有国际性广告、全国性广告、地方性广告、区域性广告。

⑦按广告传播对象分类，常见的有消费广告、企业广告。

⑧按广告主体分类，常见的有一般广告、零售广告。

二、商务英语广告中的文化因素

（一）广告与文化的关系

随着国际分工的深化、发展和全球经济一体化趋势的日益加强，国际间的商品流通日益频繁。各个国家为了争夺世界市场，竞相推销本国产品，其中一个重要的促销手段就是利用广告将本国的商品和厂商的声誉向国际推介。在中国，由于市场经济制度不断发展与完善，对外开放中的经济活动日益增多，国际广告事业蓬勃发展，它不仅给中国人带来了新的商品和服务或把中国的商品介绍给国外消费者，而且还是传播文化的载体。

广告活动不仅是一种经济活动，还是一种文化交流，它像一支无形的手左右着人们的生活方式和消费习惯。同时，每个区域都有自己的文化，包括思维方式、生活方式、价值取向、审美意识等，许多广告以此为创意背景，展现了文化的差异。如"金利来领带，男人的世界"的广告。"金利来"原名金狮，虽然在广告上做了一番努力，但领带的销路还是不佳。原来香港"狮""输"读音相近，与粤港澳人特有的"好意头"心理相悖。自从有了吉利的好名称"金利来"后，广告引起消费者的心理活动有选择地指向，"金利来"也就名扬四海。

1. 广告反映文化

广告是人类精神创造的一种记录，它既反映着人类的物质文化与精神文化，又充分展示着社会的经济与文化成果。商务英语广告主要用于传递某商品和服务的信息，其目的在于不断刺激人们创造物质财富，改善人类的生活水平，提升生活的质量。因此，从本质上看，广告就是将人类的物质文明的创造成果展现出来，并在这一过程中也展示了人类丰富的精神世界。换句话说，广告展示的是人类文化发展的轨迹，它不仅对其自身的发展历程进行记录，同时也记录了很多人类创造物质文化和精神文化的成果。若将不同时期的广告按一定顺序进行排列，展现在我们眼前的将是一幅记录着优美文化与生活的画卷。相应地，如果将来不同民族、不同国家的不同时期的广告进行排序，则很容易就会发现广告中所蕴含的文化可谓千姿百态，其中的表现形式、人物形象、信息内容、传播方式等也是千差万别的，这正是广告所具有的鲜明文化意义的生动体现。

2. 广告是文化的一种形态

广告的出现和进步是人类不断发展和进步的成果。具体来说，广告有着深深的文化烙印，充分体现了人类智慧的伟大创造力，是人类智慧的结晶和文化创作的成果，同时也是一种典型的商业文化。

随着广告创意、广告媒介以及广告内涵的不断更新，商务英语广告在文化、审美、经济等方面的价值也不断提升。商务英语广告本身也成为人类发展过程中不可或缺的文化财富，是人类文化的重要成果与组成部分。此外，从功能与贡献角度来看，人类借助智慧创造了各种产品，又采用广告的方式使它们走进千家万户。因此，商务英语广告的运用不仅是人类凭借精神文明传承物质文明而展开的智力劳动，更是人类活动中的一项伟大创举。随着商业文明的发展，作为人类智慧与文明集合体的商务英语广告就逐渐成了商业文化的重要内容、社会文化的重要组成部分，从而进入了文化的范畴。

3. 文化制约广告

由于广告是文化的一种特殊形态，因此它必然要受到文化的制约。换句话说，广告通常会受限于其所属的文化。其具体表现是：广告活动一定是在文化环境中进行的。一方面，广告主或广告人和受众是生活在某一文化背景之下的主体；另一方面，广告作品、媒体均受到文化语境的表达制约。可见，广告的很多层面都是与特定的文化不可分割的。如果广告脱离了某一特定的文化，则其效果必将大打折扣，有时甚至会适得其反。

4. 广告能够创造和创新文化

就目前的情况来看，商务英语广告为了增强说服力与影响力，从而使其商品与服务取得更大的市场份额，常常会借用一些有影响力的人物（如权威专家、当红明星等）的力量。这就使广告元素与人物的影响力有机结合在一起，从而达到更加理想的宣传效果。面对这样的广告，如果消费者能和明星"共舞"，与潮流"同步"，并带动其他消费者跟进，那么这种广告方式会逐渐成为一种风尚，并对新的消费模式和生活方式的产生、发展起到推动作用。

（二）商务英语广告中的文化差异

一般来说，商务英语广告中的跨文化现象主要表现在以下几个方面。

1. 词汇文化

在商务英语广告中，经常使用一些有着不同文化内涵的词汇。例如，bat（蝙蝠）在西方国家常使人联想到不吉利。一提到蝙蝠，人们就会想到的凶恶、丑陋等形象，这大概与吸血蝙蝠有关。然而，蝙蝠在中国多为吉祥、幸福、健康的象征。再如，dragon（龙）在西方文化中是一种可憎的猛兽，常与残暴、邪恶联系在一起。但是，龙在汉语中具有神圣、庄重、威严的文化内涵，这是因为龙是中国的图腾，中国人被称为"龙的传人"。

2. 宗教文化

宗教有着不同的文化倾向与戒律，不仅对人们的价值观念、认知方式与行为准则有着重要影响，还左右着人们的消费行为。可见，从某种意义上说，宗教位于文化的深层，是文化的核心组成部分，它已深入信徒的身体与灵魂，且每时每刻都发挥着其潜在的作用。

例如，泰国曾经播放过这样一则美国广告：

我宁愿为骆驼行一里路。

在这则骆驼牌香烟广告的画面中，烟民高跷二郎腿坐在神庙前，皮鞋底被磨成了一个大洞。在泰国人看来，这种举动是对佛的亵渎与不敬。因此，这则广告在泰国引起了强烈的不满。再如，穆斯林有禁止饮酒的习惯，因此在一些信仰伊斯兰教的国家，酒广告是不允许出现的。一架航空公司曾在沙特阿拉伯的报纸上刊登了这样一则广告：一位漂亮的空姐笑容可掬地为旅客送香槟酒。由于沙特阿拉伯人禁酒，且不允许不戴面纱的妇女与男性在一起，这则广告受到了强烈的反对，那家航空公司还差点因此被取消其在该国营运的权利。

3. 风俗习惯

风俗习惯涉及服饰、饮食、居住、婚丧等生活习惯与行为方式，是人类在生产、生活中长期形成的一种行为倾向和社会风尚，如习俗、礼节、行为规范和禁忌、偏好等，具有民族性、固定性、传承性等特征。消费者的消费习惯与喜好在很大程度上受到风俗习惯的影响。因此，如果对风俗习惯不加考虑，则跨文化广告不仅难以达到既定目的，有时甚至会引起不必要的冲突。例如，美国人大都以古铜色的皮肤为美，而中国女性则更喜爱白皙的皮肤。若对这一习俗差异不甚了解，将美国本土的广告放到中国媒体上播放，那必然会弄巧成拙。

4. 法律制度

法律制度是加强广告监管的一个重要手段，因此不同国家的法律必然会对其国家广告的表现方式与策略进行规范。同时，法律制度是维护社会稳定与正常运行的规范，具有极强的民族性与地域性。因此，某些国家、地区的合法广告在另一个国家、地区则很可能是非法的或不被允许的。例如，从广告产品的类型上看，欧洲各国禁止播放一些烟草、烈酒等广告，但中国广告对酒的宣传是合法的。再如,欧美的很多国家认为,广告中加入一些国旗、国徽等图案是时尚的表现,但在一些亚洲国家,法律不允许广告用国旗、国徽等作为指代性符号。

三、广告翻译实例

(一)广告中语句的翻译

Look at the ways you can benefit!(经贸洽谈会)
各种形式的经济合作将使您的资本技术得到丰厚的利益!
Our Folk Art Festival is a guaranteed good time!(民间艺术节)
绚丽多姿的民间艺术将使您得到美的享受!
Flowers by BEAUTY speaks from the heart.(花店)
"美人"鲜花,倾诉衷肠。
The Globe brings you the world in a single copy!(《环球》杂志)
一册在手,纵览全球。
Our aim: Make a global hit—Shengjia Auto Electric.(电器公司)
让世界遍布"声佳"电器。
Double Star Takes You Afar.(鞋业)
穿上"双星"鞋,潇洒走世界。
The factory can produce various new types of buttons in thousands of different designs for coats, suits, fashions, shirts, and sweaters.(纽扣厂)
该厂能生产大衣、西装、时装、衬衣、毛衣等不同类型服装所用的上千个花色品种的纽扣,产品规格齐全、品种繁多、造型新颖。
Smooth and beautiful, Zhonghua high-quality pencils.("中华"铅笔)
"中华"铅笔品质优良,书写润滑,美观大方。
Smooth trip, smooth arrival.(箱包)
方便旅行,平安到达。
Give the watch to all and to all a good time.("梅花"手表)
人戴"梅花",准时乐道。

(二)广告中文本的翻译

You best home away from home (Windsor Hotel)
Your trip can always be a carefree experience as our meticulous services keep

you feeling at home. Innovative décor, well-equipped guest rooms, elegant dining venues, attentive services, and friendly smiles. Only when you visit the Windsor can you discover how considerate we are!

For reservations, please contact Windsor Hotels International or your travel agency.

温德莎公寓——你的家

温德莎公寓,让您的旅行无忧无虑。

尽心为您服务,让您感觉家的温馨。

创意的装饰,优雅的环境,细心的照顾,友善的微笑。

光临温莎公寓,体会入微关怀。

如需预定,请与世界各地的温德莎办事处或您的旅行社联系。

分析:原文广告由口号和正文组成。在翻译原文口号时,译者没有逐字翻译,而是将原文意蕴高度浓缩,突出"home"这一意象,文字简练,回味深长。

在正文部分的翻译上,译文抛却了原文的篇章模式。将原来的一段话分解成了4—5个简单句,使译文信息一目了然,并使用了结构相似的名词性短句,句式对仗;译文同时还保留了原文亲切自然的风格。

Bask in the warmth of the Philippines

Bask... indulge... luxuriate.

On beautiful white sand beaches... Breathtaking scenic wonders... World-class facilities and efficient service.

But, best of all, bask in the special warmth and comfort that is uniquely, wonderfully Filipino.

沐浴在菲律宾群岛的阳光里

美丽的白色沙滩,金色的阳光,尽情嬉戏,尽情享受……美妙的风景,激动人心的奇观……一流的设施,高效的服务。

还有,最令人神往的……菲律宾群岛独有的温暖、热情和舒适。

分析:原文广告由标题和正文组成,译文相应地也具有这两个结构成分。在翻译原文标题时,译者采用直译法保留了原文的主旨内容,简明扼要地传递了广告的主要信息。在正文部分的翻译上,译文与原文保持了大体相同的宏观篇章模式,也基本保持了原文的内容,只在语序上进行了调整,使译文更符合中文广告的特点。同时,译者也增加了直接诉诸读者情感的鼓动性内容,如"尽情嬉戏,尽情享受"等,使译文具有强烈的呼唤功能。译文既保留了原文的主旨,又做到了功能相似,确保了良好的传播效果。广告翻译的实践证明传统翻译理论的"信、达、雅"原则的局限性越来越明显，此三字虽然能忠实地再现原文的内容，但有时却忽略了原文的目的，由于文化差异，有时会难以完成广告刺激消费的目的。综上所述，广告翻译的侧重点不是一个语意对等的问题，而是功能对等的问题，即译文是否具有足够的感染力，对目的语读者是否会产生良好的宣传效果，这才是广告翻译的实质。

第八章 产品说明书翻译

第一节 产品说明书的语言特征和结构特征

一、说明书的概念及功能

（一）说明书的概念

说明书，又称"产品说明书"或"使用说明书"等，是关于产品结构、用途、规格、质量保证、使用方法、维修保养、销售范围、免责声明等的文字及图示说明，达到使人认识、了解某产品的目的。说明书是由厂商促销产品时附在产品上的一种促销小册子，其主要以文体的方式对该产品进行相应的详细描述，使客户对所购买的产品的使用方法有一个正确的认识，以免因使用或保管不当而造成不良后果。英语中对于说明书的称谓有 instruction、manual、specification、direction、description 等。

商务英语说明书是在商务英语贸易往来中，用以对工商业产品等进行介绍和说明的一种文体。英语中关于产品说明书是这样界定的：

A product description in project management is a structured format of presenting information about a project product. Product description is usually created by the project manager and approved by the project board.

产品说明书是一种常见的说明文，是生产者向消费者全面、明确地介绍产品名称、用途、性质、性能、原理、构造、规格、使用方法、保养维护、注意事项等内容而写的准确、简明的文字材料。

（二）说明书的功能

说明书的功能主要有以下四种。

1. 宣传促销

商品的说明书除了对商品情况进行说明，还可以起到促进商品宣传、扩大品牌影响力的作用。商品说明书中会突出本商品的特色之处，同时还会推广到同类的其他商品。另外，商品说明书中关于商品生产过程以及历史等情况的介绍可以在一定程度上塑造企业的形象。

2. 信息交流

商品说明书在介绍商品的技术参数、工作原理等信息时就起到了传播知识和技术的作用。有时根据需要，有些说明书还会使用图表、图式等方式向消费者介绍商品的工作原理，达到信息顺利交流的效果。

3. 说明指导

说明指导是说明书最基本的功能。随着社会的进步和科技的发展，越来越多的新式产品开始涌入人们的生活，为了使人们更好地了解新产品的用法，商家都会准备一份详细的、通俗易懂的说明书，给消费者以切实有效的指导和帮助。

4. 质量凭证

商品说明书中包含了商家对商品质量的承诺。当发生有关商品质量的纠纷时，说明书就成了一个重要的凭证，双方可以从中找到关于各自责任和义务的规定。

二、商务英语说明书的语言特征

（一）商务英语说明书的词汇特征

商务英语说明书在词汇方面的特征主要表现在运用缩略语、专业词汇、合成词、外来语、抽象名词、使用名词作定语等，下面展开详细介绍。

1. 使用专业词汇

英语中有很多普通词汇被赋予了特定的新意之后转变为某些专业术语，这些专业术语在特定的领域中会有不同的含义，而这类专业术语在商务英语说明书中十分常见。例如，base（基础）在医学中转义为"主药"，而在化学中转义为"碱"；angel（天使）在某些领域可转义为"雷达反响"。再如，在一款油漆的说明书中出现了 drum、film、finish 等常见词汇，这三个词汇分别转义为"鼓状物""薄膜"和"末道漆"。此外，在药品说明书中也会遇到很多普通词汇具有专门的含义，如 poor 通常情况下译为"智力低下""贫穷"，而在用于药品说明书中与 health 和 appetite 搭配时则译为"身体虚弱"和"食欲不振"。

有关计算机产品的说明书中同样会出现很多由普通词汇转化而来的专业词汇。例如：

grandfather 原始文件

package 软件包

mouse 鼠标

monitor 显示器

memory （内）存储器

bus 总线

brick 程序块

biochip 生物芯片

computer-aided 计算机辅助的

cyberspace 电脑空间

有关生物类产品的说明书中也会出现一些专业化的词汇。例如：

cyborg 受控机体

superconductivity 超导性

ophthalmology 眼科学

clone 克隆

neutron 中子

biomimetics 仿生材料学

tactor 触觉感

haptics 触觉学

density 密度

equilibrium 平衡

symmetry 对称

synchronous 同步

velocity 速度

2. 运用缩略词

缩略词由于简单易记，所以普遍应用于科技领域，而商务英语说明书在介绍这些商品时免不了要使用大量的缩略词。缩略词有两种，一种是首字母缩略词，就是将主要词语的首字母组合在一起形成一个新的词汇。例如：

℃—Celsius Degree 摄氏度

F—Fahrenheit 华氏

B. P.—blood pressure 血压

FM—frequency modulation 调频

RAM—random access memory 随机存取存储器

CAD—computer aided design 计算机辅助设计

ID—international unit 国际单位

FTP—File Transfer Protocol 文件传送协议

ADP—Automatic Data Processing 自动数据处理

UPS—uninterruptible power supply 不间断电源

IC—integrated circuit 集成电路

另一种是取单词的第一个字母和单词中的另外一个或部分字母形成新的科技词汇。例如：

TB—tuberculosis 肺结核

SONAR—Sound Navigation and Ranging 声呐

DNA—Deoxyribonucleic Acid 脱氧核糖核酸

3. 运用抽象名词

商务英语说明书中还大量使用概念准确的抽象名词，这类名词大多是由形容词或普通动词衍生而来的。例如：

expend—expansion（膨胀）

move—movement（运动）

insulate—insulation（绝缘）

4. 运用合成词

商务英语说明书中会使用大量的合成词，特别是科技英语的词汇中有很大一部分是利用已有的单词，通过拼缀法和词缀法合成而构成的新词。例如：

hot-press（hot+press）热压

dew-point（dew+point）露点

sunspot（sun+spot）太阳黑子

hardware（hard+ware）硬件

colorimeter（color+meter）色度计

comsat（communication+satellite）通信卫星

macroinstruction（macro+instruction）宏指令

firewall（fire+wall）防火墙

fireresistant（fire+resistant）耐火的

radiophotography（radio+photography）无线电传真

high-resolution（high+resolution）高分辨率

high-tech（high+technology）高新技术

transceiver（transmitter+receiver）无线电收发器

microfiche（micro+fiche）微缩胶片

hyperplane（hyper+plane）超平面

knowbot（knowledge+robot）智能机器人

webcam（web+camera）网络摄像机

transistor（transfer+resistor）晶体管

telecom（telephone+conference）电话会议

dermatosis（dermat+osis）皮肤病

antiparticle（anti+particle）反粒子

antibody（anti+body）抗体

5. 借用外来语

在商务英语说明书的词汇中，有一部分词汇来源于外来语。由于新产品层出不穷，高科技产品的说明书中涉及的科技术语越来越多，一些新出现的科技术语及其派生词大多来自外来语。在科技术语中，来自拉丁语和希腊语的词汇占有很大的比例，特别是表示数目、程度、方式和地位的拉丁语及希腊语词缀对科技词汇的构成影响较大。医学领域的很多术语都包含来自希腊语的词根和词缀。例如：

hyperpiesis（高血压）一词是将希腊语中的词缀 hyper-（表示程度上"超过"），加在希腊词根 piesis（压）前而构成的。

endoplasm（内胞浆）一词是将希腊词缀 endo-（表示地位"内"）加在希腊词根 plasm（原浆）前而构成的。

关节方面的病，如关节炎（arthritis）、关节积水（hydrarthrosis）、关节僵硬（anchylosis）均是由希腊词根和词缀组成的。再如，英语中 altimeter（高度计）一词是由拉丁词缀 alti- 加上希腊词根 meter 组合而成的。类似的单词还有 acupuncture（针灸）、chlorophyll（叶绿素）等。

6. 使用名词作定语

在英语的正常表达中名词常使用形容词来修饰，即形容词作定语。但在说明书中为了使表达更加简练，经常使用名词作定语。例如：

Input Signal Failure Protection 输入信号切断保护

Human Machine Interface 人机界面

Doppler Effect 多普勒效应

Spin-dryer 脱水机

L-square 直角尺

（二）产品说明书的句法特征

商务英语说明书在句法上的特征主要表现在常用固定句型、多用现在时态、条件句、被动语态、省略句、祈使句、复合句等，下面对此展开具体分析。

1. 多用祈使句

产品说明书往往以一种客观冷静的语气与预期读者进行交流，很少使用过于委婉礼貌的语言，尤其是说明书的警告、注意事项和操作要点等项，目的在于引起使用者的特别注意。说明书中，经常使用祈使句来表示指示、叮嘱、强调、命令、警告等语气。例如：

Install the processor retention mechanism following the motherboard manufacturer's installation instructions. Open the socket handle. Install the processor by carefully aligning the pin to the socket. Close the socket handle.

按照主板厂商的安装说明，安装处理器固位装置。打开插座压杆，安装处理器时小心地将插脚与插孔对齐，然后闭合插座压杆。

DO NOT RESTERTIZE.

请勿重复消毒。

To interrupt recording, press Pause.

如果要停止录音，请按 Pause 键。

Keep out of the reach of children.

请将本品放在儿童不能接触的地方。

Remove the AC supply lead before servicing or cleaning heads, rollers, etc.

切断交流电源才能维修，清洗磁头、压轮等部件。

Light the screen by pressing the ON key, then the current grid voltage will be displayed.

按开始键点亮显示屏，显示当前电网电压。

2. 多用复合句

商务英语说明书中多使用复合句,同时采用末尾焦点和后部重合的信息结构安排原则。例如:

Pantene Pro-V Treatment Shampoo now contains even more Pro-Vitamin B5, which deeply penetrates your hair from root to tip, making it healthy and shiny.

这句话使用了三重结构的复合句,同时采用了后部重合的语句结构。这样的句式使整个句子的表述更加分明和严谨,既包含了足够多的信息,又突出了产品特性。

3. 多用现在时态

商务英语的说明书一般使用现在时态,用以说明产品的某些功效是一贯的品质,不是个别的、暂时的现象。例如:

Moisturizing Color Gloss protects and softens chapped lips.

这句话采用了"protects"和"softens"两个一般现在时的动词来表明滋润和保护嘴唇是曼秀雷敦什果淡彩润唇啫喱一贯的功能,如果使用其他时态就不能达到这样的效果。下面再来看几个例子。

Eye contact eye shadow applies smoothly and even with the new velvety formula, provides an unforgettable look with eye-opening colors and lightweight feel.

明媚的色彩,上妆柔滑细腻,令美目顾盼生辉。

A patient who has received more than 0.5g of the drug should not be left alone until fully awake.

已经服用 0.5 克以上本品的患者,在完全苏醒以前应有人护理。

When the ignition switch is turned on to the fuel gauge indicates the amount of fuel in the tank.

点火开关转到通电位置时,指针指示汽油箱的油量。

4. 常用固定句型

英文说明书中的常用句型有以下几种。

① be+形容词+介词短语。例如:

It is reliable in usage, convenient in maintenance and able to work under very bad conditions.

②现在分词+名词,常用于说明技术要求或操作程序。例如:

When operating, don't put your foot on the pedal switch board constantly, so as not to accidentally slop on the switch, causing an accident.

③（情态动词）be+形容词（或过去分词）+目的状语，常用于说明书开头，用以说明产品的用处。例如：

This press is mainly suitable for cold working operations, such as punching blanking, bending, shallow drawing, cutting and so on.

④情态动词 should/can/may+be+介词短语，这种句型用于说明产品的状态、范围以及计量单位等。此种结构使文本信息集中、简洁明了。例如：

The wiring should be in good condition and the core conductor should not be exposed.

⑤名词+过去分词，这类句型通常用来说明故障或某种现象的原因。

Gland packing pressed too tightly.

5. 多用条件句

由于产品在使用过程中可能会出现这样或那样的问题，为了说明这些情况常需要假定某些情况，所以商务英语说明书中常会使用条件句来假设一定的状况，并由主句给出解决方案。例如：

Should you encounter some problems during the installation or use of this computer, please refer to his trouble shooting guide prior to calling the help desk.

安装或使用本机时如遇问题，请先阅读本疑难解决之说明，如不能解决问题，再致电客服部。

Call your healthcare provider if you think your condition is not getting better while you are taking AVELOX.

若您服用盐酸莫西沙星（AVELOX），身体状况有所好转，请告知医务人员。

If the vehicle must be parked on the road for some reason, please put a warning sign 200M in front of and behind the vehicle respectively.

如果车辆由于种种原因必须在公路上暂停时，请在车辆前后 200 米的地方各放置一个警告牌。

6. 多用被动语态

产品说明书以说明相关产品的客观事实为主要目的，强调的是事物本身，所以在描述时多使用被动语态。被动语态不仅能使说明书客观简洁，还可以使读者将注意力集中在产品的信息上。例如：

The outer foil is very thin. If handled improperly, it can be easily changed.

由于外网刀非常薄，如不妥善处理，可能造成外网刀损毁。

Additional information can be found in the electronic user's manual which is located on the CD-ROM.

您可以在光盘中的电子使用手册中找到额外的信息。

The fan belt tension should be of ten checked in the following way: pressing the belt with 70-100N force to see if its deflection is within the specified value.

请经常用下面的方法检查风扇皮带的松紧度：用 70—100N 的力向下按皮带，确认误差是否在规定范围内。

User-scaleable analog outputs for transmission of the linearized process variable allow the monitor to be used as an analog transmitter and are valuable for data acquisition.

用户定义的线性化过程变量的可缩放输出使本监测器可用作模拟量变送器，并可进行数据采集。

The preset station and time are retained for about 2.5 hours after the battery is removed.

即使除去电池，原来设定的电台及系统时间还可保存 2.5 小时。

7. 多用省略句

商务英语说明书常使用省略手段来避免重复，使表达简洁明了。例如：

For ages 6 months and up.

这句话省略了主谓宾语，只剩下状语部分，由于其含义通俗明白，所以消费者能够清楚地理解，不会产生歧义。在英文说明书中表示用法、用量时常使用省略手段，以简化说明书。再如：

Usage and dosage: 6g, twice a day.

用法与用量：每次 6 克，一天两次。

本例就是一个省略句，省略了主谓宾语，留下了状语部分，使行文显得简洁明了。下面再来看几则省略句的例子。

Simply load karaoke videotape, pick up the microphone and step into the spot light, and you will become the star of your own karaoke show.

只需放入卡拉 OK 录像带，拿起麦克风，步入聚光灯下您就会成为梦寐以求的卡拉 OK 歌星。

For best results, use warm water.

使用温水，效果更好。

Contraindications： None known.

禁忌证：尚未发现。

三、产品说明书的结构特征

（一）信息准确

商品说明书是消费者了解产品的基础，也是消费者购买的依据，所以说明书所提供的信息往往都非常准确，以免误导消费者，同时也以此促使消费者对产品产生兴趣，进而产生购买行为。这种语篇主要反映了生产厂家与消费者之间的交流关系。所以，说明书的内容必须通俗易懂、实事求是，对产品进行客观的描述，语气应客观冷静，不要求妙笔生花，也不能使用过多的修饰手段或含有渲染、夸大成分。说明书通常需采用恰当准确的词汇如实地反映产品的真实情况。例如：

Designed for steep slopes of 45 degrees， for rivers with a depth of 58 cm and for motorways without speed limits.

·Hill climb capability： 100 percent or 45 degrees

·Overhang angle： 27 degrees

·Lateral tilt： up to 35 degrees（ static 45 degrees）

·Fording depth： up to 580 mm

（本车）为翻越45°斜坡、跨越深达58厘米的河滩和穿梭于快车道而特别设计。

·最大爬坡度：100%或45°

·纵向通过角：27°

·安全侧倾角度：35°以上（静止时45°）

·涉水深度：580毫米

（二）简洁清晰

商品说明书的目的是使消费者在短时间内对商品的特点、性能等有一个全面的了解，而目标读者通常是普通大众而非专业人士，他们往往对产品所属的领域比较陌生，因此，在语言上通常会尽量避免繁杂冗长，采用平实的语气、简洁的措辞，所以在表达时常简明扼要、信息清晰。例如：

Capabilities of Signal Conditioners

· mA，mV，V. A，strain gauge and potentiometer inputs for signal conditioners

· Analog and digital communication capabilities

· 2-wire（loop-powered）, 4-wire（line-powered）, and universal powered models of signal conditioners

· PC-programmable, field-configurable and fixed range models of signal conditioners

· Single and dual channel I/O

· Power a 2-wire transmitter with signal conditioners

· Customize linearization using signal conditioners

· Signal conditioners have up to 1.500 Vrms signal isolation and RFI/ EMI protection

· DIN-rail, surface, relay track, pipe, explosion-proof and field-mount installation

信号调节器的性能

·信号调节器的 mA，mV，V.A，应变计和电位计输入

·模拟和数字通信功能

·信号调节器的两线制（网络供电）、四线制（线路供电）和通用供电模式

·信号调节器可电脑编程、现场配置和固定距离模式

·单频和双频输入／输出

·驱动带有信号调节器的两线传感器

·使用信号调节器定制线性化

·信号调节器拥有高达 1500 Vrms 的信号隔离器和 RFI/EMI 保护

·DIN 导轨、表面、继电器轨道、管道、防爆和现场安装

这一例子用列举的方式说明信号调节器的性能，简洁清晰，使消费者一目了然。

（三）专业性强

商务说明书是一种专业性很强的应用文体，由于这种文体的语域较为狭窄，因此常使用相对稳定、有限的词汇。此外，由于这种文体的描述对象较为广泛，涉及各行各业，因此常会遇到一些某个技术领域中特有的"行话"。例如：

Indications： For the treatment of duodenal and benign gastric ulceration. Inhibits excessive gastric acid output and pathological hyper secretion （Zollinger-

Ellison Syndrome），etc.

Dosage：Adult-oral. One tablet（400mg）. Twice a day，before breakfast and at bedtime，or as directed by the physician.

适应证：十二指肠溃疡和良性胃溃疡，并可抑制胃酸分泌过多和病理性分泌亢进（卓－艾氏综合征）。

剂量：口服。早饭前、睡前服用，成人每日两次，每次一片或遵医嘱。

（四）通俗易懂

商品说明书的语言多通俗易懂，这是因为商品说明书的阅读对象是广大消费者，而消费者的文化层次存在一定差异，他们受教育的程度不尽相同，所以商品说明书不能追求辞藻华丽，也不能写得晦涩难懂，而要做到通俗易懂。例如：

In order to run the software，put the support software CD-ROM in the CD-ROM drive.

为运行该软件，请在 CD-ROM 光驱中放入支持软件 CD-ROM。

This ice-wine evolves from frozen grapes handpicked at temperature below -10℃.

本冰酒用冷冻于零下 10℃ 的精选葡萄酿制而成。

The wet raincoat has to be dried in a shady and well-vented place instead of being exposed to the burning sun. Even if there is any folding，it cannot be ironed.

雨衣淋湿，须挂阴凉通风处阴干，忌在烈日下暴晒，如有皱纹折印，不可挂烫。

除了上述特征，商务英语说明书的语篇特征还包括以下几点。

①维护商品的权威形象。通常而言，商品对于生产厂家而言具有权威性，不允许其他商家侵犯自己的专利商品。因此，中英文商品说明书都注重商品的权威性昭示，如"……指定（推荐）商品""专利商品"，或 patented、clinically proven 等。

②具有交际的性质。该特征是指传递商品信息的作用。商务英语说明书重点说明和叙述商品的优点、特点以及功用等内容，在一定程度上具有劝说功能，通过大量人称指示词的使用拉近了与读者的心理距离，更有利于商品的宣传和销售。可以说，商务英语说明书是生产厂家与消费者之间的交际媒介。

③雅俗共存。由于不同消费者对不同商品的欣赏水平不同，这就要求商务英语说明书雅俗共存。例如，某茶叶的说明书中这样表述"清香唇齿间，禅心天地外；茶凝崂山绿，涧深水自甜"，体现了典雅性的一面。而高露洁牙膏的

说明书则表述为"要想牙齿清洁健康,建议您:每天至少用高露洁双氟加钙牙膏刷牙两次",体现了说明书通俗的一面。对英汉语言而言,中文说明书更加倾向于使用雅致与凝重的措辞。

④注重环保性的特征。可以说,商务英语说明书十分重视保护环境的作用,如有的宣传商品的环保特性,有的商品在废弃物处理环节上大做文章,突出环保方面的措施。

第二节 产品说明书的类别与翻译

一、产品说明书的类别与结构

(一)产品说明书的类别

在商务英语领域,说明书的应用十分广泛,其种类也十分繁多。根据不同的分类标准,可以对商务英语说明书进行不同的分类。

①根据说明书语种的不同,可将其分为以下种类。

外文产品说明书(product descriptions in foreign language);

中文产品说明书(product descriptions in Chinese);

中外文对照产品说明书(product descriptions in Chinese and other languages)。

②根据说明书性质的不同,可将其分为以下种类。

一般产品说明书(descriptions for general products);

特殊产品说明书(descriptions for special products)。

③根据说明书形式的不同,可将其分为以下种类。

条款(条文)和图表结合说明书(clause-and-chart product instructions);

口述产品说明书(oral product manuals);

音像产品说明书(audio-and-video product manuals);

图表式产品说明书(chart-typed product manuals)。

④根据说明书内容详略程度的不同,可将其分为以下种类。

简要产品说明书(brief product descriptions);

详细产品说明书(detailed product descriptions)。

⑤根据说明书的对象或行业的不同,可将其分为以下种类。

农产品说明书(agricultural product description/ manual);

工业产品说明书(industrial product description/ manual);

金融产品说明书（financial product description/ manual）；

保险产品说明书（insurance product description/ manual）。

（二）产品说明书的结构

一般来说，商务英语说明书的结构通常包括标题、正文和落款三个部分。下面对这三个部分进行简单介绍。

1. 标题

商务英语说明书的标题一般是由产品的名称或说明对象加上文种构成的。

标题一般位于说明书的第一行，有时为了凸显视觉效果，可以设计不同的形体。常见的商品说明书标题有以下三种。

①以文种作标题。例如，《使用指南》《产品说明书》等。

②以商品名称作标题。例如，HEZELINE SNOW、《紫光扫描仪》等。

③以商品名称加文种作标题。例如，《步步高 DVD 使用说明书》等。

2. 正文

正文是说明书的主体部分，目的在于介绍产品的性能、特征、使用方法以及注意事项等核心问题。由于商品的种类不同，说明书正文在内容上会有所侧重，但一般情况下，一份说明书正文内容会包括以下几个方面。

·产品概况（如名称、产地、规格、发展史、制作方法等）。

·产品性能、规格、用途。

·安装和使用方法。

·保养和维修方法。

·附件、备件及其他需要说明的内容。

正文有多种写法，比较常见的写法有概述式、条款式、短文式和图文结合式。

·概述式是对商品进行简明扼要的介绍，一般只有一两段文字。

·条款式是对商品进行详细介绍的一种说明书写法。条款式说明书分为若干个部分，将商品的性能、构造、规格等一一介绍给消费者。这种写法常用于家电说明书中。

·短文式多用于对商品介绍性内容进行说明，多用于常用商品的说明书中。

·图文结合式是指采用图文并茂的方式介绍商品。既有详细的文字说明，又配有照片、构造图等。

3. 落款

说明书的落款一般要写明商品制造厂家的名称、地址、电话、邮编、邮箱地址以及商品的生产日期、生产批号、优质级别等，以方便消费者进行必要的联系。因商品说明书的种类不同，所以落款的项目也会有所不同。

二、几种常见商务英语说明书的翻译

（一）家用电器说明书

家电产品说明书的主要目的在于指导消费者正确了解产品，准确无误地进行安全操作，使消费者合理地保管、保养及享受售后服务等。说明书包含了产品的操作指南、简单故障排除、售后服务保障等基本信息，通常是消费者选购产品后的首要读物。同时，家电说明书在指导用户具体操作的同时，也可界定生产厂家和用户之间的责任和权利，避免因用户操作失当而造成纠纷，因而家电说明书的内容有越来越明确、详细的趋势，是生产厂家规避风险和保障自身权利的有效工具。

目前一些进口品牌的家电产品说明书存在两种趋势：一方面，部分家电说明书日趋人性化，印刷精美、图文并茂，有些甚至配有非常生动的简易漫画来说明正确和不正确的操作，提高了可读性，使内容简单易懂。另一方面，随着科技的进步，家电产品采用日趋高精尖的技术，功能也在不断增加，与此同时操作也愈来愈复杂，说明书中烦琐的步骤和深奥的专业术语使消费者望而却步。针对这两种情况，在说明书的翻译过程中，应当着重考虑译文的准确性和易读性，既注重内容又讲究形式，以提高说明书的应用价值。

从文体上讲，家电说明书既有一般性，又有特殊性。首先，它作为说明书的一种，具有说明书客观简洁等特点。其次，它属于科技文章的一种类型，具有科技文章的特点，如语气正式、讲究语法等。最后，它涉及家电领域的相关专业性知识，其术语和习惯性表达法不容忽视。

（二）电子产品说明书

电子产品说明书通常包含很强的专业性、技术性信息。在翻译过程中，为使普通消费者详细了解产品的性能和使用方法等，译者需要慎重地选择客观、准确但简明易读的词汇和句式。下面是笔记本电脑说明书中关于 DVD 光学驱动器的一段说明：

Open the DVD tray and insert a DVD disc; then close the DVD tray.

Important! When you turn on the DVD player for the first time, the program asks you to input the region code. DVD discs are divided into 6 regions. Once your

DVD drive is set to a region code, it will only play DVD discs of that region. You can reset the region code a maximum of five times (including the first time), after which the last region code setting will remain permanently. Reformatting your hard drive does not reset the number of times the region code may be reset. Refer to the table later in this section for DVD movie region code information.

弹出 DVD 光学驱动器托盘并放入 DVD 光盘；然后关上托盘。

重要提示！当您第一次运行 DVD 播放器，程序会要求您输入区域代码。DVD 光盘分为六个区域。一旦您的电脑设定了一个区域代码，电脑就只能播放那个地区的 DVD 光盘。您最多只可以设定五次区域代码（包括最初的一次）。第五次设定的区域代码将成为最终设定区域代码，此后，此区域代码将永远有效。恢复硬盘并不能对区域代码设定次数进行重新设置。请参见以下的 DVD 影片区域代码信息。

（三）汽车类说明书

汽车使用说明书是汽车制造商推销自己的产品，说明产品的技术性能状况、经济性和适用性的一个有效手段，同时也是汽车消费者了解各款汽车技术性能、经济性和适用性的有效方法之一。在翻译汽车使用说明书的过程中，需要考虑不同国家的文化传统对汽车行业术语的影响。例如，对油耗量的表示，欧洲汽车是数值越小越省油；美国汽车的油耗量简单地以每加仑可行驶的英里数或每升可行驶的公里数来表示，数值越大燃油经济性越好；中国汽车的油耗量则用每百公里耗油量表示，其数值越大耗油越多，数值越小越省油。因此在翻译时应将各项性能指标转换成目的国家的通用计量法。

（四）药品说明书

经过注册的药品一般是国家承认的有效药物，其说明书是指导医生与患者合理用药的重要依据，具有法律效力。药品说明书不仅是医生开处方的依据，而且从一个侧面为病人提供了病因和治疗方法。其读者除医生外还有非专业人士，包括受教育者和未受教育者。翻译药品说明书是一项非常严肃且专业性很强的工作，除内容的准确性外，还需要考虑到语言习惯和句法差异等问题。中英文药品说明书的格式、内容和说明方式大致相同，但语言表达方式却有很大差异。英语药品说明书中经常出现长句和复合句，行文具有严谨性和精确性的特点，能避免产生歧义。但在翻译成中文时如果照搬原句式结构，便会生硬难懂，带有翻译腔，所以要根据具体情况进行调整。例如：

Sandostatin may be diluted with physiological saline.

善宁可用生理盐水稀释。（被动语态转为主动语态）

If you do not understand the instructions on the box, ask your doctor or pharmacist for help.

如果您对说明有疑问，请向医生咨询。（否定句译成肯定句）

It is a white or a faintly yellow powder to which appropriate amounts of water are added to prepare an off white suspension for intramuscular use or a yellowish solution for intravenous administration.

它是一种白色至微黄色粉末，加适量水可配制成近乎白色的悬浊液，供肌肉注射用，或配置成黄色的溶液，供静脉注射用。

（五）化妆品说明书

随着全球一体化进程的加速，越来越多的国外化妆品品牌抢滩中国市场。在这些品牌实现中国化的过程中，产品说明书的翻译对于生产者传播产品理念、扩大产品市场起着至关重要的作用。一般说来，化妆品说明书作为呼唤型文本，不仅推介产品信息、介绍基本配方原理以及使用方法，还具有一定的移情作用以说服消费者购买。因此在英文汉译的过程中，要注重措辞客观但兼具美感，给消费者带来美好的心理联想和审美体验。鉴于篇幅有限，化妆品说明书力求简洁明了，突出产品的"卖点"，文中经常采用简单句、祈使句甚至句子片段，翻译时应当根据语境和语篇要求采取增词法、减词法以及其他翻译方法。例如：

Revitalizing Mask, an invigorating clay based formula containing natural ingredients, botanical extract and special oil absorbing ingredients, exfoliates dead surface cells to retexture and refine the skin's surface. Leaves skin totally clean, revitalized and radiant. Helps make pores appear smaller. Avoid use on the eye and mouth areas.

滋养面膜霜以白瓷土为基础配方，配以特殊天然植物萃取成分。能吸收皮肤过多的油脂，去除皮肤表面老化的细胞及污垢，并恢复皮肤活力，使皮肤干净而有光泽，并能收缩毛孔。

注意事项：请勿在眼角或嘴角处使用。

英文说明书中最后一句作为提醒消费者注意的信息，没有单列出来以示区别。而汉语译文则把这一重要信息提出，并增加了"注意事项"四个字以引起消费者的特别关注，以免其因浏览说明书仓促而误用。

Purifying Freshener completes the cleansing process by helping remove excess surface oil and grime, leaving the skin toned and conditioned. This freshener helps minimize the appearance of pores and improves skin texture. Makeup will last longer as it helps control oily buildup on the skin. It is enriched with vitamin A and E derivatives and botanical extracts. Contains free radical scavengers that are known to neutralize free radicals, which are reported to affect skin elasticity and firmness.

洁净爽肤液帮助去除脸上多余的皮脂及残留的污垢，调理皮肤，使毛孔显得细小，让妆容持久。配方含有丰富的维生素 A 和 E 以及多种植物精华，能维持皮肤弹性及紧密度。

分析：文中多处省略了主语"This freshener"，使行文简洁流畅，在翻译过程中也应适当省略以保持其流畅性。另外，文中出现的容易引起歧义的词汇，如"scavenger"本义是"拾荒者"或"食腐肉的兽"，在译文中未提到，省略了整句以免消费者误解。

With caffeine and other effective ingredients, Body Creator may change the shape of body care and the shape of your future.

凭借其有效的配方，美体乳可能改写美体修护的发展历程，甚至改变您的未来。

分析：上述说明书很好地传递了信息并富于美感。但是译文中省略了一个重要的词汇"caffeine"，即产品中的有效成分咖啡因，原因在于咖啡因会给中国消费者带来负面的联想意义，将其写入说明书中可能会直接影响消费者的心理以至营销业绩。针对此类敏感信息仁者见仁，智者见智，但大多数译者采取了省略的办法，更易于为消费者所接受。

第三节 产品说明书翻译实例

一、商务英语说明书中的文化因素

英汉文化的巨大差异在商务说明书中必然也会有所体现，并且对商务说明书的翻译以及写作都有着重要的影响。以下就来了解一下跨文化因素在商务说明书中的体现及作用。

（一）文化因素在专业性上的体现

商务说明书是一种正式的应用文体，所以语言也具有专业性的特点，即简洁规范、合乎行业要求。但因为英汉文化的不同，商务说明书在专业性方面有着不同的表现。例如：

一经使用本品，便能让您随意梳理成型，秀发硬挺，使您更美丽。

The product is used for creating your own hair style special, for creating your look and shaping beautiful hair.

上述汉语说明书用词正式，而且简练，如"一经使用本品，便……"，并且符合说明书的专业性表达要求。英语说明书同样正式、简洁，如连用的三个名词化短语"for creating your own hair style special, for creating your look and shaping beautiful hair"，在提高正式程度的同时又节约篇幅，而且两个具有创意的"creating"的搭配在结构上前后排比，既增强了气势，又表现出了产品的效果。

可以看出，英汉说明书有着很多的相似之处，但由于文化的差异，在用词和表达方面又表现出了一定的差异。因此，在商务说明书的翻译和写作中要注意文化因素的影响，并据此进行适当调整。例如：

采自云南高山云雾之中，清明前精心采制。

It grows on the mountain peak amidst the cloud and mist and is carefully collected and prepared before the Tomb-sweeping Days.

上例是一则茶叶的说明书，"清明前"译为"before the Tomb-sweeping Days"（清明节之前）也符合原意，但并未能准确传递中国茶文化里的饮茶，外国人无法确切了解中国的茶叶，自然激不起购买的欲望。因此，可将上述例句改译为：

Premium tea prepared with leaves picked from Yunnan alps at the right time around April.

（二）文化因素在表达方式上的体现

首先，商务说明书要求准确客观，并且语言要通俗易懂，对商品进行客观描述。但同样是追求准确客观，汉英商务说明书有所差异。例如：

配料：蜂胶

规格：500mg×60 粒 ×2 瓶

营养成分及含量：每 100g 总黄酮 ≥800mg

适合人群：所有人群

使用方法：每天一次，每次二粒，空腹服用

注意事项：本品不能代替药物使用

储存方法：置阴凉干燥处

……

Ingredients：bee propolis

Specification：500mg × 60 capsules × 2 bottles

The nutrition and contents： the flavone of each 100gs ≥ 800mg

Suitable for：all kinds of people

Eating methods：2 capsule a day, before meal

Caution： this is not a replacement for medicine

Storage：keep in cool and dry place

...

从上例说明书中可以看出，英汉说明书均无任何浮夸之词，所用文字都准确客观。但由于文化的差异，英汉商务说明书在力求准确客观方面的语言表达形式与尺度有所不同。汉语行文虚浮夸张，语言较为堆砌，英语行文则客观通俗，表达直截了当。

其次，英汉商务说明书在语义重复方面存在差异。中文为了加强语气、突出特性，往往大量使用同义词或近义词叠加的形式；英文在表述时忌重复、重简洁。例如：

Wanji Ginseng tablet is extracted from first-class ginseng.

万基洋参含片采用上等优质西洋参，经提取、配以葡萄糖等研制成含服片。

最后，英汉商务说明书在句式表达上存在不同。在食品说明书中，有些汉语句式可以转化为英语的多个句式，从而使其更加符合英语的表达习惯。例如：

为厨下及馈赠佳品

A delicious dish for your family! A wonderful gift for your friends!

上述例句中，将原文分别译为了"A delicious dish for your family！"和"A wonderful gift for your friends！"两个更具表达力的英文句子，可谓将中英文句式进行了很好的转换。

二、产品说明书翻译实例

（1）

Laneige Power Essential Skin Refiner

—Provides the hydrating energy essential for all skin types and intensifies the transparency care for crystal clear skin.

—A bottle of toner that contains Bio-dusali components of some 160,000 algae provides vitality to the deepest skin layer leaving a clean and clear complexion.

—BHA extracted from the bark of willows lifts off dead cells, revealing an even texture.

—Moisture seeps into the skin and leaves only smoothness to all types of skins.

兰芝强效精华细胶水

——为肌肤提供所需水分，强化肤质透明护理效果，令肌肤晶莹透亮。

——每瓶细肤水中高密度蕴含了浓缩16万个海藻类的Bio-dusali成分，给肌肤深层补充活力，展现洁净、透明的肌肤。

——含柳树皮萃取物中的BHA成分，调理角质，令肤质光滑细致。

——水分源源不断而轻盈地渗透至肌肤深层滋润肌肤，令肤质丝般柔滑。

（2）
Acer Power Management

This computer has a built-in power management unit that monitors system activity. System activity refers to any activity involving one or more of the following devices: keyboard, mouse, floppy drive, hard disk drive, peripherals connected to the USB ports, and video memory. If no activity is detected for a period of time （called an inactivity timeout）, the computer stops some or all of these devices in order to conserve energy.

宏碁电源管理

本电脑拥有内置电源管理单元，可监控系统活动。系统活动是指涉及以下一个或多个设备的活动：键盘、鼠标、软驱、硬盘、连接至串口和并口的外设以及图像存储器。如果在一段时间之后没有检测到任何活动（这叫不活动超时），电脑会停止这些部分或所有装置以节省能源。

（3）

Keebler Snack Crackers the baked using a secret recipe of specially selected wholesome ingredients. The light and crispy crackers bring to you and all your family an uncommonly good taste and freshness as only Keebler knows how. As an established world leader, we are committed to baking crackers of the highest quality. Our products the sold in over 90 countries around the world.

奇宝轻怡巧克力架选用上乘原料，由独特秘方精制而成，如此轻巧松脆，带给您全家奇宝特有的新鲜美味。全球饼干及小食品领袖——联合饼干集团专注于烘制最优质的饼干及小食品，产品遍及全球90多个国家。

参考文献

[1] 白靖宇．文化与翻译（修订版）[M]．北京：中国社会科学出版社，2010．

[2] 车丽娟，贾秀海．商务英语翻译教程 [M]．北京：对外经济贸易大学出版社，2015．

[3] 陈可培，边立红．应用文体翻译教程 [M]．北京：对外经济贸易大学出版社，2012．

[4] 成昭伟，周丽红．英语语言文化导论 [M]．北京：国防工业出版社，2011．

[5] 董晓波．商务英语翻译 [M]．北京：对外经济贸易大学出版社，2011．

[6] 冯莉．商务英语翻译 [M]．长春：吉林出版集团有限责任公司，2010．

[7] 傅敬民．实用商务英语翻译教程 [M]．上海：华东理工大学出版社，2011．

[8] 何江波．英汉翻译理论与实践教程 [M]．长沙：湖南大学出版社，2010．

[9] 姜增红．新编商务英汉翻译实务 [M]．苏州：苏州大学出版社，2010．

[10] 兰萍．英汉文化互译教程 [M]．北京：中国人民大学出版社，2010．

[11] 李建军．文化翻译论 [M]．上海：复旦大学出版社，2010．

[12] 马会娟．商务经贸翻译 [M]．北京：对外经济贸易大学出版社，2011．

[13] 王明利．跨文化交际专题研究 [M]．天津：南开大学出版社，2012．

[14] 王燕．跨文化商务交际 [M]．武汉：武汉理工大学出版社，2011．

[15] 张全．全球化语境下的跨文化翻译研究 [M]．昆明：云南大学出版社，2010．

[16] 苑春鸣，姜丽．商务英语翻译 [M]．北京：外语教学与研究出版社，

2013.

[17] 祝西莹, 徐淑霞. 中西文化概论 [M]. 北京: 中国轻工业出版社, 2010.

[18] 陈艺楠. 国际贸易中商务英语翻译的文化差异及应对策略 [J]. 现代商贸工业, 2019, 40（05）: 43-44.

[19] 高莉敏. 商务英语的文体特征及其翻译研究 [J]. 中国科技翻译, 2013, 26（02）: 36-40.

[20] 郭卫平. 实用商务英语翻译的文化差异探析——评《实用商务英语翻译》[J]. 中国教育学刊, 2018（01）: 144.

[21] 郭文琦. 跨文化商务交际学对高职商务英语教学研究的启示 [J]. 吉首大学学报（社会科学版）, 2017, 38（S1）: 217-221.

[22] 蒋勇. 商务英语翻译中的文化语境探究 [J]. 海外英语, 2018（24）: 49-50.

[23] 李正梅. 跨文化视角下的商务英语翻译策略研究 [J]. 英语教师, 2018, 18（16）: 83-85.

[24] 柳超健. 商务英语专业跨文化交际能力框架与培养途径研究 [J]. 外语界, 2018（03）: 10-17.

[25] 刘艳杰. 国际贸易中的商务英语翻译策略探究 [J]. 商场现代化, 2017（14）: 15-16.

[26] 吕世生. 商务英语学科定位的学理依据 [J]. 外语界, 2013（04）: 19-25.

[27] 麻新芳. 论翻译技巧在商务英语中的科学运用——评《商务英语翻译实务》[J]. 中国教育学刊, 2015（05）: 118.

[28] 祁芬. 功能翻译目的论在商务英语翻译中的应用研究 [J]. 长沙铁道学院学报（社会科学版）, 2013（04）: 202-203.

[29] 史兴松, 徐珺. 跨文化商务交际学对商务英语教学研究的启示 [J]. 中国外语, 2012, 9（04）: 65-70.

[30] 苏雯超, 李德凤, 何元建. 商务翻译的内涵与外延 [J]. 中国科技翻译, 2016, 29（01）: 26-28.

[31] 王立非, 李琳. 商务外语的学科内涵与发展路径分析 [J]. 外语界, 2011（06）: 6-14.

[32] 王立非. 论商务外语学科及学术研究的再定位 [J]. 中国外语, 2012, 9（03）: 4-9.

[33] 王文彬. 大学英语翻译教学现状与对策 [J]. 沈阳农业大学学报（社会科学版），2016，18（04）：464-468.

[34] 翁静乐，翁凤翔. 商务英语学：学科概念与学科属性 [J]. 中国外语，2012，9（05）：4-10.

[35] 吴朋，秦家慧. 构建商务英语学科教学知识的研究框架 [J]. 外语界，2014（02）：18-24.

[36] 谢宗仙. 浅谈翻译理论与商务翻译实践的结合——评《商务英语翻译教程（第二版）》[J]. 中国教育学刊，2017（12）：111.

[37] 徐菁，刘鸿庆. 翻译教学中文化差异及跨文化意识培养研究 [J]. 中国报业，2017（24）：31-32.

[38] 张家瑞，苏倩，杨思琪. 国内外商务英语研究评述（2011—2017）[J]. 商务外语研究，2019（01）：7-22.

[39] 张武保. 商务英语的国际性与商性研究 [J]. 商务外语研究，2019（01）：80-85.

[40] 庄玉兰. 论商务英语写作中跨文化意识的重要性 [J]. 教育理论与实践，2017，37（12）：53-55.